集人文社科之思 刊专业学术之声

集 刊 名：城乡社会学评论
主办单位：华东理工大学社会与公共管理学院
华东理工大学中国城乡发展研究中心
主　　编：何雪松　熊万胜
执行主编：刘炳辉

URBAN AND RURAL SOCIOLOGICAL REVIEW No.1



第一辑

集刊序列号：PIJ-2019-391
中国集刊网：www.jikan.com.cn
集刊投约稿平台：www.iedol.cn

# 城乡社会学评论

第一辑

*Urban and Rural Sociological Review No.1*

何雪松　熊万胜｜主编
刘炳辉｜执行主编

# 创刊词
# 建立城乡社会学研究的视野

之所以要在国内众多的集刊之中增加一本《城乡社会学评论》，是为了直面当前国内乡村社会学和城市社会学研究的尴尬语境。乡村社会学在西方已不再是热点，但在国内，它依然吸引了非常多的学者投身其中。应该说，失去外援刚好为乡村社会学研究的本土化提供了动力，然而，当前的乡村社会学研究受到人类学社区研究传统很深的影响，往往局限于从村落社区研究乡村，还没有真正实现费孝通先生早年所提出的将城市和乡村打通起来研究的愿景。城市社会学受到国外理论资源的丰富滋养和强力影响，然而，国外的城市社会学研究较少地涉及中国城市研究不得不应对的特殊问题，尤其是城乡之间的种种粘连。因此，在中国的问题情境中，至少在一定程度上，继续严格地划分城市社会学和乡村社会学的研究并不合适，因此我们尝试提出一个“城乡社会学”的学术框架。

城乡社会学非常关注城乡关系，但它不仅仅是要研究城乡关系，同时还以“关系”的思维来研究城市和乡村问题，尤其是当前的城市化进程和社会转型过程。之所以强调一个“关系”的思维，是出于客观的现实。城镇与乡村从来都是相互依赖的，古今中外的差别只是在具体方式和程度上。但是在中国，除了我们能够看到世界各地常见的人员往来、市场交易、国家治理、基础设施以及各种社会关联层面，还有一种基于城乡之间的权利“分不清”基础上的粘连关系。乡村从来都不是独立于城镇的社会存在，反之亦然。当我们说到一个镇或者一个城市的时候，它都是一个有城（镇）有乡（村）的“城乡社会”，千万个这样的城乡社会组成了一个“城乡中国”。

对于这样的千万个城乡社会组成的城乡中国，我们需要从学理上把它“打开”，这里可以借用潘光旦先生所提倡的点、线、面、体四个层次。在“点”上，我们要关注城市化进程中的人，关注他或她的感受与命运，这个人往往是和他或她的家庭连在一起的。中国的文化强调“人生向上”，因此人在城市化进程中的发展就是最为重要的故事。在“线”的层面上，城市化进程带来了特定的人际关系结构，不论是留守的农民、老资格的市民或是在城乡之间两栖的迁徙者，大家的社会交往意识都不可能仅仅局限于城市或者乡村。在城乡隔离的计划经济时代养成的鄙视农民的心态，在城市化的高潮中被淡化了或者说被数量庞大的进城者稀释了。“点和线的总和即为面”，面实际上就是更大的社会环境。中国式城乡关系种种分得清或分不清然而都交织在一起的制度丛结都是很值得去打开的领域，它们往往不仅仅是一些条理清晰的制度，同时还是一些很适合用个案来讲述的过程或者机制。“体”的层面关注的是城乡社会发展的历史。中国是一个注重讲述历史的国家，一种不能展示事物的来龙去脉的知识生产，总是让人感到意犹未尽；而一种历史根基不明晰的社会事实，其重要性也容易遭到质疑。更重要的是，我们需要用历史来昭示高度不明朗的未来。

城乡社会学的视野不会排斥既有的城市社会学或者乡村社会学的研究视野，很多相关的问题在既有的框架中得到了关注，城乡社会学的视野非常关注那些不便于单纯纳入城市或者乡村问题的研究对象。实际上这样的现象实在是太普遍了，而且越来越普遍。在传统的视野里，市民化好像有一个终极状态，就是成为市民，但是今天我们已经意识到，即使成为市民也依然生活在一个整体性的城乡关系中。所谓的定居，也只能理解成是一种经常在某个地方露面的暂居状态。流动是人的更加本质的状态。在当前和未来的社会中，人与周遭空间的关系变得非常不固定，那么，这种无法安放的人生究竟如何？如此来提问题的时候，是想要表达这样一种愿望：城乡社会学很期待用新的方法来研究城市化或者社会转型这类看上去十分经典的问题。

这本集刊的使命就是要在城乡社会学的视野下推进知识积累和经验准

备。所以，我们的栏目主要分了两大块——田野篇和理论篇。比较特别的是我们非常注重调研报告的发掘，通常这样的调研报告都难以发表。但是，一篇优秀的调研报告，尽管不像论文那样会展示出清晰的知识脉络，却很容易让我们去了解到某些现象的全貌，帮助我们合理地展开想象，获得比较准确的理解。所以，我们不仅欢迎资深专家的参与，也欢迎年轻的学者，希望能够建立一种新型学术平台，期待大家的支持！

何雪松　熊万胜

# 目录

C O N T E N T S

## 理论篇



## 田野篇

# 目录

C O N T E N T S

# 理　论　篇

# 城乡社会学：观察中国社会转型的一个视角*

何雪松**

**摘　要**　本文致力于以“城乡关系”为中心建构一个城乡社会学的理论框架，这一框架沿袭费孝通的城乡研究传统，从城乡关联的角度考察中国正在经历波澜壮阔的城市化进程与社会转型。这个理论框架立足于“关系主义”，尝试纠偏经典社会转型理论的个人主义倾向，从而可以更好地阐释中国社会转型的经验与体验。

**关键词**　城乡社会学　关系主义　点线面体

中国的社会转型已经进入一个关键时刻，但社会学界对这一重大现实的理论阐释是不够的，基于西方社会学理论的解释难免有削足适履、不得要领之嫌，特别是低估了中国经验的理论意义。因此，需要建构的中国的转型社会学理论体系，是关乎当代中国社会发展、社会建设、社会治理与社会体制改革的重大理论问题，也是中国哲学社会科学话语体系的重要组成部分。

本文致力于以城乡关系为中心建构一个城乡社会学的理论框架，这一框架有别于传统的城市社会学和农村社会学，是从城乡关联的角度考察中

---

* 本文系国家社科基金重大项目“社会治理背景下我国社会工作行动本土化理论框架与实践体系研究”（16ZDA084）的阶段性成果，原载于《南京社会科学》2019 年第 1 期。

** 何雪松，华东理工大学社会与公共管理学院。

国波澜壮阔的城市化进程和社会转型。实际上，在美英等西方国家，城乡关系已不再是问题，但中国和印度这样的发展中大国却面临城乡关系的动态调整。现有的西方社会学理论很难充分解释这样的城乡关系转型，相反，可能以问题化的视角进行理解，从而遮蔽了转型所带来的积极且正面的结果。因此，建构城乡社会学的理论框架可以为中国的城市化进程提供新的理论解释，这个理论框架立足于关系主义纠偏了当代西方社会学理论的个人主义倾向，从而可以更好地阐释中国社会转型的经验与体验。

## 一 城乡社会学的“费孝通传统”

费孝通先生开创了城乡社会学这一重要传统，提供了观察中国社会转型的一个独特视角。费孝通早在 1931 年就写了一篇论文《社会变迁研究中的都市和乡村》，这篇论文可谓中国城乡社会学的发轫。[①] 他指出，要研究乡村的社会变迁，不能脱离都市的背景，也就是说要在城乡关系的脉络里考察乡村变迁。《江村经济》是进一步阐释这一理论观点的鲜活个案，从江村可以看到，城乡之间存在密切的贸易、金融和人员往来关系，这是江村经济生活活跃的重要原因。不过，城市工业吸引农村人口，这对农村社区是一种破坏性力量。因此，他倡导工业下乡或乡村工业，这是破解从农村到城市、从农业到工业的二元对立思维的暗示。然而，当费孝通 1957 年重访江村时，乡村的副业、贩运因在当时看来“具有资本主义性质”而被迫停止，这导致乡村的衰败，城乡之间的割裂对乡村发展造成了负面的影响，也就是说，城乡之间的密切联系是乡村发展的必要条件。至此，费孝通更多的是从城乡关系的角度看“乡”，“城”是背景。

当社会学再次重建之时，它就不可避免地承担了强国富民的历史使命。费孝通对家庭联产承包责任制、个体经济、苏南模式、温州模式、小城镇等都保持了高度的热情。当时的调查研究表明，城乡之间建立有效的联结有利于经济发展，也有利于改革开放的不断推进。费孝通在这一时期倡导推动小城镇发展，认为小城镇发展可以解决大问题，这从江村的再发

① 费孝通：《费孝通文集》，群言出版社，1999。

展得到了验证。他特别指出，乡镇企业和小城镇的发展尽管有其内发的逻辑，但更有其独特的城乡关系脉络，也就是当时限制城乡人口流动的政策以及计划体制主导下的城市工业不能适应市场的需求。因此，费孝通探索在城乡二元对立之间提供新的可能性，即聚焦城乡连续体之间的中间点，这样就明确了城乡关系之中“城”和“乡”的双重聚焦。

费孝通对浦东的关注实现了第三次转向，即从城乡关系的角度看“城”，“乡”是背景。浦东在很短的时间内崛起为一个现代化城区，成为研究中国城市化的重要样本。费孝通指出，“要脚踏实地、一步一步地进行浦东的研究，并把它作为中国历史的一部分。这是一篇社会学的大文章”。他高度关注快速城市化背景下当地农民的适应与调整，对人的强调体现了其人文关怀。这实际上是中国城市化的一个重要议题，即如何实现人的城市化。他从浦东吸引了大量外地劳动力这一现象中看到土地的集体所有制和家庭联产承包责任制为进城务工人员提供了基于土地的社会保障，这样农民工就可以往返于城乡之间。不难看出，浦东这样的城市发展个案也有着深刻的乡村背景。

费孝通先生在晚年从一个更高的高度进行了文化与哲学的思考，他提出要重视心态研究，要扩展社会学的界限，实现文化自觉。文化自觉中的“自觉”所指向的是一种“不自觉”状态，人们往往生活在自己的文化中，而没有用科学的态度去体认、去认识、去解释，这就是不自觉的文化，也就是说对自己的文化没有认识，以浑然不觉或习以为常的方式看待，或简单地以二元对立的方式粗暴应对。因此，所谓“文化自觉”，是指“生活在一定文化中的人对其文化有‘自知之明’，明白它的来历、形成过程、所具有的特色和它发展的趋向”。这样的文化自觉，“不带任何‘文化回归’意思。不是要‘复旧’，同时也不主张‘全盘西化’或‘全盘他化’”。而自知之明是“为了加强对文化转型的自主能力，取得决定适应新环境、新时代时文化选择的自主地位”。[①] 因此，文化自觉是在全球文化坐标之中寻找到自己的位置，并在全球化进程之中实现自主适应，而非被动适应。在西学新知不断引入的情况下，知识界很容易为“新”所困，有时

① 费孝通：《文化的生与死》，上海人民出版社，2009。

候会简单地将所谓的“旧”弃于一旁，处于一种对自己的文化不自觉的状态。人们常常于日常生活与行动中实践某种文化，但缺乏自知之明，这就要求反思我们的行动或实践，特别是那些不太容易在“译语”中得到解释的行动或实践。实际上，费孝通先生的城乡社会学研究很好地体现了这样的文化自觉，即从中国文化的脉络之中寻求理解城乡发展的内在逻辑和关联。

费孝通先生的城乡社会学研究充分体现了其“志在富民”的历史责任感，展现了扎根中国的文化自觉与理论自觉。从城乡关系的角度考察中国社会的转型，尤其是以江村的历时观察为个案，具有深刻的历史感，体现了关系主义思维，建设的是“人民的社会学”或“为了人民的社会学”，这就是城乡社会学的“费孝通传统”。

## 二 城乡社会学的“点线面体”

沿着费孝通开创的城乡社会学这一重要传统，扎根中国城市化的鲜活实践，可以尝试提出一个城乡社会学的理论框架。正如我们所看到的，中国正在进行如此大规模的城市化，在这个进程中城乡关系依然是复杂的，中国的城是在乡里面，中国的乡是在城里面。几亿人在城乡之间流动，这是城市关系的现实表现，而城市化的不断推进是明确的发展方向。相反，在美英等西方国家，城乡关系已不再构成社会学研究议程的一部分，但中国和印度这样的发展中大国却面临城乡关系的动态调整以及由此引发的诸多挑战。现有的西方社会学理论很难充分解释这样的城乡关系转型，而需要一个全新的视角，这超出了芝加哥学派的城市社会学视野。这里的城乡社会学不是城市社会学和农村社会学的简单相加，而是立足中国城市化和社会转型的伟大实践的理论抽象。

潘光旦先生曾有一篇旧文——《社会学者的点线面体》，这篇文章虽是杂论，却提供了一个很好的城乡社会学的概念框架。

在潘光旦看来，“人”是其人文思想的中心，“点指的是每一个人。社会生活从每一个人出发，也以每一个人作归宿。无论唯社会论一派，或唯文化论一派，把社会与文化浸润的力量说得如何天花乱坠，无孔不入，我们不能想象一个没有人的社会与文化，也不能理解，我们把每一个人搁在一边之后，社会与文化还有什么意义，什么存在的理由”，“在每一个人的所以为点没有充分弄清楚以前，我们谈社会的点、线、面、体，总若有好几分不着边际，不得要领。换言之，社会学者不得不注意到人性的问题，一般的人性与个别的人性”。[①] 也就是说，城乡社会首先要考察人，这是基本的出发点，因此人在城乡关系变动之中的体验与感受是城乡社会学的聚焦。

不过，仅仅谈“点”是不够的，“点”与“点”之间联结就是“线”，线就是关系，是“点与点之间的刺激与反应”。中国人传统上讲伦常，实际上重视的是人与人之间的关系。城乡社会学强调“线”，因为人在城乡发展过程之中要面对人际关系的变动，这样的变动具有明确的时空压缩或“脱域化”特征。进一步而言，人在城乡关系之中的变动需要放在关系脉络之中进行理解。如此，社会结构与个人体验之间的关联就是经由关系而确立和界定的。

“点和线的总和即为面”，面实际上就是更大的社会环境。城乡社会学的确不能仅仅关注“点”或“线”的面向，同时还要看到宏观的社会结构，特别是要关注城乡连续体之中的不同形态，诸如村改居、县改市、开发区、城中村、城乡接合部、大型居住区等，它们呈现为城市化的不同“社会生态”样貌，这样的形态实际上生动地展现了中国城市化的演进过程。城与乡的互动体现在人口、土地、资本、产品、文化、技术、信息、话语等方面，城乡之间不停地进行交换与沟通，这是“面”的基本形态。因此，无论是解决城市问题，还是解决农村问题，都应该回到城乡关系的脉络之中。正如 Portes 所指出的，城乡之间的移民围绕的是信息、资源、收入的交换，实际上改变了迁出地与迁入地的社会结构，形成了两地新的规则与文化，这迫使两地社会都出现变迁，而很多的变迁是未曾预期的[②]。要而言之，城乡之间的迁移已经改变了中国的社会结构形态。

“面的累积就是体”，这就是要引入历史概念。中国城乡发展过程之中

① 潘光旦：《潘光旦文集》，北京大学出版社，2000。

② Portes，A. “Migration and Social Change：Some Conceptual Reflections. ” *Journal of Ethnic and Migration Studies* 10（2010）：1537 - 1563.

面临的社会问题或个人面对的困境很可能需要放到时间的框架或历史的维度里进行解释，因为中国正处在社会转型之中。不了解社会转型的历史脉络，很可能就无法完全理解我们面临的挑战。城乡社会学关注城乡关系的动态变化，也就是变的一面，不过也需要看到中国社会不变的一面。总之，将历史的维度引入城乡社会学的理论框架是必要的，这一维度丰富了我们的社会学想象力。

“点、线、面、体”四个字实际上正好揭示了城乡社会学的不同维度：个体的、人际的、社会的与历史的。有了这四个维度，就形成了构建城乡社会学理论的基本线索。而勾连这四个维度的，是不同于个体主义的关系主义理论取向。

边燕杰指出，关系主义与个人主义、集体主义有着完全不同的理论逻辑，关系主义的本质特征是伦理本位、关系导向，与个人主义、集体主义文化中的权、责、利相对应的关系主义文化中的行为规则是熟、亲、信，从研究中国社会的角度来看，关系社会学是一套以伦理本位、关系导向、熟亲信为特征的关系主义现象的理论知识①。这一理论视角为城乡社会学的城乡关系聚焦提供了理论依据，城乡关系建立在人际关系基础之上，中国城乡之间的融合亦立足于城乡不同人群之间建立的社会网络，即由“线”至“面”。

关系主义推崇不同于工具理性的中庸理性。从工具理性出发，行动者总是把手段安排到最有效的情况中去完成目标，是一个无限形态。中庸理性则以节制取代效率，兼顾自己与整体的利益，是迥然不同的协调方式，属“节制模态”(tempered mode)，不只想到自己，还要顾及他人，重视均衡与平衡②。张德胜等认为，中庸理性正好在工具理性和沟通理性之间筑起一道桥梁，将价值冲突带到理性的沟通渠道中去解决，因为它从整全的视野出发，讲求自我节制，蕴含了理性沟通的准备和意愿③。因此，就其

① 边燕杰：《关系社会学及其学科地位》，《西安交通大学学报》（社会科学版）2010 年第 3 期。

② 杨中芳、林升栋：《中庸实践思维体系构念图的建构效度研究》，《社会学研究》2012 年第 4 期。

③ 张德胜、金耀基、陈海文等：《论中庸理性：工具理性、价值理性和沟通理性之外》，《社会学研究》2001 年第 2 期。

本质而言，城乡关系的调整就是以中庸的方式回应潘光旦所言的“位育”。“位育”一词源出《中庸》：“致中和，天地位焉，万物育焉。”朱熹的注解曰：“位者，安其所也。育者，遂其生也。”“位育”即“安遂所生”，也就是动态平衡以适应不断变化的社会、政治、经济和文化脉络。

综上所述，城乡社会学的理论目标就是立足关系主义思维，从点、线、面、体四个层面理解中国城市化与社会转型的进程，解读中国社会千年一遇之变局。

## 三　城乡社会学的时代使命

根据前述城乡社会学的“点线面体”框架，我们可以看到，中国社会正在经历前所未有的社会转型，经济、社会、文化领域的改变高度重叠，且压缩在较短的时间内展开，个体的焦虑和不适应由此而生。一个明显的特点是，工业化、土地城市化的速度明显快于人的城市化，这导致所谓的虚拟城市化、半城市化、被城市化，出现了城乡连续体之间的很多中间形态。这样的中间形态在一定程度上缓解了社会风险，从而避免了出现较大规模的社会动荡，但也形构了中国城乡发展的独特面貌，即刘守英等所称的“城乡中国”，[①] 这是“农村中国”和“城市中国”之间的过渡，这个过渡预计还需要较长一段时间，这恰恰是中国社会转型的关键环节。

纵观国际经验，城市化、工业化和市民化三者的发展态势出现了两个路径。一个是以欧美发达国家为代表的、农业劳动力非农化与人口的城市化和市民化进程同步的路径。农村劳动力转移是伴随工业化的推进而产生和发展的[②]。在此路径下，农村劳动力转移出现了不同的形态：在英国，传统农民转化为城市市民是通过剥夺农村居民的土地、将农村人口驱逐到城市而逐步实现的；美国是通过人口的自由移动实现的；日本是经由跳跃

① 刘守英、王一鸽：《从乡土中国到城乡中国》，《管理世界》2018 年第 10 期。

② 温铁军、温厉：《中国的“城镇化”与发展中国家城市化的教训》，《中国软科学》2007 年第 7 期。

式迁移与农村非农化结合实现的[①]。

另一个是以拉美发展中国家为代表的、工业化落后于城市化的路径。自20世纪50年代开始，拉美的城市化发展在相对短时期内，在政府的政策诱惑下快速实现。拉丁美洲的“大城市化”与“超大城市化”趋势非常明显，城市化与经济发展水平不协调，城市化过程缺乏政府规划与政策引导，城市治理形势严峻[②]。农村人口大量流入城市，但城市工业并不具备吸纳所有劳动力就业的能力，进入城市的这些移民长期处于失业和半失业状态，只能在城区建设非正规的简易住房，由此逐渐发展成大片的贫民窟。城市内部出现一系列经济、社会和环境问题，陷入所谓的“拉美陷阱”或“转型陷阱”[③]。

而中国的城市化是以城乡关系的调整为出发点，强调积极稳妥和有序推进的平衡策略。中国城市化过程既不与发达国家的城市化过程相吻合，也不同于拉美国家工业化明显滞后于城市化的路径。中国的城市化进程之中农业转移人口市民化具有三个鲜明的特征：一是就业带动，农业转移人口实现基本稳定就业，在此基础上推进市民化进程；二是保障地权，依法保障农业转移人口的土地承包经营权，让农业转移人口既进得了城，又回得了乡，这样他们就能够在城乡间双向流动，进退有据；三是渐进转移，从允许“离土”到允许“离乡”，再到公共服务均等化、开始放宽落户条件，分阶段促进农业转移人口市民化[④]。

以上三个特征体现了“有序推进”的战略构想。“有序”就是城市化需要在时间、空间、资源与价值四个层面展开并在社会的承受力范围之内，不能走拉丁美洲的城市化道路。我们也没有遵循西方城市化道路的时空背景，这个“序”需要在中国的语境里围绕中庸理性而确立，从速度

---

① 朱信凯：《农民市民化的国际经验及对我国农民工问题的启示》，《中国软科学》2005年第1期。

② 郑秉文：《拉美城市化的教训与中国城市化的问题——“过度城市化”与“浅度城市化”的比较》，《国外理论动态》2011年第7期。

③ 谢长青、李晓燕：《国外农村劳动力非农化与城市化经验及启示》，《学术交流》2008年第9期。

④ 金三林：《推进农业转移人口市民化的总体思路和战略路径》，《经济要参》2013年第43期。

上，不能太急，也不能太慢；从关系上，相关各方都可以接受，不至于脱序。“推进”意味着政府、市场和社会组织都应该积极作为，政府在城乡关系的调整中要承担引领角色，要结合市场与社会的力量，唯此，才能使城市化真正符合人民的需要与利益，否则可能会面临不同程度和不同形式的社会风险。因此，从城乡社会学的角度来看，当代的挑战就是如何实现以社会质量为中心的、社会风险在可接受范围的、具有发展型特征的城市化，从而实现城乡共享发展，这是城乡社会学的时代课题。

需要推进以增进社会质量为目标的城市化。新型城镇化就是以人为中心的城市化，注重人的需要、权利、体验与感受，也就是重视城市化进程中不同群体的获得感、满意感和安全感。要而言之，城市化以符合民心为前提和基础。这里引入“社会质量”这个概念是合适的，这是为了突出城市化的社会性。社会质量包含四个维度：社会经济保障、社会凝聚、社会包容、社会赋权①。这四个维度围绕的是人的需要、权利、体验和感受，背后的价值共识是自由、平等、融合、团结。社会质量既是个体的，又是整体的。城市化进程涉及一系列群体之间的利益与关系的调整，这样的调整不应仅仅以经济效率或发展速度为目标，而是既要充分考虑社会心理的承受力、接受度，又要考虑利益格局的平衡和优化，不能简单地以为牺牲少数人的利益就是正当的。因此，以社会质量为中心的城市化的核心议题就是要以制度化的方式合理调节城乡连续体中因不同形态而衍生出的不同关系的格局，而人的心态和体验就是在这样的关系脉络之中界定和展开的，生态和心态的秩序同等重要。

需要建立城乡关系调整的社会风险管理体系。城乡关系的调整，势必引发一系列的困难、挑战乃至风险。从目前的情形而言，风险源有四个：社会目标单一、社会结构失衡、社会关系失调、社会冲突增生②。这四个风险源都有可能出现在城乡关系的转型过程中。如果城市化以经济增长为单一目标，忽视社会质量的增进，就会因经济社会不协调而引发民生风险。社会结构的失衡，比如中国的人口城市化与空间城市化不同步会导致

---

① 张海东、石海波、毕婧千：《社会质量研究及其新进展》，《社会学研究》2012 年第 3 期。

② 童星：《中国社会治理》，中国人民大学出版社，2018。

一系列社会风险：空间与资本密切关联而滋生金融风险、资本与权力结合而导致社会极化。如果城市扩张与农民利益保护、城市人口规模控制与外来人口的权利保障之间的关系不能予以平衡，城乡关系就有失调的风险。如果城市化进程之中不同群体的生产、生活和生态受到影响，而没有合理的补偿和保障机制，社会冲突就难以避免。因此，需要基于城乡关系的视角，形成系统的、动态调节的制度框架，合理分配政府、市场与社会组织及个人的风险管理责任，有效处理社会风险，从而实现城乡协调发展。

需要建构发展型的城乡关系。城乡关系的建构涉及工业化、城市化、市民化。这是一个渐进、动态且复杂的过程，是从工业城镇化、土地城镇化到人口城镇化，是政府与企业、中央与地方、国家与农民等多重关系互动的结果①。大规模的人口在城乡之间迁移是在既定制度限定与机会结构下兴起的，它正在改变中国的社会结构，经济权力、政治权力与社会权力处于持续的互动过程之中，并导致未曾预期的结果，而这样的结果又成为新一轮城乡关系调整的结构限定与机会空间，这就是城乡关系的动态转化过程。应该说，过去一段时间推进的城市化累积了不少矛盾和挑战，比如大量被统计为城镇人口的农民工及其随迁家属未能在教育、就业、医疗、养老、保障性住房等方面享受城镇居民的基本公共服务；城镇化滞后于工业化，产城融合不紧密，产业集聚与人口集聚不同步，出现了空心城；城乡内部出现新的二元矛盾，农村留守儿童、妇女和老人问题日益凸显。这显示，城乡关系的调整并没有实现平衡和协调的预期。因此，城乡关系要确立新的目标，笔者将这个目标称为“发展型”。“发展型的城乡关系”这一概念建立在社会发展的理论演进和发展型社会政策理念的基础之上，它强调新型城乡关系的建构要以提升发展能力与提供发展机会为核心目标，“能力”和“机会”应成为新型城乡关系建构的核心话语。以是否提升了发展能力和提供了更多的发展机会作为发展型的考察指标。这一目标导向意味着城市化并非简单的农转非、上楼或进城，而是要真正赋予参与这一进程的人群以发展机会，这样的城市化才是贴近群众需要的。在这个意义

① 周飞舟、吴柳财、左雯敏、李松涛：《从工业城镇化、土地城镇化到人口城镇化：中国特色城镇化道路的社会学考察》，《社会发展研究》2018 年第 1 期。

上，城市化进程中的土地政策、产业政策的调整要有相应的社会政策予以配套，从而实现动态平衡。

城乡社会学的理论建构是回应中国社会转型的重大现实问题，是确立中国社会学话语体系的重要组成部分。如此理论建构的意义是双重的：一方面，如果我们在建构中国的城乡社会学上有所建树，就可以促进中国社会建设的发展，从而促进社会的公平与正义；另一方面，可以为国际同行提供一个有别于经典社会转型理论的参考框架，从而为全球社会学知识库存增添中国的贡献。这是中国社会学的时代使命，也是中国社会学的历史担当。

# 中国“城乡社会”的历史转型与地方差异*

熊万胜**

**摘　要**　在中国，每一个完整的地方都是有城有乡的，因此，每一个完整的地方都是一个“城乡社会”，整个中国就是一个“城乡社会”的体系。从这种视角看问题，就会注意到中国城乡关系的一体化内含两个机制：普适性的一体化机制和本土性的粘连性机制。前者如基础设施、市场体系和基本公共服务体系等；后者如土地公有制及集体土地征用制度、单一制的央地关系及市管县体制、身份制度和家庭制度。城乡社会的历史转型核心内涵就是这两个一体化机制的转型，城乡社会的地方差异主要出自区域性一体化的辩证后果，在一体化网络的不同位置上呈现不同的城乡关系特征。

**关键词**　城乡社会　城乡关系　粘连性机制

在960多万平方公里的陆地国土上，历史悠久的小农经济传统造就了广博深厚的乡村社会。随着全球竞争的不断加剧，乡村社会对于整个中国的独特价值也愈加凸显，国家适时地提出了乡村振兴战略，并写进了中国共产党章程。有理由认为，中国城乡关系的未来图景应该是城市与乡村和谐共存的。已经有不少人努力为这种城乡共存做出理论说明，但仍有言不尽意之处。在这里，我们提出“城乡社会”的概念，把它看成对中国社会

---

* 本文原载于《文化纵横》2019年第1期。

** 熊万胜，华东理工大学中国城乡发展研究中心、社会与公共管理学院。

特征的一种基本把握。

## 一 中国是一个“城乡社会”的体系

“城乡社会”的提法立基于对中国城市传统和城乡关系的本土化理解。薛凤旋否定了那种中国没有城市传统的观点，认为中国城市代表了一种独特的城市传统，足以与欧洲城市传统相提并论。[①] 中国城市传统的本质特征是地方体系和城市体系的合二为一，城市和周边的乡村可以被看成同一个地方，城市只是这个地方的首府所在地。城市和乡村本来就是“同一个地方”，因此，在这个意义上城市和乡村是一体的。每一个完整的地方社会都是有城有乡的，这和城乡分立的欧洲社会不同，从这个意义上，无论是过去还是当前乃至可预见的将来，我们都没有纯粹意义上的乡村社会或者城市社会，每一个地方都是城乡一体的“城乡社会”。由于每一个完整的地方社会都是“城乡社会”，所以，我们大概也可以说整个中国都是一个“城乡社会”的体系。

需要注意的是，这种城乡一体并不是城乡之间对等且权利义务明晰基础上的一体化，也就是说并非在“分得清”的基础上的“合得来”，本质上是一种粘连状态。有史以来，恐怕就没有哪一个朝代将中国的城市与乡村在权利义务关系上分清楚过。平等或理性的城乡关系似乎必须建立在地方自治权和土地私有制度的基础上，这不是中国的传统。在中国，乡村臣服于城市，城市领导、治理乡村，城市和周围的乡村属于同一个地方。这种属于“同一个地方”的城乡关系，自中国有“城”以来就始终存续，差别主要在于它的具体实现机制和表现形式。

这种城乡一体既是生活层面的，即费孝通所说的乡村和城市本来就是一体的，也是系统层面的，即它们都是中央集权体制下的一个地方（见表 1）。最近的发展是系统和生活的更加一体化。在系统层面上，城市在地方中的系统性扩张，以市管县体制为政治基础，以某种公有制的土地制度为利益纽带，以资本和技术的力量为物质基础，强化了城市对于周边乡村

---

① 薛凤旋：《中国城市及其文明的演变》，世界图书出版社，2015。

的控制，使地方体制演化成了城市地方体制。在这种城市地方体制中，城市依托周边乡村而扩展，既控制乡村又反哺乡村。在生活层面上，城市生活和乡村生活融为一体，越靠近城市，这种融合就越彻底；即使远离城市，农村居民也需要从城市获得生存的资源。

**表1 “城乡社会”概念的主要内涵**

| | 逻辑与历史起点 | 过渡形态（1958～1978年） | 发展态势 |
|---|---|---|---|
| 系统层面 | 单一制下的郡县制，城市与周围乡村同为一个地方，城市统领乡村，乡村供养城市 | 单一制下的地方体制，城乡经济社会二元体制；城市依赖乡村而发展 | 单一制体制下的城市地方体制；全国或地方性的城乡基本公共服务和基础设施一体化；城市继续依赖乡村而发展，推动乡村振兴 |
| 生活层面 | 城乡生活本来融为一体；身份体系中高等级向城市集中，但也有乡居绅士 | 城乡社区生活的封闭；身份体系中城市居民的等级普遍高于农村居民 | 本地人城乡生活融合，外来人口非市民化的城市化；身份体系中高等级的人主要居住在城市 |

近来，有学者提出中国正在从乡土中国变成一个“城乡中国”，这种提法与“城乡社会”的概念出于共同的时代感受。从城乡关系的角度来看，这个提法主要有两层内涵：第一层是从城乡二元体制到城乡一体化的制度变革；第二层是从大多数人务农到大多数人居住在城市的人口结构变化。具体地讲，经济学家如周其仁和刘守英在提出“城乡中国”时更关注类似于土地制度的普遍性制度问题，人类学家如赵旭东提出的“城乡中国”突出了一个整体的文化转型问题。

“城乡社会”的概念和“城乡中国”的提法有几点重要的不同。

其一，两种理解的历史和逻辑起点不同。刘守英的“城乡中国”论虽然将历史的起点设置在农民被土地和村庄束缚的乡土中国时代，但是，作为主要批判对象的城乡二元体制被认为起源于中华人民共和国成立以后，这就存在一个历史或逻辑起点的模糊问题。在“城乡社会”的概念中，计划经济和人民公社的时代只是一个短暂的过渡时期，不足以成为思考中国城乡关系本质特征的出发点。赵旭东的“城乡中国”明确地将历史的起点设置于遥远的过去，但是他更关注生活层面，对于系统层面兼顾得比较少。

其二，“城乡社会”的概念强调了中国城乡关系的历史延续性。“城乡社会”的概念也以人口的大规模城市化为经验基础，但是在肯定从城乡二元体制到城乡一体化发展的间断性的同时，更加强调了中国城乡关系内在的延续性。在“城乡社会”的视角下，将一个地方社会融为一体的机制有两大类：一类是普适性的一体化机制，比如市场体系、基础设施、公共行政制度和各种基本公共服务体系等；另一类是基于本土体制和文化的粘连机制，主要是中国式的单一制国家制度、市管县体制、土地公有制和集体土地征用制度、身份制度和家庭制度等。前者是主体之间的权利和义务清晰划分基础上的“分得清”和“合得来”，后者则以权力/利益与责任的统一性为基础使主体之间的关系分工不分家。多年以来人们都很关注普适性的一体化机制，却忽视了本土性的一体化机制，或者这里所说的粘连机制。

其三，“城乡社会”的概念更加突出了地方性城乡关系的整合性。虽然“城乡中国”的提法重视城乡融合发展的前景，但这个前景是以某种程度的城乡分治为前提的。但随着城乡关系的进一步演化，作为一种地方体系，城市对于周边乡村的治理高度一体化，作为一种城市体系，城市对于周边乡村的市场控制也更加彻底，这个时候，如果依然强调城乡之间的对等关系，可能就过于放大了一种地理分隔的社会意义。

其四，从社会理论的角度来看，“城乡中国”的提法似乎隐含将村落社区看成一个完整的社会系统的眼光，因此，这种城乡二元的视角很容易与国家－社会的分析框架联系起来。诚然，这种看法在某些时候是必要的。“城乡社会”的提法更强调乡村社会系统对于城市和更大范围系统力量的开放性，提醒人们在地方性社会的想象之外去注意那些缺少公共精神的私人生活和穿透社会力量的强大系统。

## 二　城乡中国时代的“城乡社会”

大体上讲，中国的城乡社会在经历了乡土中国时代和人民公社时代之后，正在进入城乡中国时代。乡土中国时代也是一个很简略的说法，正如很多历史学家所强调的，经历过“唐宋之变”的乡土中国相比此前的乡土中国有很大的变化。实际上，每一个朝代建立之初的乡村社会和中晚期也有很大的不同，这里且不展开，我们要重点讨论的是当代的城乡社会。在这里我们继续采用“城乡中国”这个名词作为这个时代的标记，因为这个提法强调了中国社会发展的阶段性，适合作为一个时间标记，它指引我们去看它的背后有些什么。

在中国的城乡关系史上，最为重要的事件是城市在郡县制体系和人们生活中的地位的提升，这在近几十年中尤为突出。在乡土中国时代，很多地方虽有“城”，却没有发达的城市，城市并没有取得在地方市场体系中的控制地位，也就没有发达的城市社会。而在计划经济时代，城市虽然也不发达，但城中却集聚了现代的工厂和它们的从业人员，城市社会取得了整体凌驾于乡村社会的地位。这个时代的城乡二元体制表面上是将城乡分割起来，实质上是空前紧密地粘连起来，使“帝力于我何有哉”的乡村生活理想彻底破灭。在改革开放以后，乡村的依附地位没有发生根本改变，乡村既要为城市提供各种廉价资源，也要准备好为城市承担种种风险。20世纪90年代以来，通过市管县体制、乡镇合并、土地公有制以及集体土地征用制度，各个大小城镇纷纷强化了对于所辖区域的控制。城市对于所辖区域控制的强化修改了郡县制传统的地方体制，原来是城市属于地方，现在是地方属于城市，形成了大大小小的区域性的“城市地方体制”。随着城市化的深度发展，中国越过了小城镇全面发展的阶段进入大城市称王的时代，大城市直接控制的地方和乡村范围不断扩大，城市地方体制越发强大。与此同时，城市生活也获得了优于乡村生活的形象和地位，传统的理想乡村生活模式已经瓦解，而新的理想乡村生活模式还没有形成。“城市让生活更美好”的理念从一种口号几乎变成了一种规则，在普通农民尤其是年轻农民的心里，进城安家是当然的选择。

城市地位的提升不断地重构着城乡之间的粘连关系。在传统的乡土中国时代，城乡粘连的主要制度连接器是赋役制度、租佃制度和身份制度等，通过这些制度，乡下农民对于城市官僚和各类地主的人身依附关系逐渐形成。在中华人民共和国成立以后，租佃制度取消，集体经营制度建立，在改革开放以后又转变成家庭经营制度和规模化经营；赋役制度一度更强化了，但最终被取消了；而身份制度被弱化之后，仍然在延续。经过这些变革，从今天的乡村基层，我们可以观察到一些新型的城乡粘连机制，主要包括四大类。

其一，土地公有制是最根本的城乡关系连接器。土地公有制度派生出了中国特色的集体土地征用制度，政府垄断了农用地转化成建设用地的市场，土地增值收益的很大一部分成为整个地方社会的公共财富——实际上首先是用于城市发展。继而，国家不断强化建设用地总量控制、用途管制机制和基本农田保护机制，各个城市普遍采取增减挂钩和占补平衡的方式获得农村土地，就使城市不仅直接控制近郊，而且可以动用所辖边远乡村的土地资源。农村的集体土地所有制不仅在系统层面建构了城乡粘连关系，也是系在近半数城市务工者身上的那根脐带。由于国家坚持农地的集体所有权和保护农民的家庭承包权，农民外出务工乃至在城市定居之后，他也不会自动失去集体土地承包权，还是有地的人。

其二，单一制国家制度也是决定我国城乡关系性质的一个根本体制。它使不同地方之间的权利关系在一定程度上内化成不同级别的政府或领导之间的权力关系，这是一种相当灵活和模糊的内部关系。在这个纵向的单一制体制中，市管县体制对于城乡关系的影响尤其巨大，它以下管一级的组织人事制度为基础，决定了发展权和财政收益在不同地方之间的分配。各地方都存在一种“按级别发展”的发展权分配模式，上级政府在获取各类项目和资源时具有优先权。即使下级政府得到了项目和资源，其财政产出的分配也是通过一个不对等的博弈过程来完成的，并没有一定之规。在市－县（区）－乡（镇、街）－村这四个层次的地方性社会中，地级市越来越强势，发展权越来越向地级市集中，小城市的发展权又向大城市集中。在发展资源有限的条件下，乡村的发展能力首先被弱化了，在城市工业区以外的乡村企业生存环境越来越严苛，有的地方甚至取消了村一级乃至乡（镇、街）一级的工业经济发展权。党的十九大提出了乡村振兴战略，这实在是给各级地方政府出了一道难题。

其三，具有强大再生能力的身份制度限制了我国城乡关系的理性化。中国从古至今都存在身份制度，也存在这种身份制度和地理结构的对应性，只不过很少会精准地按照城乡划界。在计划经济时期，这种身份体制依照产业划界，而产业按照空间布局，国有工商业所在地都被视为城市区域，因此一种身份结构和空间结构机械地对应起来，这其实是偶然的和暂时的。户籍制度的存与废不能改变中国的身份社会的特征。今天我们谈论较多的基本公共服务均等化，被均等化的也只是“基本”公共服务，而享受非基本公共服务的居民绝大多数还是居住在城市中。当代身份制度的源头有两个。一个是具有传统色彩的国家干部制度，以这种制度为核心，不断地创造出新的等级制度形式。由于国家干部主要居住和工作在城市，所以身份制度的地理中心只能是城市，并从城市向外扩展。另一个是城市本身，城市本身就有等级和层次，我们会看到不同城市市民的待遇有很大的不同，公民权趋于一致，而市民权却保留了差异性，它对进城外地务工者是比较封闭的，形成一种所谓“福利性地方主义”。诚然，中华人民共和国成立以后新出现的城乡二元体制在这七十多年中的起落确实也是一个重要的变化，但我们不必被这个现代性的普适变化过度吸引，以至于忽略了城乡关系中依然浓重的本土底色。

其四，中国人的家庭关系也是中国式城乡关系的核心部分。从生活的层面看城乡关系，家庭堪为中国城乡关系的基本单元。常住城市务工的农民之所以被看成农民工，不仅是因为城市没有真正接纳他们，也是因为他们没有准备告别自己的原生家庭，实际上，即使他们得到了城市户口，也未必就要告别自己的原生家庭和家乡。所谓中国农民的城市化，通常并不是一种农民个体的市民化，而是超越个人的“到城里安家”的行动。所以，我们会看到人们积极地在城市买房子，不愿意租房子，因为这是在“安家”。这种购房行动往往是整个家庭的集体行动，即使买了房，安了家，我们也会看到如果没有老人的帮助，新市民的家庭甚至是很难运转的。如果未能在城市买房和安家，也就无法实现所谓的市民化，结果我们看到，非常多的人其实都停留在一种城乡两栖的生活状态。

城乡两栖模式有很多种：有的人是一种按天计算的“白加黑”的模式，白天到城镇上班，晚上回来住；有的人是按周计算的“五加二”的模式，平时在城镇上班和居住，周末回到乡下和父母团聚；有的人是按四季来区分的模式，比如要在农忙时节回家务农；有的人是以一年为单位计算的逢年过节模式，或者比较频繁的常回家看看的模式；还有的人是以一生的历程来安排自己的城乡两栖，他选择在退休之后“告老还乡”，或者在孙辈出生后进城和子女团聚。正是中国家庭制度的强大韧性，让我们在流离的人生旅程中心有所系，即使到了最为凄惶的境地，也还有家和家乡可回。如果没有强大的家庭纽带，我们不能想象这个巨大社会在高速转型的过程中如何维持基本的社会和人心秩序。

基于这种丰富的城乡粘连性和一体化关系，我们说当代中国社会依然是一个“城乡社会”的体系，难以真正进入一种比较纯粹的城市中国时代。在这种特定的社会形态中，城市看似保持着对于乡村地区的强势，但实际上始终难以摆脱对乡村地区的依赖，这些年的快速城市化让城市的面积普遍扩大了，但真正“成年”的中国城市又有多少呢？这种独特的城乡粘连状态与中国在全球政治经济体系中的位置是相匹配的，它提升了中国应对复杂国际竞争形势的能力。

进入“城乡中国”时代以后，“城乡社会”形态还在发生进一步的转型，这种转型有三个基本的方向。

第一个方向是城乡社会中的城市地位进一步上升，如图 1 所示，越来越多的县改成了市或者区。在这个过程中，城乡一体化不断地深化。

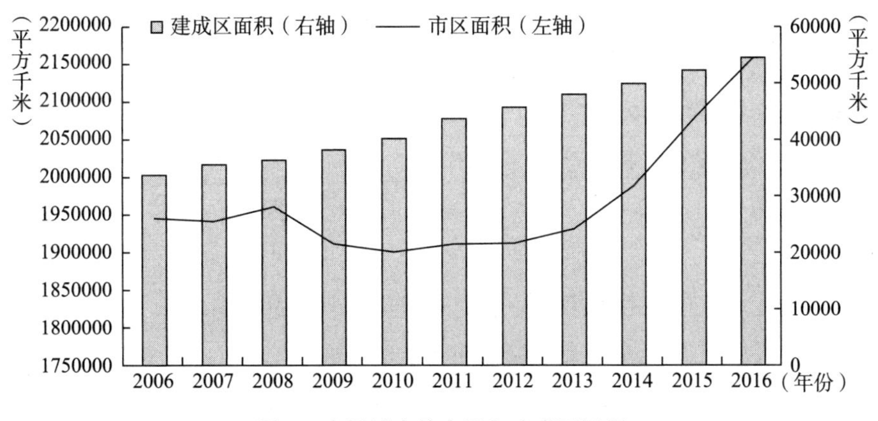


**图 1　全国城市的市区和建成区面积**

第二个方向是城乡关系的日趋紧密，或者说城乡统筹的力度越来越大。城市对于所辖乡村的发展权进一步上收，社会治理进一步强化，反哺力度进一步加大。结果，越是经济发达地区，乡村发展的自主权越是缺乏，我们并不能认为发达地区乡村的进一步发展就更加容易。

第三个方向是城乡关系不断趋于理性化，部分地改变了城乡粘连状态。作为城乡关系连接器的家庭本身也在理性化，城市小家庭和老家的大家庭之间的关系也在理性化，越来越多的子女给帮助自己带孩子的父母支付报酬。社会的法治化也促进了城乡关系的制度化，特别是区域总体规划对于各级政府的约束力越来越大，这从空间的角度框定了城乡之间的利益关系。国家提出的“城乡融合发展”理念也将促进城乡关系的理性化。这个理念的核心在于要进一步将乡村的资源变成资产，将农民变成市民。要在保持原有的城乡粘连的前提下，强化土地的使用权权能，使乡村的资源和人力可以更加自由地流动，也使城市的资本可以更加顺畅地进入乡村集体。

## 三 “城乡社会”的地方差异

“城乡社会”以“地方”为单位，因此凸显了不同地方城乡关系的差异性。将城与乡凝聚成同一个地方的机制既有普适性的一体化机制，也有本土化的粘连性机制。各个地方的城市和周围乡村凝聚在一起的机制、程度和结构状态还是有所不同的。这种城乡一体和粘连的机制、程度和结构的差异受到很多因素的影响，既包括地方本身具有的独特性，如地方的地理环境、文化禀赋、发展空间、发展模式、发展水平等；又包括各种区域发展一体化所形成的新的差异性，在各种一体化的过程中会形成新的地方间关系结构，不同的地方处于这些结构的不同位置上，因此也会造成差异性。

其一，地方的独特性造成的城乡社会的地方差异。

地理环境对于城乡关系的影响很大。研究城乡关系，需要知道“乡”是什么。地理环境和“乡”是什么有很大的关系。在历史上，南方山区和水乡的人们的生活更加依赖市场，形成了以集市为中心的区域社会；而北方平原地区的市场化程度相对较低，村落认同更加突出。所以，在民国时期和中华人民共和国成立初期，南方的基层政府是小乡的乡政府，北方是村政府。地理环境会影响农业生产方式，在高度依赖家庭经营的农业地区，人口外流就比较少，乡村生活抗拒城市化冲击的能力比较强。地理环境是一个基础变量，它也会通过以下要谈到的诸多变量曲折地影响城乡关系。

文化禀赋能够影响城乡关系的内涵。比如我们都能注意到南北城乡关系存在差异。在南方地区，城市对于周边地区的市场控制能力比较强，城乡关系中的市场关系更加突出；而在北方地区，城市更加依靠行政力量实施对于周边地区的控制，城乡关系中的权力关系更加突出，这与北方地区的官本位文化的强大是相适应的。农民的集体行动能力也是一种文化现象。有人注意到，在税费改革以前，农民集体行动能力比较强的地区农民负担就比较轻。继而，我们会看到在村落比较团结的地区，典型的如珠三角和浙南地区，农民就能够从工业化和城镇化的过程中获得更多的好处，比如建立大面积的小产权房，甚至形成一个农民城镇。

文化禀赋还会影响人们的交往习惯，因此影响城镇村体系的结构，典型的如长三角地区的城市群体系的结构。其中有几个相关的概念：长江三角洲、长三角、长三角城市群和长三角地区。长江三角洲是一个地理概念；长三角具有更多的文化内涵，基本上和吴文化圈相当；长三角城市群则是长三角概念的扩展，有几个版本；而长三角地区的范围最大，甚至可以等于沪苏浙皖三省一市的全部，这是作为国家战略的长三角一体化所认可的范围。无论如何，其中最为核心的还是苏锡常杭嘉湖，也就是吴文化圈。一个巨大的城市群体系和一个区域文化体系几乎重叠，这是一个比较典型的例子。在其他地区这种重叠不容易出现，或者只在很小的地理尺度上发生，比如一个县域的城乡社会也是一个小的方言区域。

城市的发展空间是一个口语，如果转化成术语，它的内涵可以包括行政区域面积以及当地的人均土地面积。发展空间对于城乡关系的影响很直观。基于每个地方都是城乡社会的本质，所辖乡村实质上构成了城市发展的腹地，城市行政区域大，人地关系宽松，发展空间大，会给周围乡村的发展留下一定的自由度；反之，乡村腹地就会面临来自城市的更大的压力。典型的如上海，它的行政区域面积只有6340平方千米，杭州的面积是16853平方千米，前者的面积还不及后者的一个零头。因此，上海的城市对于郊区乡村的各种管制就更加严格。

发展模式对于城乡关系的影响近来受到人们较多的关注。当前中国的城市普遍处于一种依赖工业化和城市化发展的模式中，对于土地要素的依赖很大。不过不同城市之间还是存在一定的差别，城市财政依赖土地财政的程度是标示城市发展模式差异最常用的指标。越是依赖土地财政的城市，对于所辖乡村地区的土地开发权的控制就会越严格。早期工业化的经验对于今天的城乡关系也留下重要的影响，多位学者注意到在不同的工业化发展模式下土地增值收益在城乡之间的分配比例不同。长三角地区的乡村经济曾经有一段集体经济高度发达的历史，这种集体经济主要是在地方政府的扶持下由基层组织发展的，所以，农村土地地权中的国家治权的成分很明显，土地开发权被城市垄断；珠三角地区的乡村经济曾经依赖各个镇村组自行招引外资企业，因此乡村集体经济组织也能够在很高的比例上分享土地增值收益，形成城乡共享城市化发展成果的格局。

地方的发展水平对城乡关系的影响也比较明显。不同城市的发展水平不同，城市对于乡村的带动能力不同。比如，我们会看到东南部地区已经进入城乡中国时代，人口城市化水平高，城乡一体化程度高；西部新疆和西藏地区还处于一种传统的乡土社会中，人口流出不多，城乡一体化程度也比较低。一旦城市的发展能力和发展水平提高，这个地方的城乡关系就会发生重大的变化。比较典型的如合肥市，自改革开放以来，这个城市的城乡居民收入差距呈现不断缩小的态势，相比而言，长三角地区的大多数城市的城乡居民收入差距呈现不断扩大，然后趋于平稳的态势。其中的原因在于，合肥市的经济发展能力一度比较落后，对于周边地区缺少带动效应，城市内大量的市民领取的是体制内的工资，与周边地区的农民收入之间没有关联；随着合肥市在高铁时代的强势崛起，对周边的带动能力大大提升，城乡收入差距随之缩小。

其二，区域间一体化造成的地方差异。

相比于地方本身的自然、人文禀赋或者行政区划所造成的差异，全球、全国或地方性的区域一体化所造成的差异变得越来越重要。在一体化的过程中，“地方”被重构，多元的中心－边缘体系被建立起来，城乡关系也就随之而变。

在一个国家的内部，推动一体化的主要力量通常是国家行政和市场，在中国，这两种力量紧密地搭配起来。一种基本的搭配方式是：当市场推动了一体化并形成了区域差异之后，国家行政力量会努力来抹平这个差异。比如，在市场机制的作用下，我国形成了东部地区经济相对发达、中西部地区相对落后的区域经济发展格局；国家遂通过行政机制大幅增加对于中西部地区的财政转移支付，又通过政治号召带动发达地区对落后地区进行结对帮扶。不同的城乡社会由此被区分成国家经济发展的主战场和相对依赖财政转移支付的大后方。其内部的城乡关系也有差别，比如其城乡关系中的冲突面就有所不同。在前一种地区，乡村被城市强行捆绑在一起，乡村发展权被人为限制，结成一个充满张力的发展共同体；在后一种地区，大规模和多条线的转移支付在更严重的程度上滋生了以城市部门和官僚为中心的乡村“分利秩序”。创造财政收入的过程和分配财政收入的过程会引发不同类型的城乡矛盾。在大多数的城乡社会内部，这两种矛盾是共存的，但在全国或区域一盘棋的格局下，不同地方的突出矛盾还是有所不同。

具体到一个地方或者城乡社会的内部，市场的一体化力量会更加突出。在这个尺度上，某个城市及其所辖乡村的区位，几乎也就决定了它的发展水平。在经济不发达的地区，人们生活世界中的城镇村体系是不完整的或者空间不连续的，人们或者局限于小的市场圈中，或者直接越过本地的城市到外地谋生。而在经济相对发达的地区，市场体系的层次比较完整，镇、县城和府城（地级市）都是人们谋生过程中经常走到的地方，城镇村体系显得丰富和连续。城市化改变了城镇村体系，先是发生了小城镇的繁荣，继而出现了县域经济的县城化，进而进入大城市称王的时代，远方的大城市替代了家乡城镇对于人们生活所发挥的功能。区位对于城镇村来说是一个位置的问题，而对于流动中的人来说是一个流动的目的地的选择问题。流动的出发点是比较固定的，而目的地是可以选择的。从系统结构的角度来看，越是人口流入比较集中的地方，也越是处于市场体系中心的地方；从人的生活角度来看，越是人口流入比较集中的地方，其与居民家乡的平均距离也就越远。

如果把研究单位再缩小一些，我们来看一个城市或者镇与其周边乡村的关系，就会注意到城乡关系的紧密程度在空间上的差异，比如在近郊，乡村基层组织和农民就受到城镇更多的控制，同时也得到更多的反哺；从近郊向外推移，来自城镇的控制和反哺会有所减少。我们会注意到一种特殊的郊区社会形态，它是城市（镇）体制与乡村景观的混合体。之所以有这种混合体，是因为它们都属于同一个地方，是一个中国式的城乡社会。可以说，郊区社会是最为典型的中国式城乡社会，在这里我们可以看到城市对于乡村的全面统领。

其三，对于不同地方城乡关系紧密程度的测量。

城乡关系紧密程度的差异不仅在一个城乡社会内部存在，在不同地方之间也有显现，不同地方的城乡关系紧密程度有差异，意味着不同地方内部的社会空间结构是不同的。这也是研究地方差异的一个角度。

从以上诸多变量中，我们可以把部分可量化的变量整合起来，建构一个指标体系来展示城乡关系紧密性的地方差异。比如，我们用城市的建成区占城区的面积之比以及户籍人口的密度来衡量城市的发展空间，以此来推断乡村腹地所承受的城市管控压力和反哺可能性；以常住人口与户籍人口的比值来衡量此地在市场体系中的中心度。把这两个数值都除以相应的平均数形成两个指数：当地城乡关系紧密指数和外来人口流入指数。前者衡量的是本地方内部城乡关系的紧密程度，后者衡量的是这个地方在一个大范围市场体系中的中心度；前者衡量的是“乡”承受的来自所属城市的压力，后者衡量的是“城”与居民家乡的平均距离；前者衡量的是城市对于本地农民的影响，后者衡量的是这个城市对于外来人口的价值。在那种城乡关系宽松且又有大量外来人口流入的地区，无论是本地农民还是外来人口都能获得较多的生存与发展的自由，长三角地区的苏州和宁波等地大概就是这样的福地（见图2）。

需要点明的是，这个指标体系的合理性是有前提的，这里假定中国城市的发展模式依然十分依赖工业化和城市化，依赖对农村集体土地资源的开发。本文重点关注城乡关系中的粘连结构，这个指标体系也只是描述了城乡关系的紧密性，此外还有极其丰富的细节值得展开。而且，这个框架在此文用于分析一个大城市群内部的地方间城乡关系差异，当用来描述不同城市群之间的地方差异时，需要很谨慎，因为所谓市场区位的差异在同一个市场体系内才有可比性。如果用来描述一个更小单位的地方或城乡社会内部的区域差异，需要在操作上做出调整。在一个地方或城乡社会的内部，城乡关系紧密程度和外来人口流入量通常是成正比的，比如一个县域内部，城乡关系更紧密的地区位于近郊，而流动人口也集聚在近郊。很可能的情况是，所研究的区域单位越小，城乡关系紧密程度和外来人口流入量这两个指标就越应该合二为一，反之就越是可以区分开来。

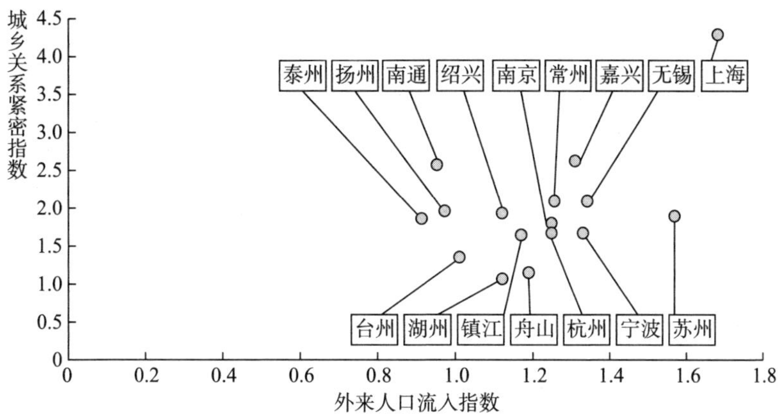


**图 2　长三角地区 16 个城市的城乡关系差异**

## 四　结语:“城乡社会”概念对于城乡关系研究的意义

中国社会的特殊本质有着丰富的面向，可以从不同的角度来揭示它的特性。比如我们在人口流动方向的维度上说中国是一个大流动的社会，在央地关系的维度上说中国是一个大一统的社会，而在城乡关系紧密程度的维度上，可以发现中国是一个城乡粘连于一体的“城乡社会”体系。因此，这个概念的第一层意义是帮助我们把握中国社会特质的一个角度。

这个概念的第二层意义是有助于我们正视城乡关系的复杂性和地方性。“城乡社会”的概念强调了中国城乡关系的历史连续性，在承认连续性的前提下再来分析历史间断性和区域差异性，有助于形成对于中国城乡关系的辩证性理解，也有助于建立某些分析性的框架。这个概念最可以期待的意义是，借助它可以把“城乡关系”这个粗词打开，去观照它意蕴万千的内里，发现郊区社会形态的特殊性，看到每个地方的城乡关系的差异性，也看到每个行政或者市场条线中附着的城乡关系的变动性。

这个概念的第三层意义，是它可能成为研究地方社会尤其是县域社会的一个视野。当村域社会被严重瓦解，逐渐失去了研究单位的资格之后，对于更大范围的地方社会尤其是县域社会的研究成了时代之需。但这也是一座令人望而生畏的高峰。从城乡关系入手，是不是一架登峰的梯子呢？人们的生活受到了城乡关系深刻的影响，已经有学者从这个角度来研究日常生活的地方差异。这个领域还值得进一步开拓。除了生活层面，城乡关系的系统层面也很值得去深化。县域内的城乡关系是千丝万缕的，都说“上面千条线，底下一根针”，每一条延伸到乡村里的“线”都是理解城乡关系的一条线索，也是理解地方社会差异和性质的一条线索。如果我们能够把握其中的几条主线，或许就可以悟出这个地方与众不同的诀窍。当然，这还是一个初步的设想。

# 城乡二元结构视野下的乡村振兴*

贺雪峰**

**摘　要**　中国现代化进程中最为重要的一个经验是，农村是中国现代化的稳定器与蓄水池。在当前中国基本制度设置中，一方面，农民可以自由进城务工经商，也可以选择进城安居生活；另一方面，国家为农民保留了返乡退路，万一进城失败，农民仍然可以退回农村。正是因为进城失败有退路，农民就可以放心大胆地进城，国家也不担心因为经济周期造成进城农民失业而引发社会政治不稳定，中国因此有了城乡之间的相互支持、相互补充和相辅相成的关系。笔者认为，在中国基本实现现代化的2035年之前，乡村振兴战略的重点是要为弱势群体保底，解决中国绝大多数农民在生产生活中存在的各种困难，回应他们的诉求；要防止当前学界、政策制定部门和地方政府实践中已经普遍蔓延开来的激进的乡村振兴解读，倡导积极稳健的乡村振兴战略。

**关键词**　城乡关系　城乡二元结构　乡村振兴战略　农民基本保障

当前中国仍然存在明显的城乡二元结构，其中最重要的表现是城市远比农村经济发达，城乡居民收入差距比较大。“2016年我国城市居民人均

---

* 本文原载于《北京工业大学学报》2018年第5期。

** 贺雪峰，武汉大学社会学院。

收入和消费支出仍分别高达农村居民的2.72倍和2.28倍。”① 正是基于城乡发展的严重失衡，党的十九大提出实施乡村振兴战略，以缓解当前中国发展中城乡不平衡的问题。

一般地讲，通过乡村振兴来缩小城乡差距，缓解中国城乡发展不平衡问题，是完全正确的。不过，如果我们不能理解当前城乡二元结构产生的原因，以及不能采用正确的乡村振兴战略，我们就可能造成新的发展不平衡，甚至新的各种问题。本文讨论城乡二元结构与乡村振兴战略之间的契合关系。

## 一 乡村振兴战略与策略

自党的十九大提出乡村振兴战略以来，学界和政策制定部门展开了热烈的讨论，地方政府则开始将乡村振兴战略纳入地方政府近期重点工作中。

当前学界、政策制定部门和地方政府的一大共识是，乡村振兴必须以产业兴旺为基础，发展农村产业，吸引人才回流，让农民富裕起来，这才有可能实现乡村振兴。

关于产业兴旺，比较典型的意见是国务院发展研究中心农村经济研究部部长叶兴庆的观点。叶兴庆说：“农村局限于发展农业、农业局限于发展种养，在我国这种资源禀赋条件下，农民不可能得到充分就业，乡村不可能得到繁荣发展。现代化的农村，不仅要有发达的农业，而且要有发达的非农产业体系。为此，要瞄准城乡居民消费需求的新变化，以休闲农业、乡村旅游、农村电商、现代食品产业等新产业新业态为引领，着力构建现代农业产业体系、生产体系、经营体系，推动农业向二、三产业延伸，促进农村一、二、三产业融合发展，使农村产业体系全面振兴。”② 农业农村部部长韩长赋关于产业兴旺的说法是，“产业兴旺是乡村振兴的重点。要从农业内外、城乡两头共同发力，大力发展农村生产力，做大做强

① 叶兴庆：《以改革创新促乡村振兴》，《经济日报》2017年12月28日，第1版。

② 叶兴庆：《新时代中国乡村振兴战略论纲》，《改革》2018年第1期。

高效绿色种养业、农产品加工流通业、休闲农业和乡村旅游业、乡村服务业、乡土特色产业、乡村信息产业、促进农村一二三产业融合发展，培育农业农村发展新动能，保持农业农村经济发展旺盛活力，为乡村的全面振兴奠定物质基础”①。

从地方政府目前重点着手规划的工作来看，在中国农产品总量过剩的背景下，工业进园区，农村不再可能发展“村村点火、户户冒烟”的乡村工业，有发展可能的是以休闲农业、乡村旅游为代表的第三产业，或一、二、三产业融合。实际上，地方政府发展休闲农业正是由中央各部委推动的。2015 年农业部、财政部等 11 部门印发《关于积极开发农业多种功能大力促进休闲农业发展的通知》（农加发〔2015〕5 号），2016 年农业部、国家发展改革委等 14 部门印发《关于大力发展休闲农业的指导意见》（农加发〔2016〕3 号）等，一系列政策出台。2018 年 4 月农业农村部印发《关于开展休闲农业和乡村旅游升级行动的通知》（农加发〔2018〕3 号），明确提出“到 2020 年，休闲农业和乡村旅游产业规模进一步扩大，营业收入持续增长，力争超万亿元，实现业态功能多样化、产业发展集聚化、经营主体多样化、服务设施现代化、经营服务规范化，打造一批生态优、环境美、产业强、机制好、农民富的休闲农业和乡村旅游精品”；要求“充分利用政府、社会和金融机构等不同渠道资金，加大对休闲农业和乡村旅游公共服务设施建设的支持力度，改造提升一批休闲农业村庄道路、供水、医疗、停车场、厕所、垃圾污水处理等设施，扶持建设一批设施齐全、功能完备、特色充分的美丽休闲乡村（镇）、休闲农业园区和休闲农庄，鼓励因地制宜兴建特色餐饮、特色民宿、购物、娱乐等配套服务设施，满足消费者多样化的需求”。

国家发展改革委研究室主任兼新闻发言人严鹏程在记者发布会上讲：“据统计，2017 年，全国规模以上农产品加工主营业务收入 19.4 万亿元，农产品加工业与农业总产值之比达到 2.2∶1，主要农产品加工转化率超过 65%；农村新产业新业态不断提档升级，休闲农业和乡村旅游营业收入超

---

① 韩长赋：《用习近平总书记“三农”思想指导乡村振兴》，《农村工作通讯》2018 年第 7 期。

过6200亿元，同比增长25%，年接待游客23亿人次，占全国旅游接待游客总量的43%；全国农村网络零售额达到12448.8亿元，同比增长39.1%，农村网店达到985.6万家，同比增长20.7%，劳动就业人数超过2800万人。”严鹏程表示对于一、二、三产业进行融合，“一是强化规划引领作用”；“二是加强部门协同配合”；“三是积极创建示范园。继续实施农村产业融合‘百县千乡万村’试点示范工程，指导各地抓好国家农业产业融合发展示范园创建工作，年内认定首批100家示范园”；“四是创新政策支持方式。落实好农村产业融合发展用地保障相关政策。加强与金融机构合作，研究创设定制式金额产品，运用政银企模式加大金融支持力度，支持地方设立农村产业融合发展投资基金”。①

叶兴庆说：“从国家能力来看，我国工业化、城镇化水平已有很大提高，2016年我国乡村人口占比已下降到42.65%，第一产业占比已下降到27.7%，第一产业园内生产总值占比已下降到8.6%，有条件以城市这个‘多数’带动乡村这个‘少数’，以工业这个‘多数’支援农业这个‘少数’。”②

也就是说，当前学界和政策制定部门关于产业兴旺的主流观点是：因为乡村工业存在面源污染及需要规模经济，基本上没有发展空间，工业进城市园区已成共识，乡村产业兴旺不能靠发展乡村工业。在农民人均只有一亩三分地且农户数量极其庞大的情况下，发展规模农业也缺乏条件。目前农村产业兴旺的主要着力点是发展休闲农业和乡村旅游。实际上，最近几年，几乎全国的地方政府都借一、二、三产业融合，将休闲农业和乡村旅游放在极为重要的位置，甚至普遍提出了“全域旅游”的概念。休闲农业和乡村旅游的实质就是为城市人提供“乡愁”消费。问题是，当前中国仍然有2.2亿农户、6亿多农民，即使休闲农业和乡村旅游可以产生万亿元产值，平均到每个农民身上也就1000多元产值，百十元收入。实际上，三产融合的收益分配是极不均衡的，一是投资资本要求回报，二是具有区

① 《国家发改委：农村一二三产业融合发展仍有哪些短板》，中国新闻网，2018年4月20日。

② 叶兴庆：《新时代中国乡村振兴战略论纲》，《改革》2018年第1期。

域优势和旅游资源的极少数乡村才有三产融合发展的条件，因此，通过中央政策支持发展起来的休闲农业与乡村旅游只可能让极少数农民受益，绝大多数农村和农民是不能受益的。也就是说，通过发展休闲农业和乡村旅游来实现农村产业兴旺、乡村振兴的目标，是不现实的，也是不可能的。

在农村产业发展机会相对有限的情况下，越多资本下乡，越多城市人下乡，以及越多农民工返乡，就越可能会挤占农民现有的农村获利机会，越是会挤压农民进城务工经商。

实际上，依笔者理解，乡村振兴战略的核心是战略，即对标2035年中国基本现代化之后乡村的状况。据估计，2035年中国城市化接近完成，大量农民进城，并且在城市获得稳定就业与收入，国家也有能力为进城农民提供基本保障，留村农民人数少，农村获利机会多，留村农民通过农村产业就可以有较高收入，农村产业兴旺，农民生活富裕。从这个意义上讲，乡村振兴战略并非要求现在即对接20字方针，而是要从现在开始进行建设，现在的乡村振兴战略是与城镇化战略相并行和相互支持、补充的战略。只有真正理解了中国城镇化的独特机制与道路，才能更深刻地理解乡村振兴战略。现在学界、政策制定部门以及地方政府将乡村振兴战略下降到战术层面是片面的。

## 二　当前中国农民的家计模式与城乡二元结构

改革开放以来，中国一直致力于破除城乡二元结构体制，到目前为止，限制农民进城的体制机制基本上已经破除。但是，农民作为能动的主体，他们在现行体制下行动，形成了具有中国特色的“以代际分工为基础的半工半耕”家计模式，正是在这一家计模式下，中国式的城乡二元结构形成。

改革开放前中国形成了城乡分割的体制，改革开放以后城乡分割体制逐步被打破，到了20世纪90年代农民进城的限制就几乎没有了。在农业存在严重过剩劳动力的情况下，农民家庭普遍采取了年轻人进城务工经商、中老年人留村务农的家计模式。因为中老年人仍然务农，农户家庭农业收入没有减少，年轻人进城务工经商，农户家庭就增加了来自城市的收入。随着中国城市化进程的加速，城市提供了越来越多的机会，就有更多农村青壮年劳动力进城务工经商，从而形成了当前占绝对主导地位的“以代际分工为基础的半工半耕”家计模式，表现出来就是农民家庭的分离，农村出现了老年人、妇女和儿童“三留守”现象。

通过以上简单梳理可以看出，进城务工经商不是限制了农民的机会，而是让农民有了主动选择的机会。农民依据自己家庭的情况进行选择。从当前全国普遍情况来看，农户选择大致有三种模式：第一种模式是农户全家进城模式，即进城年轻人在城市获得了稳定的就业，由此全家进城，在城市体面安居；第二种模式是农户中的青壮年劳动力进城了，但在城市的就业与收入不够稳定，难以在城市体面完成劳动力再生产，典型表现就是老年父母留守农村务农；第三种模式是农户家庭在农村找到了获利机会，他们通过扩大种植规模、提供农机服务、兴办小超市、当经纪人来获得不低于外出务工的收入，从而可以在保持家庭生活完整的情况下在农村过上体面生活。

从全国普遍情况来看，以上三种模式中，全家进城农户比例大约占20%，“半工半耕”模式大约占70%，全家留守农村模式大约占10%。随着中国经济进一步发展以及城市化快速推进，第一种模式占比会越来越大，第二种模式占比会越来越小，第三种模式占比则有不确定性。不过，在可以预期的未来十年甚至二十年，农户全家进城并在城市体面安居的比例不会太高，以老年人留守为特点的“半工半耕”家庭比例也不会太低。这个一增一减是一个长期的历史过程，我们要有耐心。之所以第一种模式不可能太高，是因为中国仍然是一个发展中国家，不可能让所有进城人口都在城市获得稳定就业和体面收入，并能够在城市体面安居。当前中国相对于其他发展中国家的一大优势是，中国土地是公有制的，所有农民都有土地承包权，以及享有免费获得的宅基地，进城以后，他们保留了农村宅基地和耕地承包经营权，甚至他们的父母仍然留守农村耕种土地，他们进城后若无法在城市体面安居，就可以返回农村，而不是在城市漂泊，或落入城市贫民窟。从这个意义上讲，当前中国允许农民自由进城又保留农民返乡权利的体制给了农民极大的主动性，使农民在城市化进程中可以选择机会，把握命运。在农民选择下形成了当前中国特殊的城乡二元结构，这种城乡二元结构完全不同于改革开放前限制农民的二元结构，而是保护农民权利的二元结构，我们因此称之为“保护型城乡二元结构”[①]。

也就是说，当前城乡二元结构是农民主动选择的结果，其中最关键处有二：第一，现在的城乡体制对农民的限制绝大多数已经被消除了，但保留了农民返乡的权利；第二，农民将当前的城乡体制当作一种机会结构，他们依据自己的情况进行抉择。自身条件好、机会好且特别勤劳的进城农户家庭更容易获得在城市体面安居的机会，他们因此选择永远离开农村，成为城市新成员。还有相当一部分自身条件不够好，或机会不够多，或不够勤劳的进城农户家庭，最终难以在城市体面安居，无法在城市完成家庭劳动力再生产，因此选择老年父母留守农村甚至全家返回农村生产生活。这样看来，当前中国的城乡差距实际上不过是反映了农民进城成功者留城与失败者返乡的差距，正是因为进城失败可以返乡，城市就没有形成一个庞大的漂泊、居无定所的底层群体，就没有形成一般发展中国家通常存在的大规模贫民窟，从而就没有形成明显的城市内的二元结构。在中国现行保障农民自由进城和自由返乡权利的体制下，农民有主体性地依据自己家庭经济状况选择进城或返乡，这让无法在城市体面安居者返乡，让有能力在城市体面安居者进城，由此城乡二元结构化解了城市内的二元结构，这样的城乡二元结构完全不同于限制农民的强制型城乡二元结构。我们讲的城乡一体化和城乡融合也绝对不是要让农民丧失返乡权的制度安排，而是必须为弱势农民保留选择权。

因为成功者进城，失败者返乡，城乡之间自然就会有收入差距，这种收入差距并非坏事，反而是当前中国得以避免其他发展中国家城市二元结构缺陷的重要优势。有人试图通过让富人下乡、穷人进城来缩小城乡差距，就本末倒置了。

允许农民进城，同时保留农民在农村的权利，发展机会在城市，在城市发展失败后还可以返乡，这是当前中国城乡体制的关键性特征，也是中国体制的巨大优势，因为这样的体制防止了城市二元结构的形成，避免了

---

① 贺雪峰：《论中国式城市化与现代化道路》，《中国农村观察》2014 年第 1 期。

大规模城市贫民窟的产生。保留农民在农村的权利实际上为四种类型的农民或农户提供了机会。

第一种："以代际分工为基础的半工半耕"家庭，年轻人进城，中老年父母留村务农。这是当前中国农村最普遍的家庭结构，绝大多数耕地也是由这些家庭中的老年父母耕种的，表现出来的就是"老人农业"。

第二种：进城失败后退回农村。这有两种情况：一种是农民年轻时进城，年龄大了仍然无法在城市体面安居，因此返回农村生产生活；另一种是在一些特殊时期比如经济危机时期，城市就业机会减少，年轻人在城市缺少就业机会而返回农村生活。

第三种：虽然有条件在城市安居，但中老年父母不愿与子女一起在城市生活，因为"天天生活在一起就成了仇人"，且"城市生活不自由，像坐牢一样"，所以年老返乡，落叶归根。

第四种：越来越多的农户进城，留下了诸多在农村的获利机会，比如进城农户将承包地流转出去，让渡出以前的手工业机会，这就为农村众多不愿或不能进城务工经商的青壮年劳动力提供了在农村获利的机会。这些青壮年不愿或不能进城务工经商的原因有很多，比如不喜欢城市生活，不喜欢按时上班，父母年龄太大，子女又太小，等等。这些不愿或不能进城的农户仅靠种自家承包地的收入是不可能在农村获得体面生活的，必须寻找其他获得收入的机会，比如流入土地扩大种植规模、为其他农户提供农机服务、开小商店、当经纪人、办小作坊等，从而获得不低于外出务工的收入，由此留在农村。这些不愿或不能进城的青壮年农民，一是在农村获得了不低于外出务工的收入，他们可以在保持家庭结构完整的情况下，在农村体面地生产生活，成为当前农村老弱病残这个主体结构中的中坚力量，是"中坚农民"。这样一个"中坚农民"群体是自然而然形成的，是由大量农民进城让渡出获利机会所形成的，这个群体规模不大，一般只占农户总数的10%左右，却十分重要。当前农村社会正是中坚农民+老弱病残，形成了一个超级稳定的结构。中坚农民也是村组干部的主要来源，是稳定农村社会秩序的主要结构性力量。

李周曾评论说，"不少学者认为当前农业的挑战之一是愿意从事农业的农民越来越少。这个认识显然不够准确"，因为"职业农民普遍觉得现有的土地经营规模没有达到预期目标”。[1] 实际上，当前农村中坚农民也都普遍希望扩大种植规模，根本就不存在无人种田的问题。

显然，无论以上哪一种农民或农户，农村机会对于他们都无比重要。这四种农民或农户占中国农民或农户的80%以上。可以说，之所以中国现代化进程中能创造政治社会稳定的奇迹，是因为80%以上的农民或农户仍然有农村和农业这一依托或退路。中国的耕地不仅要解决粮食安全问题，而且要解决农民问题。显然，农村和土地所要解决的农民问题不是让农民依靠土地致富的问题而是保底的问题。或者说，当前中国农民发家致富的机会在城市。越来越多的农民进城务工经商，并在城市体面安居，同时也有相当一部分缺少进城能力或进城失败的农民仍然要依托农业和农村保底。在未来相当长的一个时期，对农民来讲，农业和农村更重要的不是致富而是保底。致富的机会在城市，进城失败可以回到农村保底，这是一条基本原理。我们万万不可以为了让农民在农村和农业上致富，而让农民失去了在农村和农业上的保底。既然农民可以选择进城务工经商，且在当前快速城市化背景下，城市有着远比农村多得多的获利机会，我们就应当鼓励农民进城获利，而不是通过各种政策鼓励农民留在农村致富。正如姚洋所说，“乡村振兴战略的重点不应该是振兴乡村经济”，“发展经济学的两个铁律：农产品价格相对于其他农产品，特别是服务业产品的长期下降；农业份额在国民经济中持续下降”，就使“要想把农业搞成挣钱的商业化产业，是非常艰难的事情”。[2]

从致富的角度来看，农业和农村机会很少；从保底的角度来看，农业和农村则极为重要。

## 三　为什么农业和农村对农村弱势群体十分重要

当前中国城市向所有农民开放，就为农村中相对具有优势的农民提供了在城市务工经商获利的机会，也为农村精英群体进城提供了便利，表现

---

① 李周：《乡村振兴战略的主要含义、实施策略和预期变化》，《求索》2017 年第 12 期。

② 姚洋：《振兴乡村不能只谈乡村经济，而更需要开展一场新进步运动》，《财经》2018 年 4 月 16 日。

出来的就是农村经济条件好的家庭和年富力强的群体进城，缺少进城机会或进城失败的农村弱势群体留在农村。

或者反过来也可以说，从发家致富上讲，农村和农业的机会比较少，但对农村弱势群体来讲，农村和农业却具有极为重要的保底作用。农村精英群体所抛弃的负担是农村弱势群体所需要的机会。相对于城市中产生活，农村生活不够体面也不够舒适，相对于城市漂泊不定或贫民窟生活，农村生活却是稳定的，有归宿的，是更体面且有尊严的。①

对于有能力进城的农村精英以及年富力强的农民群体来讲，因为他们是市场经济条件和城乡融合体制的强者，他们就自由到市场上搏击去了。我们重点来关注为什么农业和农村对农民尤其是农民中的弱势群体（无法进城或进城失败群体）无比重要。

当前中国约70%的农户家庭仍然保留“以代际分工为基础的半工半耕”家计模式，也就是说，约70%的农户家庭仍然有农业收入这一块，在这约70%的“半工半耕”农户家庭中，年轻人进城务工经商，中老年人留村务农，务农收入+务工收入，使农户家庭有较多储蓄，由此就有更高的进城能力，也就可以实施家庭城市化计划。

总体来讲，农民进城是一个长期的历史过程，其中有各种艰难险阻，他们往往要调用全部劳动力来达成进城的基本条件。农民年龄大了，在城市失去就业机会，他们一般都不愿待在城市的子女家中作为一个纯消费者，而愿意与土地结合起来，成为一个土地上的生产者和村庄熟人社会的生活者。这就是当前中国第一代农民工一旦年龄大了，在城市丧失就业机会就会返乡的原因。第二代农民工年龄大了，他们中的相当一部分也会返回农村。

在城市是消费者的老年人，回到农村，有宅基地和住房，有承包地，他们住在自己的房子里，居有定所。他们耕种小块土地，不仅意味着可以有农业收入，而且意味着通过季节性的耕种就业了，有了随季节而展开的忙与闲，有了与生产季节相匹配的生活节奏，因此就不是一个“等死”的

① 夏柱智、贺雪峰：《半工半耕与中国渐进式城镇化模式》，《中国社会科学》2017年第12期。

无用之人。他们还利用房前屋后的空地养鸡养猪、种瓜种菜，并周期性地将自己生产的粮食、瓜菜、鸡蛋送到城里的子女家，之前天天住在一起的“仇人”，分开了关系反而变得亲密起来。当前农业生产基本上已经实现机械化，相对健全的社会化服务体系使年龄大的农民也可以种得了地、种得好地。农业生产季节忙一些，其他时间都有闲暇，在村庄熟人社会中，有闲的老年人很容易创造出丰富的闲暇活动。

缺少城市就业机会的老年人与土地结合起来，可以从土地上获得收入，可以老有所为、老有所乐。其他在城市缺少就业机会或进城失败的农户回到村庄，与土地结合起来，也很容易获得稳定的生活，一些农户通过扩大种植规模、提供农机服务、开作坊、当经纪人，而在农村获得不低于外出务工的收入，这些农户就是“中坚农户”。简言之，只要农民与土地结合起来，他们就有了远高于在城市落入底层的漂泊不定的生活水平，有了远高于一般发展中国家普遍的贫民窟生活水平。具体来讲，他们在农村有自己的房子，还有农业收入，虽然农业收入较少但农村消费水平也较低，村庄熟人社会增加了每个人的社会资本，生于斯、长于斯的村庄让人有安全感。只要农户与土地结合起来，就可以轻松解决生存问题，在解决温饱基础上还可以寻求其他获利机会，逐步为子女积攒进城资本。农民退可以回到村庄过平静的甚至安逸的生活，进则通过逐步积累为子女获得进城资本，因此他们任何时候都对未来充满信心。

农村为中国较为弱势的农民提供了保底生活，是他们的家园，让他们在城市化进程中“进可攻，退可守”。因此，在当前以及未来很长一个时期内，农民是不能失去土地的，既不能失去农村宅基地，也不能失去承包地，因为只有农民与土地结合起来，他们才有保底的条件。只要在中国现代化进程中最弱势的农民群体有了保底，中国现代化就会有宽松缓和的社会条件。

因此，当前的各项农村政策不应当是加剧农民与土地的分离，也不是要在农村造富，而是要解决那些离不开土地还要依托土地的农民与土地的结合问题：比如解决小农户与现代农业的对接；解决当前农户普遍存在的土地细碎化问题，为包括老人农业在内的小农户提供社会化服务；解决小农机易坏的问题，为农户提供有保障的灌溉；做好“村内户外”的环境整治工作。总之，在当前及未来很长一个时期内，“三农”政策的重点都应当是服务于农村弱势群体，为无法进城或进城失败农民群体提供保底的生产生活，解决小农户生产所面临的各种实际困难。

## 四 乡村振兴战略的两种解读

上文从城乡二元结构视野下看乡村振兴战略，得到与当前主流学界和政策制定部门完全不同的理解。实际上，中央讲实施乡村振兴战略是长远的战略。2017 年中央农村工作会议明确 2020 年、2035 年、2050 年分“三步走”实施乡村振兴战略的目标任务，并将实施乡村振兴战略作为一项长期历史性任务，要求“科学规划、注重质量、从容建设，不追求速度，更不能刮风搞运动”。

也就是说，当前学界对乡村振兴战略有两种不同的解读。一种解读是通过大规模的资金投入发展休闲农业和乡村旅游，在比较短的时间内改变农村外观面貌，增加农民收入，缩小城乡差距。为了筹集乡村振兴的资金，不仅要有国家大量财政资金投入，而且要吸引城市资本下乡，采用各种金融手段，通过土地制度改革让农民土地价值“显化”出来成为乡村振兴的资本，从而在短期内形成一个农村产业兴旺、农民生活富裕、城乡差距大幅度缩小的局面。当前地方政府力推的绝大多数乡村振兴规划都是这样一种思路。这样的力求短期内通过一、二、三产业融合来增加农民收入、缩小城乡差距的乡村振兴思路，是一种典型的激进解读。这种激进解读存在的最大问题是，在中国当前的发展阶段，通过发展休闲农业和乡村旅游来让所有农民致富，完全不具备可行性。休闲农业和乡村旅游本质上是靠城市人的“乡愁”消费来赚钱，目前中国户籍人口城市化率只有 42%，就是说还有一半以上人口为农村户籍，靠不到总人口一半的城市人的“乡愁”来让所有农民致富，当然是没有任何可能的。中国农村很大，地区发展不平衡，有一些具有区位优势和旅游资源的农村，当然可能通过发展休闲农业和乡村旅游来赚城市人的“乡愁”钱，问题是，这些具备区位优势和旅游资源的极少部分农村，既然具备优势，就应当利用市场手段来筹资，而不应该用国家财政的公共资金来支持。致富是个人的事情，国家公共财政只应保底。而且这样具有资源的农村的农民靠休闲农业和乡村旅游致富的经验不可复制推广。反过来倒是，其他地方复制这种经验，就会出现同质竞争，从而都赔钱。

在中国完成城市化及基本实现现代化（2035 年）以前，占全国人口超过一半的农民是绝对不可能靠城市人“乡愁”消费致富的。在就业机会大都在城市的前提下，农村精英一定会选择进城，农村因此重点要为无法进城或进城失败的农民提供保底。或者说，当前乡村振兴战略的重点必须是为占农民绝大多数的相对弱势（无法进城或进城失败）的群体提供基本生产生活条件的保障，要为多数农民提供服务，面向多数农民保底而不是为少数农民造富。乡村振兴战略要通过各种资金、政策支持，让农民能够继续与土地结合起来，解决农民与土地结合中存在的各种困难，从而保证农民可以在农村获得远高于城市贫民窟的生活水平。

笔者认为，这样的致力于为占中国农民绝大多数的相对弱势群体提供保底的乡村振兴思考是一种积极稳健的思考。这样一种思考将乡村振兴的重点聚焦于对小农户生产生活问题的关注，聚焦于对农民整体的关注，聚焦于对农民的保底要求。乡村振兴不能造富，也不需要造富，因为市场条件下，农民通过自己的智慧和劳动在各种可能的机会中（多半是在城市）实现着自己致富的梦想。乡村振兴的重点是为全体中国农民提供相对更好的生活条件、收入条件，是要解决农民与土地结合中存在的各种困难，也要解决农村存在的乡风不文明、环境脏乱差的问题。

激进的乡村振兴重点集中在不可复制的少数地区的少数农民的致富上，这样的乡村振兴不可能惠及所有农民，且可能因为激进的土地制度改革和鼓励城市资本下乡，而让农民失去农村这个最后的退路。

积极稳健的乡村振兴战略，重点应是集中在占中国农民绝大多数的弱势群体上，保障他们基本的生产生活权利，集中解决他们生产生活中遇到的具体问题，从而让农村仍然可以成为无法进城或进城失败农民的家园。

到 2035 年，当中国基本实现现代化，中国城市化也已完成，进城农民都可以在城市安居时，我们再来展开乡村振兴战略的第二步。现在还早得很。

## 五 结语

中国现代化进程中最为重要的一个经验是，农村是中国现代化的稳定器与蓄水池。在当前中国基本制度设置中，一方面，农民可以自由进城务工经商，也可以进城安居；另一方面，国家为农民保留了返乡退路，万一进城失败，农民仍然可以退回农村。正是因为进城失败有退路，农民才可以放心大胆地进城，国家也不担心因为经济周期造成进城农业失业而引发社会政治不稳定，中国因此有了城乡之间的相互支持、相互补充和相辅相成的关系。

高速城市化和快速现代化的过程也是利益快速调整、矛盾冲突积累、政治社会不稳定的时期，中国现代化进程中保持了政治社会稳定的重大经验就是保留了进城农民的农村退路。在中国完成城市化、基本实现现代化之前，乡村振兴战略的重点就是要保障占绝大多数的普通农民的生活，要解决中国绝大多数农民在生产生活中存在的各种困难，回应他们的诉求，让他们安居乐业。至于农民的致富，那是市场的事情。国家要做的是为在城市市场上失败的农民提供保底。

要防止当前学界、政策制定部门和地方政府实践中已经普遍蔓延开来的激进的乡村振兴解读，倡导积极稳健的乡村振兴战略解读。

# 区域中国：乡愁与城愁的交融与舒解*

唐亚林**

**摘　要**　高流动性社会的制度困境与无根化社会的价值困境，让“何处栖身”与“何以安身”成为当代中国城乡治理的“阿喀琉斯之踵”。公共服务水平、共同体精神、发展机会与吸引力四大维度的差异性，导致乡愁与城愁的内涵与发生机理呈现双向交融的特征，并通过新型城镇化战略平台的塑造，以达到统筹乡愁与城愁舒解之目标。李昌平、贺雪峰、熊万胜对乡村建设提出的各种发展思路仍然是基于乡村建设的自身视角，缺乏从城市群/区域中国统筹城市中国与乡村中国的融合发展的视角。在新时代实施乡村振兴战略，推进乡村建设，有效化解乡愁和城愁的交互之困：首先，不能脱离当代中国现代化建设进程中的主导动力的国家战略构建之道；其次，不能忘记长期城乡分治带来的城市优于农村的发展地域选择之道；最后，不能放弃未来几十年尚有5亿~6亿名不得不留守在乡村的广大农村居民迫切希望改善日常生活品质的安身立命之道。振兴乡村的有效路径在于，通过统筹城市群/区域中国的战略，推进城市中国与乡村中国的融合发展进程，让处于多个城市群、大都市圈辐射与交汇的广大农村地区分享城乡融合发展的红利。

**关键词**　新型城镇化　乡愁　城愁　城市群中国

---

* 本文系2012年国家社科基金重大项目“包容性公民文化权利视角下统筹城乡文化一体化发展新格局研究”（12&ZD021）的阶段性成果，原载于《探索与争鸣》2018年第2期。

** 唐亚林，复旦大学国际关系与公共事务学院。

2013 年 12 月 12 日至 13 日，中央城镇化工作会议在北京举行。会议对当代中国推进城镇化的指导思想、主要目标、基本原则、重点任务以及主要着力点进行了全面阐述，并对城镇建设的定位提出了体现尊重自然、顺应自然、天人合一的理念要求，特别强调了“依托现有山水脉络等独特风光，让城市融入大自然，让居民望得见山、看得见水、记得住乡愁”的重要性。[①] 自此，一个承载了千百年来中国乡村美好田园风光，慢生活节奏式自给自足的自然经济，出入相友、守望相助式共同体精神的“乡愁”概念，被诗意般泛化在历经中华人民共和国成立后 70 多年的城乡区隔与分治中，如今步入大流动、大变动、大转型时代的中国人的心头，成为一个念兹在兹的梦想和挂牵。

2015 年 9 月，中共中央、国务院发布《生态文明体制改革总体方案》。该方案以建设美丽中国为目标，以正确处理人与自然关系为核心，要求树立尊重自然、顺应自然、保护自然的理念，树立绿水青山就是金山银山的理念，树立山水林田湖是一个生命共同体的理念，加快建立系统完整的生态文明制度体系，加快推进生态文明建设。[②] 至此，一个萦绕在人们心头的“乡愁”概念，以“山水田园综合体”的“生命共同体”方式，通过系统的理念创新、机制创新与制度创新，进入当代中国生态文明建设乃至当代中国特色社会主义“五位一体”建设的整体布局之中。

2017 年 10 月，党的十九大在北京召开。习近平同志在《决胜全面建成小康社会　夺取新时代中国特色社会主义伟大胜利》的报告中，提出了“乡村振兴战略”，要求按照产业兴旺、生态宜居、乡风文明、治理有效、生活富裕的总要求，建立健全城乡融合发展体制机制和政策体系，加快推进农业农村工业化。[③] “乡村振兴战略”的提出，一方面是应对长期城乡区隔与分治的矛盾而导致的城市发展快、乡村发展慢“二元发展困境”；另一方面是通过城乡融合发展的途径，通过城市群中国与区域中国的方式统

① 《中央城镇化工作会议在北京举行》，《人民日报》2013 年 12 月 15 日，第 1 版。

② 《中共中央　国务院印发〈生态文明体制改革总体方案〉》，《人民日报》2015 年 9 月 22 日，第 14 版。

③ 《党的十九大报告辅导读本》编写组编《党的十九大报告辅导读本》，人民出版社，2017，第 31 页。

筹推进当代中国城乡融合发展进程，从终极意义上寻求有效化解“乡愁”与“城愁”的发展之道。

## 一 高流动性与“无根化”：大转型时代当代中国城乡治理的制度与价值困境

当代中国遭遇“三千年未有之大变局”，其典型特征是改革开放以来用了不到四十年，走过了现代西方发达国家要数百年才能走过的现代化历程，并在2010年成功地在经济总量上超越日本，成为世界第二大经济体。这无疑是大转型时代当代中国最值得称道的成就之一。然而，由于当代中国目前拥有近14亿庞大的人口基数，如果以人均GDP来计算的话，还不到1万美元，相对于美国、日本及西欧等发达国家或地区，要落后很多，且中国的排名一下子要掉下去很多，基本维持在世界排名第七八十位的位置。而且，按照中国制定的农民年人均纯收入2800元的标准计算，截至2014年中国尚有7017万贫困人口。据最新的统计资料[①]，截至2016年底，全国有农村低保对象2635.3万户4586.5万人，城市低保对象855.3万户1480.2万人，农村低保平均标准是3744.0元/（人·年），城市低保平均标准是5935.2元/（人·年），即全国城乡有6000万人尚处在贫困线上挣扎的境地。

从中我们可以看出，当代中国不仅城乡间存在巨大的发展差距，而且城市社会与乡村社会内部也存在发展不平衡问题；我们不仅要高度关注乡村社会的脱贫问题，而且要高度关注城市社会的贫困问题。

贫困问题只是当代中国城乡治理众多困境中的一大表征，隐藏在其背后的是大转型时代因城乡区隔与分治的制度设计与收入分配的阶层固化特质，而让“何处栖身”与“何以安身”成为当代中国城乡治理的“阿喀琉斯之踵”。

**1. 何处栖身：高流动性社会的制度困境**

20世纪90年代初，当代中国开始实行市场经济体制，通过发挥市场

① 《2016年社会服务发展统计公报》，民政部网站，http://xxgk.mca.gov.cn:8081/n1360/144775.html。

配置资源的基础性作用，推动整个国家经济体制的转型。但是，早在 1978 年 12 月中共十一届三中全会后就开始的改革开放进程所形成的经济发展格局，却是以从东到西、从沿海向内陆梯次转移的不平衡发展为特征的。与此同时，中华人民共和国成立后为推动由重工业引领的国家工业化进程，通过获取农业剩余来促进工业体系的资源调配制度以及严格限制迁徙的户籍制度，均出现了松动。通过家庭联产承包责任制和乡镇企业制度而从土地上解放出来的广大农民工，开始在市场机制的牵引下出现“孔雀东南飞”的现象。

这种现象在 21 世纪头十年达到了一个高峰，其直接后果是 2011 年居住在城镇的人口比例达到 51.3%，首次超过了居住在乡村的人口比例，且过了 50% 这一标志线。当代中国开始进入城市中国时代。但是，在这 51.3% 的城镇人口中，真正具有城镇户籍的不足 35%，而在城镇工作的约 2.3 亿名流动农民工中（根据 2016 年统计数据，农民工人数达 2.8 亿，其中外出农民工 1.7 亿人，本地农民工 1.1 亿人），有房比例低于 1%。

如今，近 3 亿名农民工如候鸟般穿梭在当代中国的东中部大中城市与中西部广大农村之间，难以享受到与城镇居民同等待遇的教育、就业、医疗、养老、保障性住房等基本公共服务，成为高流动性社会的一大主要特征。按照《国家新型城镇化规划（2014—2020 年）》，到 2020 年，常住人口城镇化率达到 60% 左右，户籍人口城镇化率达到 45% 左右。2016 年底中国大陆总人口 13.8 亿人，按照此目标测算将有 8.28 亿人口生活在城镇以上的城市体系之中，而真正融入城市体系的人口为 6.21 亿。这意味着广义上还有 5.52 亿人口生活在乡村，以及 7.59 亿人口仍然无法真正享有与城市相等的较高水平的公共服务。

**2. 何以安身：无根化社会的价值困境**

乡愁未解，城愁又添。在城乡区隔与分治的内生性矛盾尚未得到有效化解的大转型时代，当代中国又以前所未有的全面进入城市中国与城市群中国的新姿态，用一种历时性与共时性交织的“共在方式”，将多年“摊大饼”式城市发展所累积的城市治理难题，以及由乡向城的人员流动与工作迁移所引发的公共服务供给滞后难题，推到了人们面前，进而暴露了当代中国“压缩式”现代化发展道路兼具发展图景与治理困境的双重特质。

然而，由数千年农耕文明与宗法社会孕育的中国文化传统之一，就是“安土重迁”。东汉班固《汉书·元帝纪》将“安土重迁”与人性、人情相连，“安土重迁，黎民之性；骨肉相附，人情所愿也”。正因为不愿“背井离乡”，正因为要“叶落归根”，中国古代乡村社会特别看重以“日出而作，日入而息。凿井而饮，耕田而食”为主要生产方式，以“丰衣足食、安居乐业，出入相友、守望相助，国泰民安、政通人和”为主要需求观的家族共同体开枝散叶的生命意义建构。

但是，千百年来形成的所有这些看上去很“坚固”的生产方式、生活方式、价值观在高流动性社会面前，仿佛一夜之间不再存在，整个社会充斥着非世俗化意义上的即时化行乐方式，进而导致中华民族精神的韧性特质受到了前所未有的冲击。其中，在乡村社会，因为青壮年劳动力长期进城务工不归，妇孺老人成为留守乡村社会的主力，乡村社会的空心化和老龄化日趋严重，乡村社会变成了弱者不得不留守的“一元社会”。在城市社会，一方面，拥有城市户口的居民因城市的快速扩张，受到不断攀升的房价、生活成本、交通环境拥挤、教育医疗等公共服务供给不均与工作压力等的综合挤压，成为失去精神信仰的为生活而战的“奔波族”；另一方面，拥有城市暂住证的外来务工人员与较高学历的高级打工者，既无法享受到均等化的城市公共服务，又无法融入“他者”聚居的城市社会，成为失去精神寄托的为生活而战的“谋生者”，城市社会变成了“本地人”与“异乡人”聚集的“二元社会”。在大转型时代，城市无以成为千千万万居住者的“安身立命之所”，自然也就变成了冷冰冰的“心无所寄、心无所安”的无根化社会。

## 二　新型城镇化：中国人乡愁与城愁舒解的双向交融平台

由高流动性的制度困境与无根化社会的价值困境所折射的是混合着乡愁与城愁的思绪在大转型中国的普遍滋长：居住在城市的城里人一方面享有较高水平的公共服务仍嫌不够；另一方面难以忍受日益增加的生活压力与环境压力，期待过上与山水为伴的充满诗意的田园生活，而居住在乡村的农村人不得不逃离看上去诗意十足实则公共服务水平低下、发展机会甚少，却被城里人幻想为天堂的乡村生活。如何看待乡愁与城愁的实质？如何让乡愁与城愁在大转型的中国能够找到融通之处？

**1. 乡愁与城愁的内涵及其特征比较**

何谓乡愁？[①] 传统意义上的乡愁是指建立在乡村社会农耕文明、宗法社会基础之上的，以人与土地关系为连接纽带的祖先崇敬与鬼神敬畏，以及出入相友、守望相助的社会价值体系，集生产、生活、生存、生态、生命"五生"功能于一体的共同体情感。它包括三层内涵：围绕土地而构筑的物质家园；围绕生命意义而构筑的精神家园；围绕代际传承而构筑的血脉家园。建立在人与土地关系基础之上的物质家园、精神家园、血脉家园的交织，就构成了乡愁的基本内涵。

随着人类社会从农耕社会向工业社会再向信息社会的历史性演进，人类日益从繁重的土地劳作中解放出来，乡村社会以家庭为单位的小农经济生产方式逐渐被规模化、机械化的大生产方式替代，乡村社会人与土地的关系随之发生革命性变革，人们不再依赖土地来建构人生的意义和生活的意义，土地所赋予人类特殊的终极价值不得不让位于城市生活所独有的"神圣、安全、繁忙"三大价值。[②] 与此同时，依土地而生的乡村聚居村落与慢节奏式生活方式，随着时代的变迁而日显凋零与衰落，"故园依稀在梦中"。20 世纪 70 年代末至 21 世纪 10 年代实行的计划生育政策而催生的少子化家庭模式，让热衷于大家族人丁兴旺与血脉传承的中国人失去了精神上的最后"庇护所"。人们眼中所见的只是"与己无关式陌生景观"时，乡愁的泛滥便不可避免地发生了，故乡也就成为回不去的追忆，成为当代中国人无以脱逃的宿命。

所谓城愁，是指城市这种奠基在人类文明历史进程中，并集神圣、安全、繁忙"三位一体"普遍价值，生产、生活、生存、生态、生命"五生一脉"共同体于一身的理想优良生活形态。在当代中国，城市发展遭遇各种城市病的侵扰，"市民 - 农民"二元结构问题尚未化解又遭遇"本地

① 唐亚林：《当代中国需要"有意思的生活"》，《解放日报》2016 年 3 月 15 日。

② 乔尔·科特金：《全球城市史》（修订版），王旭等译，社会科学文献出版社，2010，第 15 ~ 19 页。

人－外来人”新二元结构问题叠加、城市包容性价值难以建构等诸多问题的连番冲击，产生了诸如碎片化、原子化的生存特征以及失去情感共同体支撑、游荡在都市里、没有精神皈依的“异乡客”式“孤魂野鬼”心灵状态。

在当下中国，如果说乡愁是一种回不去的生存状态与精神寄托，那么城愁却是一种不得不忍受的生活日常与精神荒漠，因为现代城市生活既创造了乡村社会无法提供的且满足人们各种欲求的高度物质文明与丰富文化产品，又在割裂城市各类组织、各色人等、各种事务、各个价值的内在连接与一体化进程，将人间、人世、人生、人性、人心共同置于无根的漂泊风尘中，其结果必然是“乡愁未除，城愁又添”。

如果用公共服务水平、共同体精神、发展机会与吸引力四大维度来对乡愁与城愁的核心构成要素做个对比的话，可以看出乡愁呈现“三弱一强”的发展格局，而城愁则呈现“三强一弱”的发展格局（见表1）。而且，有一点值得特别注意，相对于难以捉摸的共同体精神，公共服务水平、发展机会和吸引力却是实打实的能够符合“生不过百年”的普通人的理性选择标准的。

表1　乡愁与城愁的核心构成要素比较

| | 公共服务水平 | 共同体精神 | 发展机会 | 吸引力 |
|---|---|---|---|---|
| 乡愁 | 弱 | 强 | 弱 | 弱 |
| 城愁 | 强 | 弱 | 强 | 强 |

**2. 新型城镇化建设：乡愁与城愁舒解的互动型战略平台**

从上述对乡愁与城愁的形成机理、基本内涵与比较特征来看，我们可以发现，一方面，这两种思绪的形成视角不一样，乡愁是站在城市视角看农村，而城愁则是站在城市视角看城市，其后果自然不一，即乡愁忽视乡村问题所在，忽视所居城市的真正价值，而城愁又夸大城市问题所在，夸大对乡村田园风光的向往；另一方面，这两种思绪的解决思路高度交融，并且存在高度互动的特征，即乡愁的最终解决出路在城市，城愁的最终解决出路也在城市，乡村只是乡愁与城愁解决的战略纵深保障而已。当然，这种统筹乡愁与城愁舒解的城市的出现在当代中国则表现为新型城镇化战略的全面登场。

新型城镇化战略不仅是推进中国工业化发展的必由之路，而且是统筹舒解乡愁与城愁的新型战略平台。2014 年 3 月，《国家新型城镇化规划(2014—2020 年)》正式发布。在这一事关乡愁与城愁舒解的国家中长期发展规划中，党和政府将有序推进农业转移人口市民化、以城市群为主体构建大中小城市和小城镇协调发展的城镇格局、提高城市可持续发展能力与公共服务水平、推动城乡发展一体化、改革完善城镇化发展体制机制等作为新型城镇化发展战略的基本内容与根本手段。

新型城镇化建设作为统筹舒解乡愁与城愁的一种新型战略平台，其根本价值在于作为城市群主体形态的无数重要战略支点的小城镇，不仅可以作为连接城市与乡村的“过渡地带”、城市市场和农村市场的“结合地带”、大中小城市和小城镇协调发展格局的“支点地带”，而且可以作为未来很长一段时期内农民从农村经由小城镇到大中小城市的“出得去”、从大中小城市经由小城镇回到农村的“回得来”、从农村到小城镇再由小城镇回到农村且来回穿梭的“留得下”的“混合地带”，作为城市均等化公共服务和农村生活意义世界与精神家园的“复合功能地带”，作为现代化物质表征的外在城市空间形态和作为社会主体的人的内在发展价值的“有机统一地带”，以及作为当代中国城市化进程逐步进入成熟阶段之后舒解城市发展压力、建构乡村美好生活、形成城乡均衡发展的“城乡高度一体化地带”等。

这种新型城镇化建设的深层次意义还在于，它可以通过城市生活方式带动乡村生活方式的更新，将高水平的公共服务体系从城市社会向乡村社会全面拓展和延伸，并有机吸收长久以来形成的乡村社会生活方式中的低碳与生态成分，进而构建中国人能够安身立命的新型生活方式；可以通过推动文化在城乡之间、需求供给之间、资源事业产业之间、设施技术之间、不同地区不同民族之间、古今之间的有机流动，复兴乡村与城市之间的联系，全面挖掘和承继乡村社会优秀文化基因，推动工业文明与农耕文明的交融与互动，构建中国人“心有所寄、心有所安”的新型心灵秩序；可以通过城市发展资源向乡村社会的输入与重组，推动城市社会与乡村社会的公共服务水平、发展资源与共同体精神的互惠互利与一体化进程，建构城市中国时代中国人与中华民族发展的“一体化”“有根化”“有情化”“有诗意”的新境界。

## 三 以城市群/区域中国统筹城市中国与乡村中国融合发展进程：乡愁与城愁的有效化解之道

2016 年 12 月 24 日，复旦大学国际关系与公共事务学院大都市治理研究中心在复旦大学文科楼召开了第一届复旦大学城乡治理论坛——“保守还是进取：当代中国乡村建设出路大讨论”学术研讨会。会议邀请了研究“三农”问题的专家曹锦清、贺雪峰、李昌平、罗小朋、熊万胜、罗兴佐、汪雷、吴新叶、董国礼等。在会上，对于乡村建设的出路形成了比较鲜明的两派观点，笔者作为会议主办方的发言人，也谈了我们一派的观点。之后，参加会议的双方观点代表性人物贺雪峰、李昌平在《探索与争鸣》2017 年第 12 期上分别发表了《谁的乡村建设——乡村振兴战略的实施前提》和《中国乡村复兴的背景、意义与方法——来自行动者的思考和实践》两篇文章，对他们的观点进行了较为系统的阐述。熊万胜、刘炳辉在对二人的观点进行评析的基础上，也在同期刊物上发表了《乡村振兴视野下的“李昌平 - 贺雪峰争论”》一文。

综合而言，李昌平属于组织合作进取派，贺雪峰属于基本秩序保底派，熊万胜等属于分散突围多元派，而唐亚林属于区域融合改善派。

李昌平认为要实现乡村复兴，首先要解决乡村内生动力不足问题，即如何建设和增强农民及其组织的主体性。重建农民与乡村组织的主体性的出路，在于通过恢复、充实和激活土地集体所有制，以及完善村社制度，从而重振村社。通过多年的亲身实践，李昌平提出了从土地、组织、金融、社保和文化五大方面，以村社内置金融为切入点，重走经过改造的乡村集体发展之路。这是一种基于乡村建设自身视角的比较积极进取的观点，但其不足也是显而易见的，即忘记了 60% 的村庄陷入“空心化”的现实，忘记了乡村集体发展的资源与能力双重约束下发展可能遭遇的“天花板效应”。

贺雪峰则在坚持长期一贯的“乡村建设是现代化建设的蓄水池与稳定

器”观点的基础上，对国家资源下乡背景下差异性极大的乡村建设模式进行了分类，如为农民在农村生产生活实施保底的乡村建设、由地方政府打造的新农村建设示范点、满足城市中产阶层乡愁的乡村建设、借城市中产阶层乡愁来赚钱的乡村建设。贺雪峰特别强调了当前乡村建设的重点应该是为一般农业地区农民提供基本生产生活秩序的保底。同样，这也是一种主要基于乡村建设自身视角并稍微兼顾城市视角的比较消极保守的观点，过于低估了顶层设计、整体推动、主动作为的积极作用。

熊万胜等的观点则是二人观点的一种调和，一方面肯定了“李昌平-贺雪峰争论”背后凸显的是中国乡村发展的自主性问题，只不过李昌平更倾向于基于集体的自主发展，贺雪峰更倾向于基于个体家庭的自主发展；另一方面提出了在乡村整体对城市呈现依附式发展的背景下，通过构建新型的集体经济组织、新型的家庭经营模式、新的集体或家庭经营业态，创造以“分散突围”为标志的乡村自主多元发展新路径。熊万胜等的观点仍然脱离不了基于乡村建设的自身视角，其分散突围的自主多元发展模式多少有点儿“脚踩西瓜皮，滑到哪是哪”的无奈。

在笔者看来，经过改革开放40多年的持续探索以及诸多经验教训的启示，在乡村建设问题上，党和政府已经逐步达成了以下几点鲜明的共识：一是城市化是当代中国现代化建设的主要发展动力，城市群中国是未来几十年中国发展的主导模式；二是乡村建设在大流动、大变动、大转型的新时代，仍然是广大农村地区的发展主题，这是解决未来几十年仍将居住在广大农村地区的5亿~6亿人口安身立命的头等大事；三是有效解决乡村建设的出路不在农村，而在城市，关键在于以特大城市群和区域中心城市群为核心的东、中、西部地区较为均衡布局的大都市圈建设，以及通过大都市圈对周边地区的辐射作用与交汇影响，走出一条中国式城乡融合发展的新路；四是乡村建设不仅仅不能放弃以乡村基础设施建设、生活环境改善、生活方式更新、精神生活丰富、居民日常交往为核心的乡村自主性建设的主体内容，更需要通过有效的社会治理体制机制创新，构建确保乡村居民安身立命的，集生产、生活、生存、生态、生命“五生”功能于一体的乡村共同体。

因此，在新时代实施乡村振兴战略，推进乡村建设，有效化解乡愁和城愁的交互之困，首先不能脱离当代中国现代化建设进程中的主导动力的国家战略构建之道，即不能脱离城市谈农村，不能脱离城市群发展战略谈乡村振兴战略，不能脱离城市中国、城市群中国、区域中国的国家发展战略来思考乡村建设问题。当代中国的分层化、地区化、阶段化的世界级城市群发展战略、国家级城市群发展战略、区域中心城市群发展战略等，将给城市群周边地区带来更多的城乡融合发展机遇。

其次，不能忘记长期城乡分治带来的城市优于农村的发展地域选择之道，即不能忘记城市的公共服务水平、发展机会与吸引力等远大于农村这一基本社会现实将长期存在，所谓西方国家在城市化高速发展阶段中出现的“逆城市化”现象在未来几十年的中国都不会发生。当代中国人的人生始终脱离不了追求“丰衣足食、安居乐业”“出入相友、守望相助”“国泰民安、政通人和”这些需求的满足，恰恰在城乡融合发展中，中国人是可以过上热热闹闹、风风火火、来来往往、痛痛快快的美好日子的。

最后，不能放弃未来几十年尚有5亿~6亿名不得不留守在乡村的广大农村居民迫切希望改善日常生活品质的安身立命之道，即因为年龄、能力、职业、文化、代际等因素综合形构的难以脱离农村的广大农村居民的日常生活需求，主要集中在改善以交通、通信、水电气为核心的基础设施建设，改善以厕所、房前屋后居住环境为核心的人居环境，改善以饮食习惯、健康体检、预期寿命为核心的医疗保障水平，改善以文体活动为核心的文化精神状况，改善以邻里交往、村庄共荣为核心的村庄共同体发展水平等五大领域。尤其是随着以高铁、高速公路、现代通信技术为核心的交通通信体系的发展，以电商为核心的物流体系向农村地区的拓展和延伸，以特色村庄、特色小镇为核心的乡村旅游休闲体系的全面启动和深化发展，通过顶层设计、整体推动、有效实施等方式，以及通过统筹城市群/区域中国的战略，来推进城市中国与乡村中国的融合发展进程，让处于多个城市群、大都市圈辐射与交汇的广大农村地区分享城乡融合发展的红利，找到振兴乡村的有效路径，是最切实可行之道。

# 区域社会研究及其对于理解整体中国的路径意义

汪　华*

**摘　要**　布罗代尔长时段历史观及其关于地域环境对于人类社会行为影响的论断，对于我们理解整体中国有着十分重要的思维扩展与视角转换意义：理解当下的中国，应当有一个历史的视野；理解任何社会事实，须将其置于特定的空间环境中予以审视。这种“时空坐标”的思维取向，正是区域社会研究范式的核心要义。区域社会研究的学术旨趣在于超越空泛的整体宏大叙事，将宏大叙事背景下被一般化、平均化的抽象社会，还原为具体的、有差别的、情境化的社会生活。通过区域社会这个平台来观察社会生活、人际互动、市场逻辑、地方秩序、国家权力等社会现象更具完整性和适切性。区域社会，内在于特定的空间体系里，隐含着一种共同结构、一种自下而上的学术观照；这决定了基于区域社会的视角，能够发现过去宏大视角下未能关注到的问题。正是在这个意义上，我们认为，对于理解整体中国而言，区域社会研究，本质上是一种分析视角，也是一种分析方法。

**关键词**　区域社会　历史社会学　城乡社会　方法论

* 汪华，华东理工大学社会与公共管理学院。

## 一 从布罗代尔的地理时间说起

法国年鉴学派史学家布罗代尔饮誉全球学界，不仅仅体现在他对年鉴学派的贡献上，更体现在他提出的历史时段理论对后世的深远影响上。在奠定其一生学术地位的史诗般巨著《菲利普二世时代的地中海和地中海世界》中，布罗代尔提出了理解历史的三种时间量度：长时段、中时段、短时段。长时段主要指地理时间，如地域环境、自然条件、山川河流走向、陆地与水系等地理历史；中时段主要指社会时间，如王朝更替、制度变革、革命等；短时段主要指事件时间，如一场战争、一次会议、一个谈判、一场政变等。

在布罗代尔看来，不同层次的历史时间对于我们对总体史的理解具有不同的意义。相对于政治变革、王朝更替这些事件时间，布罗代尔认为，对人类社会发展起长期的决定性作用的是长时段历史，是结构。用他自己的话说，“同土地相互密切联系的几乎不动的历史，是人同自然界……顽强得仿佛不受时间侵犯的不断重复的对话的历史”①。

所以布罗代尔十分注重从地域环境、自然条件等出发来理解人类行为和社会生活的背后逻辑。人类的生产、制度、组织、市场等社会事实，只有在长时段的历史脉络中才能把握和理解。

在他的《菲利普二世时代的地中海和地中海世界》一书中，布罗代尔不厌其烦地用大量篇幅阐述地中海的地域环境与自然条件。在他笔下，16世纪的地中海的历史不再是简单的帝国征战的历史，也不是一般性贸易与运输的历史，而是山川丘陵的历史，是海域与陆地的历史，是气候与物产的历史。之所以用这么浓重的笔墨来铺陈地中海的地域环境，在很大程度上是为了论证地中海世界成千上万普通民众的生产方式、社会生活正是这一地域环境下的必然产物。他为我们揭示了使人们的意志、行为不知不觉受影响和左右的经常性、决定性力量。这个力量，就是地域环境的力量。

地域环境之所以对人类的行动、社会的运行产生一种缓慢甚至不易察

① 布罗代尔：《菲利普二世时代的地中海和地中海世界》，商务印书馆，1996。

觉但却关键的决定性影响，是因为人的一切理性活动都在赖以生存的环境中进行，并受其影响、遭其制约。一个不难理解的例证是，水系对于传统市场形成的影响、山川平原对于民众生产方式的制约，无不印证了这种地域与社会的互构性。

布罗代尔对我们的启示在于，理解当下中国，应当有一个历史的视野；理解当下中国的任何社会事实，须将其置于特别的空间环境中予以审视。两个维度的综合，就构成了我们理解整体中国的特定的时空坐标。这种时空坐标的思维取向，正是区域社会研究范式的核心要义。

## 二 从区域发现中国

区域社会是自然形成的一个特定空间，它所承载的社会信息相对比较完整，且自成体系；通过区域社会这个平台来观察社会生活、人际互动、市场逻辑、社会秩序、地方权力等社会现象更具完整性和适切性。这是区域社会研究作为方法的前提。

区域社会研究的学术旨趣在于超越空泛的整体宏大叙事，将宏大叙事背景下被一般化、平均化的抽象社会，还原为具体的、有差别的、情境化的社会生活。中国幅员辽阔，多样性的文化自然产生了明显的地域异质感和差别感①，无视地域差异而进行一般性的抽象，无助于对丰富而多样性的社会生活形成更为准确的了解与把握。

正如柯文（Paul A. Cohen）所指出的那样，“中国在地理上横跨整个大陆；在种族、语言和地区上，变异甚多，极为复杂。在某一层次上说，所有中国本土人——男人、女人，城里人、乡下人，穷人、富人，广东人、湖南人——都参与一个共同文化体系，这个体系可以统称为中国文化体系；但是在另一个层次上，这些人的经历却千差万别”。如果我们无视这种千差万别，笼统地称之为“中国人”，“实际上是把各种现象加起来，再加以平均。这种做法在最好的情况下，只能使我们对历史现实有一个均

① 田毅鹏：《地域社会学：何以可能？何以可为？——以战后日本城乡“过密－过疏”问题研究为中心》，《社会学研究》2012年第5期。

匀、单一的理解；在最坏的情况下，由于我们鲁莽草率地从特殊上升到一般，就很可能把现实完全歪曲了”[①]。

在最近的数十年里，区域社会研究首先在人类学、社会史领域得以倡导并取得丰硕成果。用杨念群的话来说，20 世纪 90 年代以来人类学界与社会史学界不约而同地共享着一个人类学式的思考前提，即均把基层社会作为观察对象，从而与以往把“王朝”或现代意义上的“国家”作为核心考察对象的解释模式对立起来。自 20 世纪 90 年代以来，中国社会史学界对人类学诠释模式的汲取引发了中国研究的“区域转向”，日益关注对基层社会组织和民众日常生活状况的书写；人类学方法则更注重基层社会历史在现实状态下是如何被复原与重构的[②]。社会史的区域社会研究尽管与人类学的区域社会研究在缘起上有着很大的不同，但又有着千丝万缕的联系[③]，那就是研究者把宏大的民族国家叙事置于更为微观的层面进行讨论与检视，即所谓“眼光向下”的研究取向，并赋予这种研究作为理解整体中国路径的独特意义。

这种“眼光向下”研究取向的一个意料之中的后果在于，把那些过去不在研究者关注视野中的议题重新捡拾起来。普通民众的衣食住行、日常生活、婚丧嫁娶、市场与交换、祭祀与信仰，都成了理解底层社会结构、地域社会秩序的一种途径。

换言之，正是在一个相对稳定且自成体系的区域社会内部，才能够实现对上述微观议题的真正了解，进而能够比较准确地说明一个较小区域（如村落、市镇或类似的区域共同体）内的社会结构、社会秩序以及地方社会与国家之间的关系。

这是为什么研究中国的海外学者们更倾向于把整体中国从空间上分解为较小的、较易于掌握的单位来做切片式分析。柯文明确指出，“这种取向并不是以中国为中心，而是以区域、省份或地方为中心。采取这种做法的主要依据是因为中国的区域性与地方性的变异幅度很大，要想对整体有

① 柯文：《在中国发现历史：中国中心观在美国的兴起》，林同奇译，中华书局，2002。

② 杨念群：《“整体”与“区域”关系之惑：关于中国社会史、文化史研究现状的若干思考》，《近代史研究》2012 年第 4 期。

③ 杜靖：《超越村庄：汉人区域社会研究述评》，《民族研究》2012 年第 1 期。

一个轮廓更加分明、特点更加突出的了解——而不满足于平淡无味地反映各组成部分间的最小公分母——就必须标出这些变异的内容和程度”①。

较多的文献尝试在区域社会层面寻找理解中国的线索与证据。黄宗智对中国几个世纪以来过密型商品化的市场结构的分析，就是在华北和长江三角洲这样两个区域社会的实证基础上展开的②；杜赞奇则以华北区域社会为例，基于“权力的文化网络”这一分析概念讨论了近现代中国的国家政权建设问题，揭示了文化网络是地方社会中权力生发的源泉这一根本事实以及政权内卷化的发生机制③。

科大卫（David Faure）对华南宗族制度研究和弗里德曼（M. Freedman）基于功能论的解释路径对中国东南宗族与地方秩序的探讨，也是从区域社会层面理解中国的一种尝试。科大卫基于对珠江三角洲的研究发现，当地的宗族是地方社会与国家整合的一种历史产物。珠三角基层社会的宗族与里甲制度的互嵌性，形构了华南地域社会作为区域共同体的决定性结构④。作为汉学人类学家的杰出代表，弗里德曼通过对福建与广东的分析，探讨了分化社会中的单系亲属组织和集权政治体系。虽然此前未曾踏入中国大陆，但贯穿于弗里德曼关于中国华南宗族制度近乎天才式构想中的区域社会研究取向十分明显，他甚至断言：“几乎在中国的每一个地方，几个紧密相连的村落构成乡村社会的基本单位，中国南方的‘氏族’，与费孝通关于汉人社会的规划不相适应，……微观社区不应以村庄为研究单位，而应以宗族或者继嗣为研究单位。”⑤ 这种尝试将讨论的视角置于村庄之上的分析理路，反映了研究者已不满足于对一个个孤立的个案做细致剖析的倾向。

施坚雅（G. William Skinner）较早地将区域研究方法运用到他对中华帝国晚期城市的研究之中。他认为，这些城市在帝制晚期并没有形成一个

① 柯文：《在中国发现历史：中国中心观在美国的兴起》，林同奇译，中华书局，2002。

② 黄宗智：《长江三角洲小农家庭与乡村发展》，中华书局，2000；黄宗智：《华北的小农经济与社会变迁》，中华书局，2004。

③ 杜赞奇：《文化、权力与国家：1900—1942年的华北农村》，江苏人民出版社，2008。

④ 科大卫：《皇帝和祖宗：华南的国家与宗族》，江苏人民出版社，2009。

⑤ 弗里德曼：《中国东南的宗族组织》，上海人民出版社，2000。

单一完整的全国性系统，而是形成若干区域性系统[①]。在《中国农村的市场和社会结构》中，施坚雅明确指出，市场结构看来具有被称为“传统农耕社会”的全部文明特征。市场结构必然会形成地方性的社会组织，并为使大量农民社区结合成单一的社会体系即完整的社会提供一种重要模式。施坚雅坚持认为，农民实际社会区域的边界不是由他所住村庄的狭窄范围决定，而是由他的基层市场区域的边界决定[②]。

在施坚雅看来，省、府、州、县等行政区划也构筑了区域的范畴，但与“由经济中心地及其从属地区构成的社会经济层级”相比，前者更像是一种由上而下的人为秩序，而后者“不是政府的安排”，而是漫长历史进化的更为自然的结果[③]。这一区域主义方法，隐含着对那种简单将区域社会等同于行政区划研究取向的批判。

当然，市场体系作为理解区域社会的方法论基础是承认社会活动的经济属性。而这并不总能获得人们的认可。杜赞奇对此的批判最具代表性。他认为，正是文化网络，而不是地理区域或其他特别的等级组织构成了乡村社会及其政治的参照坐标和活动范围。他反对以市场体系为研究单位来切入中国乡村社会，“市场并不是决定乡村大众交易活动的唯一因素。村民纽带在提供多种服务、促成交易方面起着重要的作用”[④]。他认为，婚姻圈、水利圈都不必然与市场体系重合。文化网络是形塑区域共同体的关键机制。婚姻圈、水利圈、庙会、社会组织、大众文化等很多东西的边界并不与市场体系相吻合，而只有权力的文化网络，才具有更好的包容能力和解释能力，才是考察区域社区的最适合维度[⑤]。这说明，市场体系并不足以构成我们理解区域社会的唯一标尺。尽管如此，施坚雅的解释范式对后世的影响也不容低估。

其他诸如水利共同体、交易网络，乃至信仰圈、婚姻圈、祭祀圈等议题的讨论，无不体现了这种地域共同体的分析理路。如王铭铭正是在这个

---

① 施坚雅：《中华帝国晚期的城市》，中华书局，2000。

② 邓大才：《如何超越村庄：研究单位的扩展与反思》，《中国农村观察》2010 年第 5 期。

③ 施坚雅：《中国农村的市场和社会结构》，中国社会科学出版社，1998。

④ 杜赞奇：《文化、权力与国家：1900—1942 年的华北农村》，江苏人民出版社，2008。

⑤ 邓大才：《如何超越村庄：研究单位的扩展与反思》，《中国农村观察》2010 年第 5 期。

意义上来定义他对“水利社会”的理解：水利社会就是以水利为中心，延伸出来的区域性社会关系体系①。

值得指出的是，区域社会研究也是中国社会学的一个重要传统。从一个宽泛的学术脉络来看，区域社会研究在中国社会学界应当始于吴文藻，发展于费孝通②。吴文藻先生一直大力提倡和推行社会学中国化主张。他认为社会学要中国化，最主要的是要研究中国国情，即通过调查中国各地区的村社和城市的状况，提出改进中国社会结构的参考意见。吴文藻先生把此概括为“社区研究”，主张要对中国的国情，“用同一区位或文化的观点和方法，来分头进行各种地域不同的社区研究”③。

费孝通将自己的学术工作概括为一生社区研究的历程。他在《乡土中国》中写道，“联系着各个社会制度的是人们的生活，人们的生活有时空的坐落，每一个社区有它一套社会结构，各制度配合的方式”，以“全盘社会结构的格式作为研究对象”的社会学所研究的“对象则不能是概然性的，必须是具体的社区”。费孝通据此断言：“现代社会学的一个趋势就是社区研究。”④《江村经济》是以区域社会的视角来理解整体中国社会的典范之作，方法上体现了费孝通对社区研究的定义——一种综合的、实地的、对中国的文化现象的认识。

区域社会作为研究的视角，有助于我们超越城市社会学、农村社会学片面、机械式地看待我们这个社会，视城乡为一个区域性议题；对城市现象的解读、对城市问题的研究，不能无视城乡互为结构这一事实；同样，乡村社会研究，也应置于“乡村－市镇”共同体的学术视野下；城乡关系、城乡问题，本质上是一个区域性问题。诚如格拉夫梅耶尔所提醒的那样，“城市社会学并非纯城市现象的社会学”。可见，复杂的社会变迁要求建立一种超乎城乡二元模式的新的研究范式⑤。

---

① 王铭铭：《“水利社会”的类型》，《读书》2004 年第 11 期。

② 许化宁：《费孝通社区研究方法考析》，《学理论》2010 年第 2 期。

③ 吴文藻：《吴文藻自传》，《晋阳学刊》1982 年第 6 期。

④ 丁元竹：《费孝通社区研究方法的特色》，《北京大学学报》（哲学社会科学版）1992 年第 4 期。

⑤ 田毅鹏：《地域社会学：何以可能？何以可为？——以战后日本城乡“过密－过疏”问题研究为中心》，《社会学研究》2012 年第 5 期。

区域社会，内在于特定的空间体系里，隐含的是一种共同体结构、一种社会体系、一种自下而上的学术观照；这决定了基于区域社会的视角，能够发现过去基于宏大视角未关注到的问题；对过去那种空泛的、整体性的研究提出更多新的或至少是补充性的解释。正是在这个意义上，我们认为，对于理解整体中国而言，区域社会研究本质上是一种分析视角，也是一种分析方法。

## 三　区域社会内部的超区域叙事

区域社会研究须注意几个问题。

首先，区域社会研究要注意处理区域社会与整体社会的关系。区域社会这一提法本身便预设了区域作为整体与其各个部分之间的关系，也预设了区域构造中不同层次的中心 - 边缘关系及其互动[①]。区域社会研究的落脚点是一个具体区域，但背后关注的应当是整体中国。区域社会不仅可以观察那些底层社会的日常，也可以观照更为宏观的整体社会、民族国家甚至世界市场[②]。比如，虽然区域社会不能作为一个具体的征税单位进而形成国家最基本的治理单元，但区域社会研究要注意“国家在场”。国家不是悬置的，而是渗透到地方社会的日常当中。作为权力与秩序具体展现的一个微观或中观舞台，区域社会往往更容易折射出国家身影，因此，区域社会研究要能有整体社会观。研究区域社会，不能不注意区域社会的疆界，但又不能限于疆界，须超越疆界。超越疆界，除了注意横向的区域集散效应，还应注意纵向的地方与国家的互动[③]。

区域社会内部的超区域叙事，是区域社会研究的核心要义。诸如长三角研究、珠三角研究、东南研究、华北研究，都是最近数十年来学术界致力于区域社会研究的一些有益探索，不过，这种划领地式的学术切割，隐含着就区域论区域的研究取向，这是有问题的。区域研究要着力避免“见

① 汪晖：《跨体系社会与区域作为方法》，第三届东亚人文学论坛（暨两岸清华大学人文社会科学研讨会）论文集，2013，http://d. g. wanfangdata. com. cn/Conference_7724117. aspx。

② 穆素洁：《中国：糖与社会——农民、技术和世界市场》，广东人民出版社，2009。

③ 陈忠平、唐力行主编《江南区域史论著目录（1900 - 2000）》，北京图书馆出版社，2007。

树不见林”的碎片化倾向；虽言之为“区域研究”，但在学术观照上，更应有一个整体的视野。只有将区域社会置于更为宏观的整体视域下，区域方能看得更真切，方能有一个更具全方位的呈现；同时，还应将区域研究置于历史的脉络下来理解区域文化对于区域社会结构的形塑作用。这就要求我们在做区域研究时，应当避免孤立地就乡村谈乡村、就市镇论市镇的偏狭，应当将区域社会的探索置于更大的“时－空”坐标中来审视。

其次，区域社会研究要把握好区域社会稳定性与变动性的辩证关系。区域社会研究本质上有着十分浓厚的历史关怀，这是因为区域社会形成是一个漫长的历史进程。这决定了区域社会的一个重要特征在于其稳定性。诚如汪晖所言，将区域作为一个整体加以叙述，必然会强调区域的稳定性。无论内部存在多少动态关系，如果没有稳定性也就不能构成区域。布罗代尔的长时段视野，在某种意义上而言，反映的就是区域社会具有相对稳定的属性，而这也是区域社会之所以能形成并具有足够丰富的观察意义的前提①。

不过，作为一个历史进程与文化形塑的产物，区域社会又包含具有不以人的意志为转移的变迁、变动与发展，不是静态的、一成不变的。从纵向维度上说，因制度变迁、市场伸缩以及国家干预，区域社会势必会发生空间、结构、秩序与关系的变迁；从横向层面上看，区域社会内部以及区域社会与更大的外部环境之间，无时无刻不在发生着贸易、信息、人口以及文化的流动。区域社会形成的重要前提是资源以及对资源的分配方式。围绕资源配置的全过程，特定的区域社会结构、社会秩序与区域权力场域由此形成。因此，区域内部并不是铁板一块，罗威廉（William T. Rowe）认为，“‘区域’这个西方最近经常运用于中国研究的术语，并不是指具有统一性的地带，而是指内部具有相互依赖的交换关系的系统，并且其内部的异质性要超过同质性”②。正是这种异质性的存在，决定了区域社会内部以及区域社会与外部环境之间的交换、竞争以及支配与被支配关系的多样

① 汪晖：《跨体系社会与区域作为方法》，第三届东亚人文学论坛（暨两岸清华大学人文社会科学研讨会）论文集，2013，http://d.g.wanfangdata.com.cn/Conference_7724117.aspx。

② 罗威廉：《长江下游的城市与区域》，载林达·约翰逊主编《帝国晚期的江南城市》，上海人民出版社，2005。

性与复杂性。

区域社会的稳定性是相对的，而流动性是绝对的，两者有着辩证的关系。区域的形成除了自然因素之外，更重要的是人的活动，其中迁徙、冲突、交易等就是最为重要的区域形成条件。至少在人类历史中，区域虽然以地理为条件，但并不纯粹是一个自然的概念。也正由于此，区域的稳定性必然以流动性为前提，而流动性又是区域形成与发展的持续动力。区域的稳定性强调的是区域社会的结构性关系，流动性则强调的是区域社会的历史性与发展性①。从这个意义上说，区域社会并非一个简单的地理单位，也是一个历史建构的演化过程。

再次，区域社会研究应区别于一般意义上的地方研究。区域研究不能简单等同于地方性知识的描述，不能把区域社会研究等同于地方史研究。这一方面意味着，区域社会研究应区别于那种简单地按行政区划来划分的地方研究。区域社会形成的自然属性，决定了那种仅以行政区划为疆界的地域研究，并不足以形成对区域社会的完整理解。正如施坚雅所指出的那样，“大部分中国人想到中国的疆域时，是从省、府和县这一行政等级区划出发的。根据行政区域来认知空间在明清时甚至更为显著。这种把中国疆域概念化为行政区划的特点，阻碍了我们对另一种空间层次的认识”②。行政区划因政治的变迁而变迁，并不能真实反映一个区域社会的完整性。

另一方面，区域社会研究不能满足于对地方特性的考证、描述与归纳。区域社会研究作为方法的意义在于，它的学术追求并不在于区域本身，它体现了我们重新思考整体中国的一种探索、一种新视角。要避免一种虚妄的学术抱负：把一个一个有限的个案（如村庄、城市社区）弄清楚了，整体中国的情况自然也就掌握了。没有整体视野的个案研究，并不必然推导出总体中国的特征③。这种学术抱负不但在事实上不可能，也有着方法论上的缺陷。缺乏整体观照的地方性知识，并不必然提升为普适性知识。正如系统论所主张的那样，无数个体的加总，并不等同于总体。地方

① 汪晖：《跨体系社会与区域作为方法》，第三届东亚人文学论坛（暨两岸清华大学人文社会科学研讨会）论文集，2013，http://d.g.wanfangdata.com.cn/Conference_7724117.aspx。

② 施坚雅：《中华帝国晚期的城市》，中华书局，2000。

③ 邓大才：《如何超越村庄：研究单位的扩展与反思》，《中国农村观察》2010 年第 5 期。

性知识能否建构出对于总体社会的知识，背后的方法论基础尤为重要。这一方法论基础就是，当我们在讲“区域社会”时，这种表述本身包含着一定的时空关怀，包含着一种系统观；这种系统观背后隐含的是区域社会与整体社会的关联性与互为结构性。

宏观社会所表现出来的差异性，并不是选择在区域社会这一层次上开展研究的理由[①]。问题的关键在于：在区域这一层次上理解更为宏观的中国社会，是否可以形成与在宏观层次上对整体中国不一样的认知？

当然，区域研究并不是划地盘。从本质上说，区域社会研究所面临的最大危机可能正是“就区域论区域”。区域社会研究，不是画地为牢；相反，区域社会研究要有更大的格局、更宏观的视野；区域研究恰恰应该强调有一个更为开放的视野，应当将对区域社会的理解置于其所在的更大的社会空间与时代背景中来审视，唯有在这种“时－空”坐标中，方能对特定的区域社会有一个更为准确的把握，同时对整体中国有一个更为真切的体认。

① 赵世瑜：《作为方法论的区域社会史》，《史学月刊》2004年第8期。

# 大都市郊区乡村的“去工业化”与乡村振兴形态

## ——对上海“五违四必”整治行动的学理解读与延伸思考

叶　敏*

**摘　要**　与其他地方不同的是，上海正在经历一场高强度的城市精细化管理和生态环境整治运动，其核心的政策内容是“五违四必”。在这个地方的政策浪潮中，上海郊区乡村的发展权和产业空间被不断压缩，但是全国层面的乡村振兴战略又似乎要求上海郊区乡村“重拾发展的主题”，两者之间存在的张力是显而易见的。本文将上海大力实施的“五违四必”对郊区乡村的影响概括为对郊区乡村“去工业化”，并尝试从上海较为紧密的城乡关系格局中加以理解，同时思考了上海郊区的乡村振兴应当走一条乡村服务城市、推进“轻产业”的配套式发展道路，其中地方政府要积极作为，努力构建城乡间发展权转移的利益补偿机制。

**关键词**　大都市　郊区乡村　去工业化　乡村振兴

党的十九大提出了乡村振兴战略，为新时代的中国乡村发展提供了路线指南和强大动力。乡村振兴的20字方针是“产业兴旺、生态宜居、乡

* 叶敏，华东理工大学中国城乡发展研究中心、马克思主义学院。

风文明、治理有效、生活富裕”，其中“产业兴旺”列在首位。中国区域差距巨大，虽然中央定了乡村振兴的总基调，但是不同地方仍然需要依据自身实际情况因地制宜进行发展。与其他地方不同的是，上海正在经历一场高强度的城市精细化管理和生态环境整治运动，其核心的政策内容是“五违四必”。在这个地方的政策浪潮中，上海郊区乡村的发展权和产业空间被不断压缩，但是全国层面的乡村振兴战略又似乎要求上海郊区乡村“重拾发展的主题”，两者之间存在的张力是显而易见的。本文将上海大力实施的“五违四必”对郊区乡村的影响概括为对郊区乡村“去工业化”，并尝试从上海较为紧密的城乡关系格局中加以理解，同时思考了上海郊区的乡村振兴应当走一条乡村服务城市的、推进“轻产业”的配套式发展道路，其中地方政府要积极作为，特别是要努力构建城乡间发展权转移的利益补偿机制。

## 一　作为整治对象的“五违”：大都市郊区乡村的工业化及其副产品

2012年以后，上海逐步开展了一种针对全市范围内各类非正规经济的整治运动，重点整治对象被地方政府形象地概括为“五违四必”。“五违”即违法用地、违法建筑、违法经营、违法排污、违法居住，“四必”即安全隐患必须消除、违法无证建筑必须拆除、脏乱现象必须整治、违法经营必须取缔。“五违四必”涉及的整治对象覆盖了城乡的居民区、工业区、商务区和街面空间。相比城市地带，“五违四必”在城乡接合部和郊区乡村的发生量更为可观。上海近几年大力推动实施的“五违四必”整治行动，特别是在郊区乡村的展开，必须将观察的视野拉长，并将问题放在上海郊区乡村工业化的历史脉络之中加以讨论，才能够理解“五违”的性质和发生逻辑，以及地方政府对“五违”进行的“四必”整治行动。

虽然相比苏南地区，上海的郊区乡村更加靠近市场，但是由于上海在中国的特殊地位，改革开放之后的集体企业和民营经济发展则相对滞后，反而苏南和浙北成了中国乡镇企业异军突起的地区。不过这也只是相对而言，当全国逐渐卷入改革开放的浪潮之后，上海郊区乡村的工业化也取得了可观的进展。在集体化时期，上海就有相当规模的社队企业。20 世纪八九十年代，上海的农村工业也迎来大发展的势头。1993 年，郊区农村工业年总产值达 807 亿元，比 1985 年增长近 10 倍，年社会总产值比 1985 年增长近 8 倍。[①] 值得指出的是，上海郊区乡村工业的发展在 80 年代末就呈现遍地开花之势，这时将分散的乡村工业予以集中化管理成为必然选择。1987 年，上海市政府要求“根据上海市城市总体规划，结合制订县域综合发展规划和实施城镇、村镇规划，以乡为单位或几个乡联合，建设相对集中的工业加工小区”。至 1990 年，上海郊区规划形成了 280 家工业园区，占地面积为 17 平方公里。其中乡镇级工业园区 152 家，村级工业园区 128 家。[②] 而作为上海郊区乡村工业的遗留形态，截至 2013 年 9 月底，上海全市农村集体资产已达 3636 亿元，净资产达 1092 亿元，在总资产中，镇级 2570 亿元、村级 1017 亿元、组级 38 亿元。[③]

上海郊区乡村工业化对郊区和郊区乡村做出了巨大的贡献，在郊区工业化的推动下，郊区农民大量“洗脚上岸”成为产业工人，农民收入大幅度增加，同时郊区乡村工业发展为乡村财力和基础设施建设提供了大量资源，郊区乡村的硬件条件得到有效提升。然而在产业链和附加值角度上，上海郊区乡村工业化属于一种相对低端的劳动密集型产业。这种产业结构占用了较大面积的建设用地，同时也吸纳了大量劳动力。作为一种工业化的中坚产业，低端制造业还会连锁性地带动一种服务于低端制造业就业人口的低端服务业，继而形成更大规模的产业集聚和人口集聚。在学理上，这种以低端制造业为主体的产业结构，较为容易衍生出大规模的非正规经济活动。而所谓非正规经济，可以理解为政府不认可的以低端制造业和服务业为业态、以外来人口为主体的非正规经济体系，比如流动摊贩、无照经营店面、违章搭建、非法生产，以及被政府冠以“黑”字头的低端服务业，如黑网吧、黑中介、黑学校（非法办学）、黑诊所（非法行医），等等。2014 年，据公安部门初步调查估算，上海从事黑车行业的人口有 1.5

① 彭再德、邹万里：《上海郊区农村工业可持续发展分析》，《经济地理》1995 年第 4 期。

② 张琪：《关于上海市郊工业园区开发建设情况的调查》，《上海企业》1999 年第 10 期。

③ 孙雷：《上海农村集体经济组织产权制度改革探索》，《科学发展》2014 年第 2 期。

万～1.8万人。[①] 2014年，工商部门的数据显示，来沪人员中从事无照经营的共有5.5万余户，约占全市无照经营户总量的85%。[②] 另有数据反映，截至2012年底，上海市处于劳动年龄段的来沪人员总数为923.90万人，其中，缴纳社会保险的共368.45万人，纳入灵活就业登记的有100万人，此外400余万来沪人员就业状况不明，是灰色就业的潜在人群。[③]

由郊区乡村的低端制造业引发的外来人口集聚和非正规经济活动对大都市的社会管理和公共服务在许多方面形成了严峻挑战。近几年，上海对此已经形成较为具体的概括，即“五违”，包括违法用地、违法建筑、违法经营、违法排污、违法居住。“五违”在地域上是普遍存在的，但是尤其以城乡接合部和外来人口集聚区为“重灾区”。违法用地涉及超过规划和合法用地手续进行的对耕地和其他土地的非法使用。违章建筑则在很大程度上与违法用地联系在一起，要么作为一种非正规生产单位的“基地”而存在，要么作为一种“落脚社区”，为低端制造业就业人口提供廉价住房。而违法居住一方面与违章建筑联系在一起，另一方面涉及合法建筑中的违规居住行为，比如群租行为。违法居住具有很强的阶层特点，绝大多数外来人口通过这种方式降低居住成本。违法经营的大量产生与不断收紧的市场监管制度有关，许多“小散乱污”产业和低端服务业形态被政府锁定为违法经营，原因有许多，比如环评不合格、场地不合格、缺乏一定的证照，等等。违法排污涉及合法经营企业的违法排污，也可能涉及违法经营企业的违法排污，但是一般低端制造业由于利润率极其有限，通过违法排污转嫁成本的行为是多发的。

## 二 对“五违”的“四必”行动：大都市郊区乡村的“去工业化”及其动力

从性质上说，“五违”当中的很大部分属于郊区乡村工业化的副产品，

① 《上海黑车司机已超1.5万 衍生盗窃敲诈等11种犯罪》，《东方早报》2014年1月17日。

② 《申城来沪人员突破1100万人 五个区人口“倒挂”》，《劳动报》2014年8月6日。

③ 潘鸿雁：《流动人口社会管理面临的新问题与对策——以上海市为例》，《上海行政学院学报》2014年第1期。

郊区乡村较低层次的工业化虽然形成了产业集群，带动了地方就业和政府税收，但同时引发了外来人口的集聚和非正规经济活动，由此造成大量的“五违”问题。从近几年上海的政策行动来看，对“五违”整治的执行力度是空前的，具体的整治策略被官方概况为“四必”，即安全隐患必须消除、违法无证建筑必须拆除、脏乱现象必须整治、违法经营必须取缔。上海的领导层已经就“五违四必”的重要意义达成共识。2016年，上海市又提出了“五违四必”的整治战略，在全市范围内“补短板”，力求守住人口、土地、环境、安全四条底线。2016年11月，时任上海市副市长蒋卓庆在上海市第十四届人民代表大会常务委员会第三十二次会议上作了《关于本市生态环境综合整治情况的报告》，明确指出清理“五违”对于上海发展的重大意义：“长期以来，在城市经济社会快速发展和综合管理不断加强的同时，违法用地、违法建筑、违法经营、违法排污、违法居住等问题在郊区和城郊接合部的一些区域有所集聚，这些问题能否及时有效解决，直接关系到如何坚守人口、土地、环境、安全四条保障城市有序运行的底线，直接影响城市功能提升和未来发展。”根据《2018年上海市人民政府工作报告》提供的信息，上海“五违四必”政策的“战果显赫”，“三批共50个市级和666个区级地块整治全面完成，全市拆除违法建筑1.6亿平方米，基本消除‘五违’问题集中成片区域”。并且上海并不想放松对“五违四必”的推进力度，“第五轮、第六轮环保三年行动计划顺利完成”。上海铁拳整治“五违四必”也得到中央的充分肯定。2016年3月，习近平总书记在参加全国人大上海代表团审议时，曾特别提到上海的“五违四必”综合整治，称这是“敢担当、敢负责、敢啃硬骨头的体现”。[①]

上海对“五违四必”工作坚持铁腕整治，为了表明整治决心，顺利实现目标，上海官方提出的政策口号也是高度刚性的，比如“彻底消除”“全覆盖”“没有例外，没有特殊”。上海在2012年之后逐渐形成对“五违”如此之大的政策举措，背后的动力机制是多元的。首先，上海出现了

① 朱珉迕、黄尖尖：《治“五违”到创“无违”：上海的743天》，《解放日报》2017年9月28日，第2版。

高度紧张的用地形势，“五违四必”的核心政策意图之一是析出郊区乡村原来无序扩张、无效利用的建设用地。上海在中国的地位极其特殊，被中央定位为“改革开放的排头兵，创新发展的先行者”，代表国家意志的一系列重大项目要在上海落地，比如自贸区建设、北斗导航研发等。上海本身也不断凝练提出高端化发展口号，比如“四个中心”，建设卓越的全球城市、社会主义现代化国际大都市，等等。这些国家意志和城市发展理性都需要建设用地指标来支撑，而上海在用地上早已出现“赤字”。按照2008年发布的《全国土地利用总体规划纲要（2006—2020年）》，中央下达给上海的建设用地总量为2981平方公里，而上海市各级政府审批的城市、新城与新市镇总体规划汇总的规划建设范围在3300平方公里左右，形成的用地指标“赤字”在300平方公里以上。[①] 对“五违”的“四必”行动其实是在建设用地上做“减法”，通过对郊区乡村低端工业化用地和违法用地的整治和减量为城市高端化发展析出土地指标。其次，对“五违”的“四必”行动具有较强的人口调控意图。2012年十八大之后，中央提出特大城市可以严格控制人口规模。但是实际上，在单一制国家，人口跨省流动具有政治合法性，人口调控缺乏有效的政策工具。上海、北京等特大城市实际上走了一条迂回的道路，通过对“五违”等非正规经济的强制压缩，提高外来人口在城市中的生活成本，减少外来人口的就业机会，间接型驱赶外来人口。[②] 在几年的严格调控下，上海的外来人口数量在2014年见顶，此后出现小幅下降趋势，目前已不足1000万人。最后，对“五违”的“四必”行动也是出于一种便于管理的城市治理逻辑。“五违”涉及的非正规经济活动是一种治理负外部性较强的经济活动，虽然具有增加就业和降低生活成本的作用，但是容易产生安全隐患、环境卫生、治安问题和社会矛盾等城市管理难题。比如，2014年5月1日发生在龙吴路上的群租房火灾，让两名年轻的消防员英勇牺牲。火灾发生后，上海消防部门紧急启动群租房的消防安全整治，累计排摸群租房4.27万户，拆除群租分隔

① 胡俊：《规划的变革与变革的规划——上海城市规划与土地利用规划“两规合一”的实践与思考》，《城市规划》2010年第6期。

② 叶敏：《间接型施策：特大城市的人口调控与非正规经济治理》，《复旦城市治理评论》2017年第1期。

3.6万余间，清退群租人员6.5万余人。[①] 对“五违”的彻底清除如同“釜底抽薪”，解决了城市社会管理中的隐患和“麻烦”。

## 三 郊区乡村“去工业化”的代价：“五违四必”行动对郊区乡村的冲击

上海大力推动的“五违四必”行动不仅代表了一种国家意志，也体现了一种追求城市高端化发展的城市发展理性，“五违四必”对城市发展产生的政策红利较为明显，比如析出建设用地指标、调减人口以及打造更加整洁有序的城市管理秩序。但是，对大都市郊区乡村而言，“五违四必”实际上意味着对郊区乡村工业的否定，在实质上是牺牲郊区乡村的土地发展权来保全城市的整体性发展。土地发展权有狭义和广义之分。狭义的土地发展权是指土地从农地转变为建设用地进行开发利用、获得收益的权利。广义的土地发展权不仅包括土地用途的改变权利，而且包括土地利用强度的改变权利。[②] 根据笔者所在团队对上海郊区乡村的实地调研，虽然镇村两级在压力型体制下不遗余力地推进“五违四必”，但是基层乡村治理者的内心是矛盾的，上级要求、居民需求和基层理性之间存在较大的张力，“五违四必”对郊区乡村的镇村两级和农民造成了较大的冲击。

首先，“五违四必”对镇级财力影响不大，但是明显增加了开支压力，收入与开支之间的缺口被拉大。以F镇为例，2014年拆违8万平方米，2015年拆违21万平方米，2016年拆违56万平方米。截至2017年4月19日，全镇已完成违法建筑整治82.59万平方米，关停违法排污、违法经营企业1108家。2016年，F镇实现财政总收入15亿元（政府工作报告预计），年均增长9.3%；地方财政收入4.6亿元，年均增长12.6%。基层干部指出，一些企业被关停，这对税收影响不大，因为一方面镇级税收主要靠一些规模以上企业和重点企业，另外在淘汰落后产能的态势下，一些企

① 左妍：《上海开展专项行动查火患　整治4.27万户群租房》，《新民晚报》2014年12月12日，第A7版。

② 赵茜宇、张占录、华逸龙：《基于土地发展权的大都市郊区耕地保护——以北京市平谷区为例》，《国土资源科技管理》2015年第4期。

业主动收敛了逃避税行为。但是“五违四必”增加了镇级政府的开支压力。奉城镇可支配财力只有4亿元，而刚性开支就达5亿元，开支缺口为1亿元，“五违四必”又增加了拆违过程、垃圾处理和后续长效维护方面的开支。

其次，“五违四必”对一些违章建筑存量较多的村的财力在中长期会形成较大影响。F镇D村的违章建筑存量巨大，总计62万平方米，其中厂房48万平方米，民房10万平方米。全村共有475家企业，177家经营店面，上规模、有执照的企业有78家，其他企业只有一半是有证照经营的。之所以形成这么大体量的违章建筑，既有当地木器产业的带动原因，也有当时政府力推的“万家福”工程所造成的后续影响。D村有1548户村民，1150家有违章建筑，占比高达74%。根据初步计算，D村62万平方米的违章建筑，每年为村里和村民产生的租金至少有5000万元，村集体违章厂房有1.3万平方米，每年产生集体收入高达240万元。2016年，D村被列为“五违四必”重点村，要整村推进、全部拆除。对村级而言，因为存在减量化点位的补偿资金，区里的标准是40万~80万元/亩，镇里每减量化一亩再给村里5万元，所以近几年拆违对村级收入的影响不是太大，但是村级财力后续受拆违的影响已经较为明显。

最后，“五违四必”对农民收入已经造成了较大影响，即造成了农民工资性收入、财产性收入和经营性收入的“三下降”。一是“五违四必”关停小企业对农民就业产生较大影响。在村庄范围内存在小企业生产经营的情况下，郊区许多农民“离土不离乡”（特别是农村“4050”人员），非农就业比较充分，工资性收入有较高的保障。关停小企业后，很多农民失业，工资性收入受到影响。二是“五违四必”造成农民的财产性收入下降。以D村为例，该村违章户数占比高达74%，可谓“家家有违章”。拆违之后，企业和外来人口减少，厂房和出租屋也不复存在，家庭的租金收入难以维系。三是“五违四必”造成农民的经营性收入下降。“五违四必”不仅关停企业，而且大量调减了人口，原来一些农民处于“半工半耕”的综合经营状态，由于存在近距离的市场需求，农民的经营性收入也较为可观，拆违和人口调减之后，近距离的市场需求不复存在，农民的经营性收入显著下降。以采访到的一户农民为例，原来一年有将近8万元的收入，工厂上班产生2万多元的工资性收入，私房出租产生2万多元的财产性收入，承包地种菜售卖产生2万多元的经营性收入，工厂关停后，这些收入都没了着落。笔者所在团队在上海郊区乡村调研时，经常遇到村干部反映，一些老年村民在“五违四必”行动后失去了工作，对村里和相关政策意见较大，有的人每天到村委会要说法、要工作。

## 四 从低端制造业到配套式发展：紧密型城乡关系下大都市郊区乡村振兴形态

上海举全市之力大力推动“五违四必”行动，在大都市的城乡关系上实际意味着以低端制造业为产业结构的乡村经济已经不符合上海的总体发展形势。从城乡关系结构的类型上看，上海作为地域较小、经济能量强大的大都市，由于土地资源的有限和逐渐紧张，城乡关系越来越趋于紧密型。大都市城乡关系紧密化的核心杠杆实际上是土地指标，或者具体而言是指可将农地转化为建设用地的土地指标。上海郊区乡村经济一度获得了较为可观的发展，背后的城乡关系形势实际上是相对宽松的历史阶段，因为当时全国层面还没有严格地执行土地利用规划，上海的都市经济对郊区乡村的辐射还较为有限。而随着上海都市经济能级的不断提高，加之国家逐渐收紧土地利用的“阀门”，上海的城乡关系实际上发生了一种从相对宽松到逐渐紧密的历史性转变。在这种紧密型城乡关系背景下，作为都市经济中心的城市经济和正规经济，对作为边缘的乡村经济和非正规经济会产生一种刚性的发展约束和制度控制。对大都市郊区乡村而言，紧密型城乡关系具有两方面的结构性效应：一方面，以牺牲边缘乡村的发展权的方式来保全作为中心的发展空间，而“五违四必”行动不过是这种城乡关系格局的政策注脚；另一方面，乡村经济发展要以服务市民需求为导向，乡村经济必须严格地整合在大都市经济的功能结构体系之中。

然而，上海郊区的乡村振兴仍然是一项任重道远的事业。在紧密型城乡关系格局下，上海的郊区、乡村实际上牺牲了一定的经济发展权，以成就大都市的整体性发展需要。上海的郊区经济实际上存在不如苏南、浙北的问题，郊区乡村经济的发展甚至也落后于苏南、浙北。由于受到规划和相关政策的限制，上海郊区乡村的村庄面貌也较为陈旧和破败，农民的收入结构也较为特殊。2016 年，上海郊区农村居民人均可支配收入为 25520 元，而杭州和苏州的农村居民人均可支配收入则超过了 27000 元，分别为 27908 元和 27691 元，差距都在 2000 元以上。[①] 值得指出的是，上海郊区农民较高的收入水平在很大程度上是通过政府的输血式转移支付来实现的。比如，上海有 407 个经济薄弱村，从 2013 年起，市财政每年对每个薄弱村给予 40 万元村级运转经费补助，保障村级组织运转。发动 38 家帮扶单位参与重点地区对口帮扶，2013 ~ 2016 年连续四年累计捐赠 10.8 亿元，并将帮扶扩大到资源、人才等全领域。上海还在全市推动对经济薄弱村的“造血帮扶”项目，根据上海市农委提供的数字，2016 年，5 个受援区实施了 21 个项目，总投资 30 多亿元，其中市级资金近 10 亿元。[②] 从农村居民的收入结构上看，上海农村居民的经营性收入和财产性收入明显比较低，而转移性收入为三市最高。2013 年，上海农村居民家庭人均可支配收入为 19208 元，其中工资性收入为 12378 元（64.4%），经营性收入为 920 元（4.8%），财产性收入为 1587 元（8.3%），转移性收入为 4323 元（22.5%）。而经过“五违四必”行动之后，到 2016 年，上海农村常住居民人均可支配收入虽然增长到 25520 元，但是收入结构中的财产性收入（如房屋租金收入）已经出现明显的缩水，从 2013 年的 1587 元降低到 859 元。[③]

在大都市的紧密型城乡关系背景下，如果说上海郊区乡村经济存在一定的发展空间的话，很显然已经无法在土地利用占用比重较大的“二产”上谈问题，而是要从符合上海土地利用形势和都市需求的角度，讨论“轻产业”经济在郊区乡村发展的可能性。首先，“轻产业”经济要在“一产”上做文章，打造都市旅游观光农业和品牌性农产品。大都市经济的特点是存在巨量的农产品需求，“在上海，郊区乡村面积占了陆域总面积的约 85%，绿地面积占了全市大头，全市每天 90% 的绿叶菜、70% 的鲜奶和

① 资料来源于三市 2017 年国民经济与社会发展统计公报。

② 上海市农业委员会办公室：《上海农村综合帮扶和农民增收情况报告》，http://www.shac.gov.cn/snzt/fzbaogao/2016bg/201703/t20170330_1626813.html。

③ 资料来源于上海统计年鉴（2014、2017）。

20%的水产品，以及饮用水和市区河道，均来自郊区”。[①] 上海目前在乡村振兴上已提出，要“根据市民需求，生产更多高品质农产品，打造一批经得起市场检验、区域有影响力的农产品品牌”。这个思路是对的，而在政策配套上就要求上海进一步优化发展多种类型的农业经营主体，培育和支持一批有技术、懂农业的现代农民，发展和扶持一批能够承载市民旅游、观光采摘的都市型农庄。

其次，“轻产业”经济要在“三产”上想办法，推动上海郊区旅游服务业的升级，形成大都市郊区“乡愁经济”的集聚效应。在城市化时代，“乡愁”是市民的一种重要需求，暂时离开拥挤喧嚣的城市，进入宁静自然的乡野，已经成为市民的生活乐趣。“乡愁经济”一方面可以由有厚重历史文化资源和独特自然资源的郊区乡村来推动，另一方面可以由“五违四必”整治的重点村来推动。现在许多郊区镇村都在思考如何在“五违四必”后找到村庄发展的出路，不少村庄都想在“民宿经济”上做文章。但问题是各个镇村往往各自为政，形态和功能定位同质化、单一化，缺乏规划和大手笔的投入，不能够形成有特色的卖点和吸引力。对此，区一级可以牵头制定郊区生态旅游经济发展规划，并且功能性、区域性、差异化地集中培育替代性产业。另外，可以考虑对那些开展“五违四必”整治工作的重点村实施“重点建”工程，这既能够向农民进一步讲好“五违四必”的政策，获得“五违四必”的民意基础和社会动力，又能够兑现承诺，提高党和政府的公信力。

## 五　结论：大都市郊区乡村振兴与城乡间发展权转移的利益补偿机制构建

2018年7月初，习近平总书记对乡村振兴战略实施做出了重要指示，“要坚持乡村全面振兴，抓重点、补短板、强弱项，实现乡村产业振兴、人才振兴、文化振兴、生态振兴、组织振兴，推动农业全面升级、农村全

---

① 《李强：不能简单地把城市建设的那一套复制到乡村，连图纸都不改》，http://www.yiclionzixun.com/article/0/n3qlp4? s=didi&appid=s3rd_didi。

面进步、农民全面发展。要尊重广大农民意愿，激发广大农民积极性、主动性、创造性，激活乡村振兴内生动力，让广大农民在乡村振兴中有更多获得感、幸福感、安全感”。[①] 在新时代的乡村振兴事业里，很难想象没有产生兴旺的乡村振兴，也很难想象没有农民增收的乡村振兴。上海市委书记李强针对上海乡村振兴指出，“老百姓不富起来，讲振兴就是空话”。上海在部署乡村振兴政策时也提出，“富民是乡村振兴的最终落脚点”，“促进农民增收要有新思路、新办法。要突出富民为本，积极发展农村集体经济，大力支持农民创新创业，不断增加农民财产性收入、经营性收入”[②]。不过，正如前文所指出的，上海大力实施的“五违四必”行动，实际上冲击了农民的“钱袋子”和就业。所以在讨论大都市郊区乡村振兴时，一个值得讨论的议题是建立以郊区乡村牺牲发展权为基础的城乡间生态补偿与转移支付机制。“五违四必”给郊区和农民造成了较大的利益损失，而“五违四必”所形成的优质生态环境和高端化经济发展的“政策红利”则为全市所享受。为了公平处理市区和郊区的平衡发展问题，经济发展权的集中和统一必然要伴随利益分配的再调整。在具体措施上，可以考虑建立以郊区乡村牺牲发展权为基础的城乡间生态补偿与转移支付机制。市区两级可以设立相关的专项资金，建立和完善发展权和生态币的交易平台，以拆违、减量化的总量和生态绿地再生量为核算基础，在城乡间建立公平合理的生态补偿与转移支付机制。

① 习近平：《把实施乡村振兴战略摆在优先位置　让乡村振兴成为全党全社会的共同行动》，新华网，http:∥www.xinhuanet.com/politics/2018-07/05/c_1123085019.htm。

② 《国际大都市也要乡村振兴？上海今天这个会上，李强详解!》，上视新闻，https:∥www.jfdaily.com/news/detail?id=85013。

# 扶贫移民的城镇化安置及其后续发展路径选择

## ——基于城乡联动的分析视角*

马流辉　莫艳清**

**摘　要**　扶贫移民的城镇化安置已成为地方政府促进区域减贫，实现经济社会发展的重要政策选择。本文以西南山区 S 镇的扶贫移民实践为研究对象，分析在西方空间贫困理论和中国特有的城乡二元体制的共同作用下，城镇这一层次如何被建构成一个具有重要益贫性的发展空间，进而指出这种过于倚重城镇辐射带动的安置方式在现实中存在的多重风险。最后，借助城乡联动的分析视角，认为需要将迁出地乡村、安置地城镇以及异地城镇统合起来加以考虑，通过发挥城乡联动营造出的三维空间的协同效应，来应对扶贫移民的后续发展问题。

**关键词**　易地扶贫搬迁　扶贫移民　城镇化安置　城乡联动

* 本文系国家社会科学基金青年项目“土地流转与农民生计模式转变研究”（15CSH041）、国家社会科学基金重大项目“构建全民共建共享的社会治理格局研究——聚焦人口流入型地区”（15ZDC028）、中央高校基本科研业务费资助项目“西部乡村产业振兴与县级政府行为研究”（18SZYB34）的阶段性成果。

** 马流辉，华东理工大学社会与公共管理学院、中国城乡发展研究中心；莫艳清，浙江省社会科学院公共政策研究所。

## 一 问题的提出与分析视角

易地扶贫搬迁是实施精准扶贫、精准脱贫的有力抓手，对有效解决“一方水土养不起一方人”地区的区域性贫困问题发挥着重要作用。新中国成立以来，以扶贫为政策目标的移民，最早可以追溯到1983年的“三西移民”。[①] 当时甘肃、宁夏等地因长期干旱缺水，农民生产生活困难，为此中央政府启动“引黄灌溉”工程，在灌溉区建立移民新村，以“吊庄”的形式安置移民，改善他们的生产生活条件，缓解当地的贫困状况。2001年，国家选择在内蒙古、贵州、云南、宁夏4省（自治区）进行易地扶贫搬迁的试点工作，随后又陆续扩大到全国17个省（自治区、直辖市）。多年的实践证明，易地扶贫搬迁对改变贫困人口的生存空间和发展条件具有积极作用，取得了良好的经济、社会、生态效益，已成为中国减贫的重要政策工具。2016年9月国家发改委公布的《全国“十三五”易地扶贫搬迁规划》提出，未来5年要推动近1000万贫困人口的移民搬迁。由此可见，在未来一段时间内，扶贫移民依然是政府促进贫困人口减贫与发展的关键性举措。

易地扶贫搬迁是一项系统工程，涉及面广，政策性强，由此产生的扶贫移民安置问题是政策界和学术界关注的焦点。受各方面条件的限制，过去的扶贫移民一般选择以农为主的就近安置，这一安置方式由于搬迁距离较近，在实际操作过程中不会对移民的经济、社会、文化系统产生强大的冲击。不过，这种“农村搬农村”“这山挪那山”的搬迁安置方式，也因贫困治理绩效有限，而遭到越来越多的诟病。随着工业化、城镇化进程的加快，政府主导的扶贫移民越来越倾向于采取城镇化集中安置，试图借城镇化的“东风”来解决贫困人口的脱贫问题。相关资料显示，在“十三五”期间拟搬迁的近1000万贫困人口中，将有76.4%的贫困人口采取集中安置，在具体安置去向方面，在县城、小城镇、工业园区附近建设安置

① 白南生、卢迈：《中国农村扶贫开发移民：方法和经验》，《管理世界》2000年第3期。

区集中安置的占 37% 。[①] 这说明，在脱贫攻坚的关键时期，扶贫移民的城镇化安置表现得尤为明显。

回顾已有文献可知，学术界围绕扶贫移民城镇化安置这一议题大致形成了三种不同的观点。第一种观点认为，城镇是现代生产要素的集中地，有着更加充分的就业机会和更大的发展空间，在实践中展现出巨大的辐射带动作用，因此扶贫移民的城镇化安置是缩小城乡差距、缓解贫困的重要途径。[②] 第二种观点则强调，扶贫移民是一项政府主导的社会工程，被安置在城镇的贫困人口因各方面条件的限制会陷入被动市民化的困境，[③] 并产生各种风险，影响脱贫的进程。[④] 作为对以上两种观点的折中，有研究者提出梯度安置的思路，进而指出，在贫困人口分化的客观条件下，应充分发挥村、镇、县、市等不同安置点的优势，实施梯度搬迁安置，避免政策上的“一刀切”带来的负面影响。[⑤]

毫无疑问，既有的研究对我们深入思考扶贫移民城镇化安置及其后续发展问题具有重要的启示意义，但进一步分析可以发现，研究者不论赞成还是反对城镇化安置，他们都还是停留在城乡二元结构的框架内来看待当下的扶贫移民实践，所不同的是，赞成者是基于“城市中心主义”的立场，而反对者则更多的是出于“乡村浪漫主义”情怀。从表面上看，他们的观点相去甚远，但实际上这两种研究倾向并没有本质的区别，因为他们都将城乡割裂成两个截然不同的经济社会系统，然后在一种紧张对立的城乡关系中来讨论扶贫移民及其可能的出路。至少从目前来看，这样做不仅无益于问题的解决，而且与当前的政策形势和制度环境不符。十九大报告提出实施乡村振兴战略，并将城乡融合发展作为协调城乡关系，促进乡村

① 新华社：《要搬谁？搬哪儿去？钱哪来？咋脱贫？——聚焦〈全国“十三五”易地扶贫搬迁〉四人看点》，http://www.xinhuanet.com/politics/2016-09/22/c_1119608810.htm。

② 陆汉文、覃志敏：《新阶段的非农安置扶贫移民：规模估计和政策创新》，《浙江学刊》2017 年第 1 期。

③ 邹英、向德平：《易地扶贫搬迁贫困户市民化困境及其路径选择》，《江苏行政学院学报》2017 年第 2 期。

④ 马流辉、曹锦清：《易地扶贫搬迁的城镇集中模式：政策逻辑与实践限度——基于黔中 G 县的调查》，《毛泽东邓小平理论研究》2017 年第 10 期。

⑤ 汪三贵：《盲目的城镇化搬迁相当于把贫困人口变成城市贫困人口》，《中国青年报》2016 年 6 月 4 日。

振兴的重要路径。[①] 在此背景下，中国的城乡关系正在经历前所未有的转变，城乡之间的界限日益模糊，城乡的互动更为频繁。这就要求我们改变传统的城乡二元思维，用“超越城乡”[②] 的眼光来分析城乡发展过程中的重大问题。具体到本文来说，扶贫移民的城镇化安置虽然将工作的重心放在城镇，但在良性城乡关系初见端倪的背景下，我们不能再陷入“就城谈城”“在乡言乡”的思维窠臼，必须在城乡联动的视角下思考扶贫移民的安置与后续发展问题。

其实，学术界将城乡联动作为分析视角可以说由来已久，尤其是在一些关于农民工“两栖”状态的研究中体现得更加明显。比如范芝芬认为，中国的迁移人口在高收入的移入地赚钱、到低消费的家乡花钱，可以从城乡两地获得最大收益。[③] 熊万胜发现，随着交通、信息技术的发展，以及户籍、土地制度的稳定性，越来越多的人处于“两栖状态”。考虑到中国城镇化滞后于工业化的现实，这种“城乡两栖”现象可能会长期存在。[④] 朱晓阳指出，由于通信（互联网、物联网）和交通改善，家庭、社区的时间地理现实被压缩，同步性与重叠性增强，例如微信造成异地生活通过虚拟空间而同在。[⑤] 如果说早期的农民工由于城乡二元制度藩篱的客观存在，不得不通过游走于城乡来实现经济利益的最大化，那么在城乡二元体制松动的今天，充分利用城乡各自优势来维持亦城亦乡的粘连状态，正成为越来越多农民的主动选择。所以，扶贫移民的安置与发展，也需要从构建城乡联动发展格局的高度，进行统筹谋划，充分利用城乡两种资源和空间，来实现减贫与发展的目标。

有鉴于此，本文以城乡联动为分析视角，结合在西南山区 S 镇的田野调查，着力分析扶贫移民城镇化安置的理论依据，呈现这一安置方式在实践中蕴藏的多重风险，在此基础上，探讨如何充分利用城乡的各自资源优势，通过构建各种城乡联动机制，营造涵盖城乡的多样化生计空间，以此

---

① 韩俊：《破除城乡二元结构　走城乡融合发展道路》，《学习时报》2018 年 11 月 16 日。
② 王春光：《超越城乡——资源、机会一体化配置》，社会科学文献出版社，2016。
③ 范芝芬：《流动中国：迁移、国家与家庭》，社会科学文献出版社，2013。
④ 熊万胜：《“城乡社会”下的基层治理》，《决策》2017 年第 8 期。
⑤ 朱晓阳：《“乡－城两栖”与中国二元社会的变革》，《文化纵横》2018 年第 8 期。

助力扶贫移民城镇化安置的后续发展。

## 二 个案概况

S 镇地处我国西南山区，全镇面积约 220 平方公里，下辖 13 个行政村 77 个村民小组，其中 11 个行政村属于一类贫困村。全镇共 4846 户，19621 人，居住着苗族、布依族、侗族、汉族等多个民族，少数民族人口占总人口的 65% 左右。自实施精准扶贫政策以来，S 镇共识别出建档立卡贫困户 1791 户，共计 7273 人，截至 2017 年上半年，仍有 709 户 2222 人未脱贫，贫困发生率为 11.32%。扶贫移民是 S 镇的重要减贫策略，为消除“一方水土养不起一方人”地区的贫困问题，按照州、县两级政府的要求，并结合自身实际，S 镇制定了“十三五”期间的易地扶贫搬迁规划，到 2020 年，需要完成对 2119 户 9670 人的移民搬迁，其中建档立卡贫困户有 1023 户 4447 人，其余的属于同步搬迁。据统计，“十三五”期间，S 镇的搬迁人口占全镇总人口的 49.3%。

在安置点的选择上，S 镇以县城、州府所在地的城市为主，坚持城镇化集中安置方式。2016 年，S 镇共完成了 664 户 3089 人的搬迁，其中安置在州府所在市区的有 551 户 2598 人，安置在州府所在市开发区的有 22 户 81 人，安置在县城的有 91 户 410 人。2017 年，S 镇完成 1086 户 5252 人的搬迁，并且所有的移民都被安置在州府所在地的市区或市开发区，其中市区 73 户 308 人，市开发区 1013 户 4944 人。剩下的搬迁任务计划在 2018 年完成，且全部安置在市开发区。具体情况如表 1 所示。

**表 1 S 镇易地扶贫搬迁各安置点安置情况（2016～2018 年）**

| 年份 | 市区 | | 市开发区 | | 县城 | | 乡镇 | | 中心村 | |
|---|---|---|---|---|---|---|---|---|---|---|
| | 户数 | 人数 | 户数 | 人数 | 户数 | 人数 | 户数 | 人数 | 户数 | 人数 |
| 2016 | 551 | 2598 | 22 | 81 | 91 | 410 | — | — | — | — |
| 2017 | 73 | 308 | 1013 | 4944 | — | — | — | — | — | — |
| 2018 | — | — | 369 | 1329 | — | — | — | — | — | — |

资料来源：根据 S 镇提供的数据整理而成。

2018 年 3 月，笔者对 S 镇及其所在安置点进行了为期半个月的田野调查，以个案访谈的形式与扶贫移民、村干部、相关政府部门负责人等交流，获得了较为全面的质性资料。通过走访得知，扶贫移民城镇化安置模式的形成，并不是贫困人口的主动选择，在很大程度上是政府动员的结果。受较差的资源禀赋和保守的思想观念的影响，大部分贫困人口搬迁至城镇的意愿并不强，对此，地方政府只能通过发动县、镇、村、组四级的干部，综合使用各种策略来完成搬迁动员。当然，地方政府将城镇化安置作为贫困人口减贫与发展的重要政策选择，有相应的理论依据。

## 三　空间贫困：扶贫移民城镇化安置的理论依据

回顾相关文献可知，中国农村的反贫困研究大致经历了从单维贫困到多维贫困再到空间贫困的发展过程，随着致贫因素复杂程度的增加以及相应研究视角的不断拓展，“空间”这一概念逐渐被引入贫困研究中，并生发出“空间贫困”理论。[①] 这一理论起源于 20 世纪 50 年代的经济地理学，并在随后的新经济地理学勃兴中取得长足发展，20 世纪 90 年代以来，已在国际发展研究中占据重要位置，成为阐释区域性贫困的核心理论工具。空间贫困理论强调贫困的发生与外在地理环境的关联性，突出由诸多地理因素综合而成的地理资本对贫困的形塑。该理论认为，贫困尤其是区域性贫困的形成，是地理资本不足或缺失所致。[②] 在中国农村反贫困的政策制定和实践探索中，虽然对空间贫困理论本身鲜有提及，但以消除“一方水土养不起一方人”地区贫困问题为重点的扶贫移民或易地扶贫搬迁，显然也是受到这一理论的指引的。

S 镇的扶贫移民选择城镇化集中安置，在某种程度上可视为空间贫困理论在实践中的运用。S 镇地处滇黔桂石漠化地区，无论是自然地理条件还是基础设施状况都要远远落后于安置地城镇。以农为主的就近搬迁，显然不能从根本上解决 S 镇的贫困问题。在地方政府看来，城镇相较于乡村

---

① 马流辉：《易地扶贫搬迁的“城市迷思”及其理论检视》，《学习与实践》2018 年第 8 期。

② 刘小鹏、苏晓芳等：《空间贫困研究及其对我国贫困地理研究的启示》，《干旱区地理》2014 年第 1 期。

有着更强的益贫性。这种益贫性主要体现在以下三个方面。

首先，工作空间的改变。S镇地处偏远的山区，自然条件恶劣，交通闭塞，农业是当地农民的主要产业。但由于山区人均耕地面积有限，再加上近年来农业比较收益的持续走低，农民单纯依靠农业充其量只能维持家庭的温饱，无法彻底摆脱贫困。而安置地Y市，是州政府所在地，工业化和城市化水平相对较高；是现代生产要素的集聚地，有着更多的非农就业机会。理论上，对贫困人口实施由乡向城的扶贫移民搬迁，可以让他们在城镇获得更多的就业机会和更大的发展空间，从而为精准脱贫奠定坚实基础。

其次，公共服务的改善。长期存在的城乡二元经济社会体制，形成了“重城轻乡”的公共服务投入机制，[①] 由此导致乡村与城镇在公共服务的供给方面存在较大的差异，乡村的基础设施和公共服务严重滞后于城镇。S镇无论在道路、交通、用水等基础设施方面，还是在教育、医疗等公共服务方面，都与安置地Y市之间存在巨大差异。良好的公共服务虽然不能直接体现出显著的减贫效果，但其确实能为贫困人口的脱贫与发展提供前提条件。以扶贫移民的形式将贫困人口安置在城镇，他们可以像城里人一样直接享受现代化的基础设施和公共服务，从根本上改变他们的发展条件。

最后，户籍身份的转换。扶贫移民城镇化安置带来的不仅是城乡生产生活空间的变化，而且伴随户籍身份的转换。中国特有的户籍制度，除发挥一般意义上的人口登记功能外，还是一系列社会福利资源分配的重要依据。[②] 居住在S镇的贫困人口受户籍制度的限制，所享受的社会福利资源是有限的，被安置在Y市后，会加速推进其市民化进程，凭借户籍身份的转换及其后续的制度衔接，最终他们会享受到与当地的市民同等的社会福利资源。比如，原先生活在乡村的低保户被安置在城镇以后，就可以按照安置地的标准领取城镇低保，福利待遇会有较大的提升。

综上所述，扶贫移民的城镇化安置在一定程度上是对空间贫困理论的积极响应。在空间贫困的视角下，贫困人口安置地城镇相较于原居住地的

① 魏后凯：《新常态下城乡一体化格局及其推进战略》，《中国经济时报》2016年6月17日。

② 熊万胜：《新户籍制度改革与我国户籍制度的功能转型》，《社会科学》2015年第2期。

乡村，有着更多的生存资源和更大的发展空间，而这些资源和空间被认为是有利于贫困人口的减贫与发展的。因此，在农村的反贫困实践中，城镇比乡村有着更大的益贫性，而将贫困人口向城镇集中安置至少在理论上是具有可行性的。不过，理论的逻辑并不能替代实践的逻辑，扶贫移民的城镇化安置在现实中也存在难以规避的风险。

## 四 单兵突进：扶贫移民城镇化安置的多重风险

扶贫移民的城镇化安置是城镇化的一种特殊形式，它与开放市场条件下的自发城镇化最大的不同在于，政府在其中发挥着主导性作用。面对繁重的脱贫任务，地方政府自然倾向于选择短期内最有效的脱贫方式。而城镇化安置能够迅速改善贫困人口的生产生活条件，减贫效果立竿见影，这对地方政府来说无疑是脱贫的一条捷径。但从长远来看，这种安置方式因过度依赖城镇的辐射带动作用而在实践中面临诸多困境，进而影响扶贫移民的后续发展。迈克尔·M. 塞尼认为，在各种工程性非自愿移民中，移民面临的首要风险是贫困，具体包括失去土地、失业、失去家园、边缘化、不断增长的发病率和死亡率、食物没有保障、失去享有公共资源的权益、社会组织结构解体这八种风险。[①] 中国的扶贫移民是一种政策性移民，在安置的过程中，地方政府介入的程度较深，通过相应的制度设计和政策安排规避了一些显性风险，但即便如此，这种单兵突进的城镇化安置在现实中依然面临各种潜在风险，致使作为安置地的城镇载不动贫困人口的脱贫梦。具体来说，扶贫移民城镇化安置所带来的风险主要包括家庭生计风险、社会稳定风险以及文化融合风险。

第一，家庭生计风险。扶贫移民在迁出地通过长期与地方社会的互动，已形成了较为稳定的生计模式。当然，按照现代的标准，这种生计可能是低水平的。而迁居城镇所带来的地域变换，要求扶贫移民开辟出新的生计空间，寻求新的生计来源。所以，在安置地构建一套稳定的生计模

① 迈克尔·M. 塞尼：《移民·重建·发展——世界银行移民政策与经验研究》，河海大学出版社，1998。

式，对维持扶贫移民的生存和发展具有根本性的意义。城镇化安置以后，扶贫移民由于个体的人力资本结构与城镇产业结构的适配性较差，而出现了生计风险。在开放的市场经济条件下，为寻求更高的收入报酬，人口自然会从乡村流向城镇。因而，在市场规律的作用下，S 镇早先进城打工的家庭一般都已脱贫，而留守乡村沦为贫困人口的人往往资源禀赋较差，缺乏市场竞争力。将这些贫困人口以政府干预的形式搬迁至城镇，在短时间内，他们很难找到合适的工作。就安置地 Y 市来说，其产业类型以制鞋厂、食品加工厂、电子厂等劳动密集型为主，这些企业所提供的工作岗位虽然优先向扶贫移民开放，但具体的职位还是有相应的年龄、学历等基础要求，很多贫困人口因达不到相应要求而被排斥在外。城镇化安置增加了安置地与原居住地之间的物理距离，由此扶贫移民不能再兼顾农业生产，而安置地所提供的非农就业机会又因个体能力有限而无法胜任，再加上搬迁所带来的现代化生活方式大大增加了家庭支出，各种因素的叠加使扶贫移民的收支结构失衡，他们在安置地面临极大的生计风险。

第二，社会稳定风险。对扶贫移民进行城镇化安置，需要相应的建设用地指标，而对于素有“八山一水一分田”的西南山区来说，土地资源本来就稀缺，城镇化和工业化等的进一步发展已面临土地资源瓶颈，大量贫困人口的引入将进一步加剧这一矛盾。地方政府为对冲建设用地指标、破解用地矛盾，必须对扶贫移民迁出地的宅基地进行复垦，然后利用土地的增减挂钩政策，把节余出来的土地指标在省内流转交易，以填补扶贫移民工程建设资金。① 这意味着，扶贫移民必须拆除乡村的老宅，彻底扎根安置地城镇。当然，除了经济层面的考虑外，拆掉扶贫移民的乡村老宅，也可以让他们断了回乡的念头，一心一意在安置地谋发展。因为在以往的工程移民项目实施过程中，移民的回迁普遍发生。② 在脱贫攻坚的关键时刻，如果扶贫移民出现回迁，地方政府所做的努力就前功尽弃了。但在安置地生计无依的情况下，通过拆旧屋、“断后路”的方式，强制性地安置扶贫

① 张建：《运动型治理视野下易地扶贫搬迁问题研究——基于西部地区 X 市的调研》，《中国农业大学学报》（社会科学版）2018 年第 5 期。

② 林志斌：《谁搬迁了？——自愿性移民扶贫项目的社会、经济和政策分析》，社会科学文献出版社，2006。

移民势必存在巨大的社会风险。在Y市的安置小区调研时了解到，有些扶贫移民在安置地找不到工作，又回不去老家，于是干起了偷盗的勾当。甚至有的扶贫移民表示，如果在安置地继续处于待业状态，他们就去州政府讨说法。可见，由单一化的城镇化安置演化而来的社会稳定风险是真实存在的。

第三，文化融合风险。乡土文化与城镇文化是两种不同的文化类型，对扶贫移民来说，他们必须尽快适应这种新文化。一般而言，城镇文化的习得是通过一系列前序环节来实现的。比如，在工厂体制的规训下，受雇的劳动者会逐渐培养出时间观念和纪律意识，凭此他们可以更好地适应城市生活。如前文所述，由于扶贫移民的城镇化不是市场条件下的自然演进过程，很大程度上是政府干预的结果，所以在没有相应平台和场域滋养的情况下，他们的思想观念和行为模式还停留在传统的乡土文明层次，很难与安置地文化相融合。加之居住空间的隔离，以及被贴上“贫困”的标签，扶贫移民携带的乡土文化与本地居民持有的城镇文化之间横亘起难以逾越的鸿沟。除乡土文化与城镇文化的张力外，不同民族之间因搬迁安置而聚集在同一空间，也会出现文化融合的风险。S镇是一个多民族聚居地区，在搬迁之前不同民族保留着各自的生活习俗和文化传统，且在居住空间上呈现一定的分异。而城镇化集中安置以后，各个民族之间的地域界限被打破，文化的独立性遭到破坏，在逼仄的空间，因宗教信仰、价值观、思想观念等方面的差异，族际的文化冲突将在所难免。①

以上分析表明，单纯依靠扶贫移民的城镇化安置很难从根本上解决贫困问题，非但如此，在实践中还会产生多重风险，最后从总体上影响贫困治理的绩效。而在这些风险中，家庭生计风险是根本性的，它对其他风险的形成具有重要的传导作用。鉴于此，地方政府必须探寻更为妥帖有效的发展路径，来回应广大贫困人口的需求，以规避单兵突进的城镇化安置所带来的风险。

① 周恩宇、卯丹：《易地扶贫搬迁的实践及其后果——一项社会文化转型视角的分析》，《中国农业大学学报》（社会科学版）2017年第2期。

## 五　双轮驱动：扶贫移民后续发展的路径选择

扶贫移民在安置地能否形成稳定的生计模式，开辟出足够的发展空间，是影响贫困治理成效的关键因素。因此，扶贫移民后续发展路径的选择就显得尤为重要。而对于贫困地区来说，由于工业化发展水平滞后，单纯依靠在地城镇化的辐射带动，其减贫效果是极其有限的。我们认为，在国家实施乡村振兴战略的背景下，地方政府应该摒弃城乡对立的传统观念，将迁出地乡村和安置地城镇与异地城镇统合起来，充分利用城乡两种资源和空间，通过城乡良性互动和城乡“两头”发力，来构建扶贫移民可持续发展的具体路径。概括来说，这一城乡双轮驱动的发展路径主要包括以下三个方面的内容，具体如图1所示。

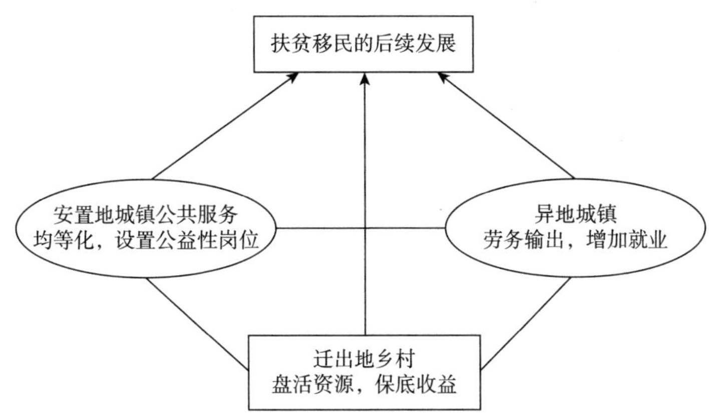


**图1　扶贫移民城乡联动的发展路径**

第一，盘活迁出地资源存量，确保扶贫移民的保底收益。虽然贫困人口被安置在城镇，但乡村对他们的生计仍然发挥着重要的作用。从空间贫困理论的角度来看，地理资本缺乏是造成区域性贫困的主要原因。但这种地理资本的缺失状态并不是天然存在的，而是由于人口的过快增长超出了当地资源环境的承载能力，最终限制了地方的发展。当大量的贫困人口移居城镇后，迁出地的人口与资源环境矛盾得以缓解，从而为乡村的进一步发展提供了空间。扶贫移民在迁出地拥有耕地、林地、宅基地等资源，在乡村振兴的背景下，地方政府可以充分利用国家的涉农政策和项目，并吸引社会资本下乡，通过发展现代农业、公益林建设等方式，盘活迁出地的存量资源，并与移居至城镇的扶贫移民建立稳定的利益联结关系，确保他们在乡村能有保底收益，让乡村真正成为扶贫移民生计的“大后方”，提升其在安置地的抗风险能力。

第二，促进公共服务均等化，提高扶贫移民的社会融合水平。相对于迁出地所在的乡村，安置地由于地处城镇，一般都有较为完善的基础设施和公共服务，理论上扶贫移民在安置地可以直接享受。但城乡之间公共服务的均等化，需要迁出地和迁入地的地方政府做好协调工作，加快诸如社会保障、教育、医疗等制度的衔接工作，提高扶贫移民的社会融合水平。公共服务的均等化，将为扶贫移民的后续发展创造良好的条件，让他们共享改革发展的成果。尤其是基础教育水平的提高，将有利于贫困家庭彻底阻断贫困的代际传递。在此意义上，那些工业化水平发展滞后的城镇，对扶贫移民最基础的意义可能在于为其提供更高水平的公共服务。当然，除了公共服务之外，作为安置地的城镇还可以发展一些劳动密集型产业、具有地方特色的农产品加工业，以及设置相应的公益性岗位，优先吸纳有就业需求和就业能力的扶贫移民，实现他们的就地转移就业。

第三，强化职业技能培训，加快扶贫移民的异地劳务输出。就目前来看，仅仅依靠乡村的资源盘活和在地城镇化，并不能解决所有扶贫移民的后续发展问题。加快贫困人口的异地劳务输出，依然是脱贫的重要途径。有学者指出，改革开放以来允许农民自由流动是减贫的重要动力。[①] 贫困人口长期生活在封闭的环境中，对外界缺乏必要的了解，移居城镇可以让他们体验现代化的生活方式，在此过程中，其思想观念和价值体系会发生相应的改变，尤其是劳动伦理。调研发现，有些贫困人口还是处在马克斯·韦伯所言的“干得少，并不比赚得多更有吸引力”的工作状态。[②] 适应了城镇化生活方式以后，贫困人口新的劳动伦理将逐渐形成，在此基础上，地方政府再介入，对他们进行有针对性的教育和培训，加快向经济发达地区的劳务输出，这不仅能够切实减轻安置地的就业压力，而且能够增

① 李小云：《允许农民自由流动是减贫的动力》，《中国乡村发现》2016 年第 4 期。

② 马克斯·韦伯：《新教伦理与资本主义精神》，广西师范大学出版社，2007。

加贫困人口的收入，帮助他们更好地摆脱贫困。目前，一些贫困地区利用东西部扶贫协作平台进行异地劳务输出，并取得良好的成效。

政府主导的扶贫移民的城镇化安置，一般会给人制造出足不出城（镇），便可衣食无忧的幻象。如前文分析所指出的那样，对于那些深陷区域性贫困的地区来说，由于整体发展水平较低，仅通过在地城镇化其实很难解决扶贫移民的减贫与发展问题。而本文提出的城乡联动分析视角，为我们思考扶贫移民的后续发展问题提供了新的思路，就是将迁出地乡村、安置地城镇，以及异地城镇这三个空间统合起来，充分发挥各自的比较优势，为扶贫移民开辟出多元化的生存和发展空间，从而让扶贫移民的减贫更具有可持续性。

## 六 结语

在西方空间贫困理论和中国特有的城乡二元体制的共同作用下，城镇在扶贫移民的安置过程中被寄予厚望，被建构成减贫与发展的希望空间，具有更为重要的益贫性。相形之下，乡村则被视为废弃的空间，成为贫困的渊薮。而事实证明，乡村并不是天然地与贫困发生关联，是人口的过快增长超出当地的资源环境承载力，才导致区域性贫困的发生。因此，把乡村本身当作贫困的原因是有失公允的，换言之，贫困不是乡村的错。毫无疑问，扶贫移民的城镇化安置能够直接改善贫困人口的生产生活条件，并为其进一步的发展提供可能性。但这并不意味着城镇化安置可以与脱贫画等号，对于贫困地区来说，在工业化水平低下的现实条件下，过度依靠城镇的有限辐射带动作用来解决扶贫移民的后续发展问题，不仅收效甚微，而且会产生家庭生计风险、社会稳定风险以及文化融合风险，进而从整体上影响贫困人口的脱贫进程。

在国家实施乡村振兴战略的背景下，城乡融合发展已成为扭转城乡关系的重要途径，大量的资金、技术、人才等资源流向乡村，乡村各类沉睡的资产正在被激活，乡村也因此被不断地重新赋值和估价，由此迎来了千载难逢的发展机遇。如此一来，大量贫困人口搬离后的乡村就不再是一个废弃的空间，在国家涉农政策和相关项目的助推下，以及各类社会资本的参与下，乡村的新产业、新业态正在培育和形成中，迁居城镇的扶贫移民完全可以依凭相应的成员资格、土地等资源产权等，重新建立与乡村的利益联结关系，分享乡村发展的红利，为其家庭的生计提供基础性保障。作为安置地城镇，完善的公共服务是其优势所在，而为扶贫移民提供均等化的公共服务，能切实提高他们的社会融合水平，增强其在安置地的适应性。与此同时，安置地还可以根据地方实际，培育一些特色产业，开发相应的公益性岗位，促进扶贫移民的就地转移就业。除盘活乡村存量资产和在地城镇化外，地方政府还需要对那些有外出就业能力和意愿的扶贫移民，开展有针对性的劳动技能培训，充分利用东西部扶贫协作平台，加快异地劳务输出，缓解安置地的就业压力。

总之，扶贫移民城镇化安置的后续发展问题，单独依凭乡村或城镇都难以从根本上加以解决，在新的时代背景下，我们必须在实践中突破传统的城乡二元对立思维，借助城乡联动营造出的三维空间的互补与配合，形成协同效应。唯此，才有可能构建出扶贫移民的可持续发展路径。

# 大城市郊区乡村的生活治理：从基本治理单元的视角*

杨　君**

**摘　要**　工业化与城市化对人口的吸纳导致乡村社会出现原子化与空心化的村落形态。随着乡村社会的人户分离、原子化以及空心化现象的加重，通过基层政府治理和农民自我治理的方式满足民众的生活治理需求是困难的。本研究从基本治理单元出发，基于上海火村网格化党建的基本经验，通过网格单元的组织化，将党群工作与社区治理相结合，实现了乡村社区内部的生活治理。一方面通过党建的组织功能将基层党建与民众的日常生活联结，增强党与民众的紧密联系；另一方面通过网格化治理划分片区、划小基本治理单元，提供社区生活服务，满足村民生活化服务需求。网格化治理与党建相结合的生活治理模式回答了网格化系统如何增强国家与村民的紧密关系，实现个体与乡村公共组织的有效联结，重建乡村社区生活共同体。

**关键词**　治理单元　过疏化　个体化　生活治理　网格化党建

---

* 本文系国家社会科学青年基金项目“城市社区治理的公共性重构研究”（16CSH068）、国家社会科学基金重大项目“构建全民共建共享的社会治理格局研究——聚焦人口流入型地区”（15ZDC028）的阶段性成果。本文曾获得2018年上海市社会学学会学术年会优秀论文二等奖，并在“改革开放40周年与社会发展”分论坛中发言，感谢文军老师、刘拥华老师、姚泽麟老师和吴越菲老师对本文提出的宝贵修改意见。

** 杨君，华东理工大学社会与公共管理学院、中国城乡发展研究中心。

工业化与城市化对人口的吸纳导致乡村社会出现原子化与空心化的村落形态。随着乡村社会的人户分离、原子化以及空心化现象的加重，通过基层政府治理和农民自我治理的方式满足民众的生活治理需求是困难的。鉴于此，乡村社区需要通过有效的组织方式积极参与社区治理，以期实现社区生活的善治。目前，学术界对乡村社区民众生活善治的研究还不够深入，如何通过重建乡村社区内部的公共组织，强化基层党建与民众日常生活的联结，增强党与民众的紧密联系，有效解决民众的生活治理困境，就成为重建乡村社区生活共同体的现实起点。

## 一 研究生活治理的基本治理单元视角

乡村作为国家治理和社会治理的重要场域，在基层社会治理中发挥重要作用。本文的乡村主要是指狭义的乡村，即行政村范围的乡村，乡村治理类似于我们所讲的村庄治理或农村社区治理，简称“乡村治理”。目前，关于乡村生活治理的研究形成了国家－社会与系统－生活两种分析视角。在总结和吸纳前两种分析视角的基础上，本文认为应该将生活治理置于乡村场域内部，从基本治理单元视角关注乡村中的生活治理问题。

**1. 国家－社会视角下的生活治理**

国家－社会视角是研究基层社会治理的主要分析视角之一。从实体论视角来看，学者常在这种二元分析框架下开展生活治理研究，其中的“国家”与“社会”被理解为有自身独特结构、边界和运行逻辑的实体性概念。就生活治理而言，他们倾向于一种代表基层民主权利的生活政治观，形成了基层政权与基层民主两种观点①。这一视角下形成的相对静态的生活理论概念与理论范式，在解释中国乡村社会新近出现的非西方化、非传统化的发展趋势所呈现的生动多样的景象时，力度较为有限。因此，一些学者从关系主义视角推进了国家－社会视角下的生活治理研究。他们认

① 王汉生、吴莹：《基层社会中“看得见”与“看不见”的国家——发生在一个商品房小区中的几个“故事”》，《社会学研究》2011 年第 1 期；李友梅：《社区治理：公民社会的微观基础》，《社会》2007 年第 2 期。

为国家与社会之间不存在明确的界限，两者之间事实上存在一个模糊的连接地带。黄宗智提出了“第三领域”的概念①；朱健刚提炼出了“政府－社会空间－家庭”的三层理论图式②；毛丹构建了“村庄－市场”、“村庄－国家”和“村庄－城市”的分析框架③；周雪光等构建了“国家、科层以及乡村”三重逻辑的制度分析框架④。这些研究尝试在国家与社会的中观和宏观层次之间建构一种本土化的关系模式来解释乡村社会的治理结构，更加关注乡村治理与国家的关系，而生活治理则作为乡村治理的一部分被替代了。因此，这一分析视角往往忽视了乡村作为一个社会系统以及乡村系统外部与内部各行动主体与村民生活治理之间的联结。

**2. 系统与生活治理的关系**

从系统治理、社会治理和生活治理的关系来看，生活治理是以家庭和个体为中心的生命历程的具体化展开，更加关注生活的整体性与主体性，即一种影响人们过日子的方式，这是一种规制与帮助相结合的过程。社会治理是超出私人领域之外的主体间互动以及形成的组织、结构、制度之间的关系。系统治理是指更大范围内的无法改变的社会结构性力量，尤其是优化各种社会制度⑤。在乡村治理中，存在国家、市场、社会组织、企业等社会系统对生活的治理。但由于乡村治理的科层化、行政化和专业化等特征，以及乡村社会的空心化与过疏化程度加深，国家、市场、社会组织以及企业难以与村民产生直接而紧密的生活联系。因此，在乡村社区，系统对生活治理的最直接体现是基层政府通过技术手段实现对村民的管理，即按地域划分网格单元，基于现代信息技术的网络平台搭建，通过网格化管理实现对村民的技术化治理，最为典型的是乡村社区服务网格化供

---

① 黄宗智：《集权的简约治理——中国以准官员和纠纷解决为主的半正式基层行政》，《开放时代》2008 年第 2 期。

② 朱健刚：《城市街区的权力变迁：强国家与强社会模式——对一个街区权力结构的分析》，《战略与管理》1997 年第 4 期。

③ 毛丹：《村庄的大转型》，《浙江社会科学》2008 年第 10 期。

④ 周雪光、艾云：《多重逻辑下的制度变迁：一个分析框架》，《中国社会科学》2010 年第 4 期。

⑤ 熊万胜：《社会治理，还是生活治理？——审思当代中国的基层治理》，《文化纵横》2018 年第 1 期。

给模式[①]以及互联网＋智慧社区治理[②]。这种研究有利于对乡村社区各种人群进行信息收集、监督和管理，但缺少根据村民实际生活需求而开展的社会性服务。

**3. 基本治理单元与生活治理的关系**

如果要让民众生活变得更加美好，我们必须从民众需求出发考虑政府提供的公共服务，而不能从政府自身的逻辑出发让民众配合政府的工作任务与工作要求，提供不切实际的公共服务。吕德文认为乡村社会问题应该从基于人际关系尤其是国家与农民关系主导的传统治理领域，转向人们如何安排家庭和个体生活的“生活治理”范畴[③]。乡村生活内涵变化的实质是部分农民完成了“人生任务”，闲暇时间增多，农民如何安顿生活即从个体的私人领域提出了生活的自我治理问题。笔者以为，随着乡村社会中人户分离、原子化以及空心化现象的加重，完全依靠农民自身解决诸如家庭纠纷、邻里矛盾等生活问题是困难的。如果仅仅依靠政府、市场和社会组织等外界力量参与乡村生活治理，其治理效果也不会太好。正是由于外在社会系统与自我治理都难以解决民众的生活治理问题，笔者就尝试以基本治理单元为视角来分析。所谓基本治理单元，是民众为了满足生产生活需要，以家庭或者个体的方式聚集在一起，或是国家、政治团体将一定的人群按一定的区域划分为一定的行政空间[④]。就本文而言，基本治理单元是指行政村范畴内，通过网格化党建划分片区、划小治理单元，实现村党总支部、村委会、村民小组长、党小组长、妇女小组长、党代表、村庄精英与民众之间的联动治理。本研究从基本治理单元出发，结合上海火村网格化党建实践来研究乡村生活治理问题，以期回答网格化系统如何实现党建与民众的有效联结，重建个体与公共组织的联系。

---

① 杨逢银：《需求导向型农村社区服务网络化供给模式研究——基于浙江舟山“网格化管理、组团式服务”的分析》，《浙江学刊》2014 年第 1 期。

② 潘峰、宋峰：《互联网＋社区养老：智能养老新思维》，《学习与实践》2015 年第 9 期。

③ 吕德文：《巨变时代中国乡村生活的重建》，《文化纵横》2018 年第 3 期。

④ 邓大才：《复合政治：自然单元与行政单元的治理逻辑——基于“深度中国调查”材料的认识》，《东南学术》2017 年第 6 期。

## 二 大城市郊区的过疏化与生活治理问题凸显

所谓过疏，主要是与“过密”或“适疏”相对而言的概念，是指因地域人口的减少，维持此地域最为基础的生活和生产的人口条件出现了困难①。本文所指的过疏化是由于工业化与城市化对人口的吸纳而导致乡村社会出现原子化与空心化的村落形态。就火村而言，正是人户分离的空心化、生产生活方式的个体化等过疏化特征，致使乡村社区的生活治理问题凸显。

首先，火村的过疏化表现在城乡人户分离与“人口倒挂”带来的空心化上。火村位于上海市 JS 区第二工业区，是本地有名的工业村。随着工业化和城市化进程的加快，越来越多的上海农民开始在城里买房，周末回到乡村陪伴父母，形成了大城市郊区典型的“5 +2”人户分离的居住模式。截至 2018 年，该村户籍人口 2800 人，人在户在的人口 1200 人，来沪人员 2300 人，远远超过人在户在的本地人口。在来沪人员流入与本地人口流出的双重作用下，火村的村民由本地老年人和外地年轻人组成，本地人习惯地将火村称为“老外人”乡村。由于居住空间、文化习俗以及语言差异，外地人很少参与村庄治理。在人口老龄化和“人口倒挂”的火村缺乏年轻有能力的精英群体，加之本村人口城乡流动性大，乡村治理呈现空心化和原子化状态。

其次，火村的过疏化突出表现为生产方式与生活方式转变带来的个体化状态。火村的耕地面积 2457 亩，其中高达 99% 的土地由村里统一管理并进行流转，转包给农业大户、家庭农场或农业合作社从事农业生产。而本村的年轻人在城区、邻近街镇或是本村企业工作；老年人或在家享受生活，或在小企业里打零工以补贴家庭开支。同时，城乡居民保险也为村里老年人提供了一笔可观的养老金。生产方式的转变和收入的增长，改变了村民的生活方式。一方面，由于网络技术的发展，村民生活变得愈加私密化和个体化，“各人自扫门前雪，莫管他人瓦上霜”就是最好的描述；另

① 田毅鹏：《村落过疏化与乡土公共性的重建》，《社会科学战线》2014 年第 6 期。

一方面，村民对生活质量提出了更高的要求，如加宽村庄路面、新装村庄路灯，这使乡村治理的难度越来越大。火村既是合并村，又属于人口流入型社区，村内的人口结构、农地关系、产业布局已经过重组，作为基层自治组织的村委会面临巨大的治理压力，产生了诸如老旧住房安全、就业机会缺乏、村落内生性组织缺失、村民代际弱化、公共服务滞后、家庭矛盾突出、邻里关系淡化等生活治理难题。

## 三 网格单元的组织化：乡村社区内部的联结机制

在当前的乡村社区治理中，从基本治理单元的角度研究网格化党建受多种因素的影响。有学者将其归纳为九种影响因素：地理因素、传统因素、管理因素、统治因素、发展因素、党群因素、社区建设因素、技术因素、其他环境因素（包括人口流动和城市化等）[①]。就火村而言，社区内的基本治理单元受到地理因素、党群因素、社区建设因素、技术因素等多种因素的影响。在此之前，火村实施过村干部联系制度和村干部包片负责制，但由于村干部脱离民众和治理效率低下，基于基本治理单元建立的网格化党建逐渐成为本村新型社区治理模式。

### 1. 重叠的管理网格：党群单元与治理单元的结合

为了创新社会治理体制，加强基层社会建设，以网格化管理、社会化服务为方向的网格化党建逐渐成为火村所属镇的新型社区治理模式。2017年8月，WS镇党委正式下发《关于落实基层党建网格化管理的实施意见（试行）》的通知，要求各村（居）党组织以“双沉双带”联系服务群众工作机制为抓手，以党建服务站点为平台，以“网格化管理，组团式服务”为方式，形成“一个网格一个分支部”“一个网格一个党建服务点”的组织架构。目前，WS镇以村（居）党组织为单位，横向共划分基层党建网格89个，涵盖22个村（居），2632名党员；纵向构建了以镇联系领导为党建督导员，以村（居）党（总）支部书记为党建总网格长，以支部

① 熊万胜：《政治整合视角下乡村基本治理单元的适度规模研究》，《中州学刊》2018年第3期。

书记为党建网格指导员，以党员骨干为党建网格长，以普通党员为网格员的五级架构，以“上下联动、重心下移”的方式构筑起了横向到边、纵向到底的网格党建模式。不仅如此，依托脉络清晰的网格党建管理体系，把网格内的驻区单位、“两新”组织（包括农民专业合作社）、统战人士、在职党员、流动党员等全部“网”进来，实现党建组织无缝覆盖，服务群众精细精准。按照文件要求，火村以村民小组为基本单元，建立了16个党建服务驿站和20个村务管理小组。村党总支不断设法延伸党建触角，在全村4个网格化片区建立4个党员先锋站，每个先锋站下设4个党小组，每个党小组内有4～5个火村驿站。每个驿站的党员联系4～6户村民家庭。村党总支部共分设4个分支部（同时也是4个网格化片区）。村党总支部班子成员4人，分别联系4个分支部（片区），每个分支部（片区）各设1个火村先锋站作为分支部的议事点。每个分支部（片区）又分管4个党小组和4～6个村民小组（见图1）。在每个村民小组内又成立3～5人的组务工作管理小组，由村民小组长兼任组务工作管理小组组长。在乡村社区场域内，形成了村“两委”—分支部/网格化片区—党小组/村民小组的三级治理层级，在社区内部实现了治理单元的下沉。在这个过程中，社区治理不再是党委或基层政府的单一治理方式，而是形成了党群工作与社区治理相结合的方式。

**2. 吸纳乡贤与乡村内生性组织的建立**

乡村社区内部的联结机制的建立不仅仅是党建单元与网格单元的有效重叠，更需要社区自身吸纳乡贤，成立内生性的自治组织，开展社区治理服务和管理。火村户籍人口的老龄化程度高，人户分离现象严重，大量的青壮年都在附近的街镇或城区中心工作和定居。为有效提高本村的自治效率和水平，火村组建了以村民小组为单位的组务工作管理小组，由村民小组长兼任组务工作管理小组组长，整个管理小组一般由3～5人组成，主要包括村民小组长、党小组长、村组党员、妇女小组长和村民代表等①（见图1）。在没有成立组务工作管理小组之前，村里的事情由村民小组长和党

① 杨君、贾梦宇：《选举与资源：村庄精英流动与权力继替规则——基于皖南S村的调查》，《中国农村观察》2013年第4期。

员负责通知和传达，但村民往往表现出漠不关心的样子。在全村成立组务工作管理小组之后，非党员人员的比例占到一半，这种吸纳党外人士积极参与社区自治的方式起到了很好的效果，普通民众积极参与村庄事务，欣然接受组务工作管理小组的管理，社区治理和社区服务工作开展让民众的凝聚力变得更强了。

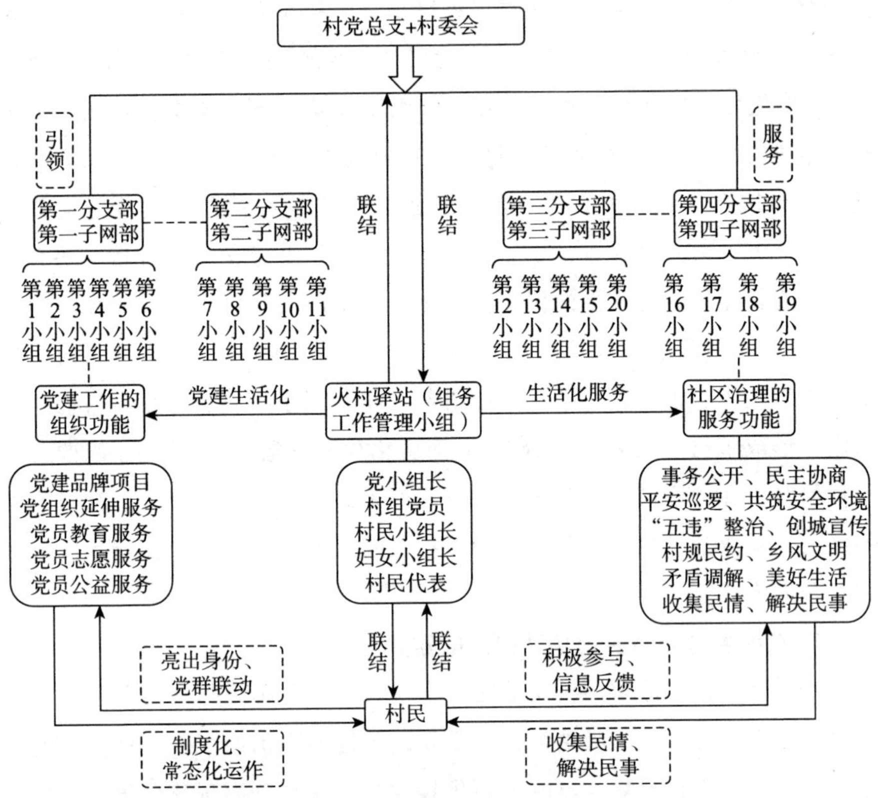


**图1　火村网格化党建的生活治理过程**

### 3. 以村民小组为单位的生活议事空间

在乡村社区场域内，以村民小组为单位的生活议事空间是划小基本治理单元，提供社区生活服务，满足村民生活化服务需求的基本治理单元。网格化片区层面的火村先锋站和村民小组层面的火村驿站都是火村为村民建设的生活议事公共空间。火村先锋站的实体是一间 15 平方米的小屋，主要用于召开支部会议或者开展网格化片区活动。火村驿站设在组务工作管理小组成员的家中，平时小组内部的会议在火村驿站召开，人多的时候可申请到火村先锋站开会。在村民家里开会有时会觉得不自在，尤其是在调解邻里矛盾纠纷时，声音过大会影响家中老人或小孩的正常生活，但是在火村驿站或者火村先锋站开会，即使两家人有矛盾，也愿意坐下来一起谈。议事公共空间的设立为调解村民矛盾、传达上级政府政策精神以及民众之间协商议事提供了必要的场所。

## 四　生活治理：党群工作与社区治理的结合

网格化党建是当前乡村生活治理的重要体现。这既不同于网格化技术治理试图通过管理技术实现对基层社会的管理和控制，忽视基层党建与民众之间的联结，也不同于单一的基层党建过多注重党组织内部建设，忽视与更广大民众的互动和交流。网格化党建的独特优势是：一方面，通过党建的组织功能将党组织与民众的日常生活联结，增强党与民众的紧密联系；另一方面，通过网格化治理划分片区、划小基本治理单元，实现对社区的有效治理。

**1. 党建生活化：党群工作的组织功能**

党群工作的组织功能在火村将基层党建与民众的日常生活有效联结，体现了基层党建工作开展的生活化趋势。首先，以阵地化与制度化方式开展党员活动。火村以驿站为平台，将党员风采、荣誉榜、风向标等上墙公示，同时配备党建书籍、党报党刊等，为党员日常学习、活动、交流提供了阵地保障。按照“三会一课”制度，结合“两学一做”计划安排，以制度来推进党员的日常学习和管理。具体而言，村党总支按照就近原则，把火村驿站作为村组宅基学习点，以党小组为单位，组织发动党员利用茶余饭后时间到学习点参加学习。分支部书记、党小组长化身讲师、宣传员，以学习党章党规、习近平总书记系列重要讲话精神为重点，在驿站内给党员们导读或宣讲。村党总支为每个驿站配置了书柜和学习资料，部分党员自发地从家中拿来报纸杂志充实书柜，供大家分享。因而，在火村驿站这样的公共空间内，党员们既深化了认识、融洽了感情，又锤炼了能力。

其次，志愿服务常态化与传播党员信息。除了常规的党员学习活动外，有机融合志愿者服务活动，开展一对一的党员志愿活动。村党总支针对部分老年党员因病或因年老体迈行动不便的实际，从村干部、年轻党员以及结对共建单位中年富力强、有文化的党员中挑选助学志愿者，面向全村 40 多名老党员开展“一对一”的结对助学活动。志愿者们通过诵读、有声读物发放等多种方式定期“送学”上门，增进了新老党员的情感交融，使年轻党员看到了老党员身上党性强、阅历深、威望高等闪光点，从而实现教学相长、学学相长。与此同时，志愿服务锤炼了志愿者的党性，加深了党员与民众的感情，进一步坚定了民众向党组织靠拢的信心和决心。

最后，党员身份公开化与党群联动。党员身份不仅仅是一种荣誉，更是一种神圣的责任，时刻提醒自己“我是一名共产党员”。村“两委”班子成员的工作方式，实现了从办公室“接诊”到主动“下访”的转变，村干部分片、分点、分时到各火村驿站，列席相关学习讨论会，传达上级各类方针、政策，与党员、村民共商村庄事务，将矛盾化解在萌芽状态，做到“小问题不出组，大矛盾不出村”。火村村民小组第 12 小组在推进“五违”整治工作中，村党组织按照重大事项党员“先知道、先讨论、先行动”的党内“三先”原则及时在火村驿站召开党员会议，第一时间统一党员的思想，自觉带头拆除了自家的违章建筑，同时积极动员身边的村民投身“行动”。通过这种工作法，村民之间的矛盾消解，村民对火村拥有了更强的归属感。

**2. 生活化服务：社区治理的服务功能**

对于乡村社区而言，生活治理不仅体现在党群工作关系中，而且体现在生活化服务中。生活化服务是网格化党建中生活治理功能的体现。由于城乡人口流动频繁，年轻人大多居住和工作在城市，大城市郊区乡村社区的空心化和过疏化现象加剧。乡村社区治理需要借助生活化服务来化解因乡村过疏化而造成的生活治理困境。鉴于此，在探讨乡村社区治理的服务功能时需要侧重三个方面：一是基于私人生活而产生的家庭矛盾问题；二是基于邻里矛盾纠纷而产生的个体与邻里之间的关系问题；三是以社区为中心而产生的个体与整个社区共同体之间的关系协调问题。

首先，化解家庭矛盾：道德谴责与舆论监督。在当前乡村社区中，由于社区原子化现象的加重和村庄权威老人的“缺席”，组务工作管理小组成为化解家庭矛盾的有效“武器”。在乡村社区中，家庭成员往往因老人的银行卡、社保卡和敬老卡等资金使用与流向问题造成彼此之间的猜疑与误会，内部亲情产生裂痕，影响老人的晚年生活。一旦发现问题，社区组务工作管理小组会分别找家庭成员谈心说理，倾听他们的想法。在此过程中，小组成员们你一言，我一语，晓之以理，动之以情。通过做通家庭成员思想工作，增进彼此之间的理解、体谅，组务工作管理小组最终把家庭成员召集到一起开会共商难题化解对策，达成协商共识。同时，组务工作管理小组又委托邻居时常去监督家庭成员对于协商共识的执行情况，向管理小组及时反馈，进而在乡村社会内部形成舆论压力。调研时发现，组务工作管理小组的成员凭借自己丰富的人生阅历和多年的工作经验，采用道德谴责和舆论监督的方式，有效调解了多起家庭成员纠纷事件。

其次，团结邻里关系：明确权属与照顾弱者。在邻里矛盾中，最易引起争议的事情就是土地纠纷问题，土地纠纷的类型复杂多样，包括土地所有权、土地收益、土地承包合同、土地征收、土地流转、土地调整等多种纠纷形态[①]。火村仅第 16 小组 2017 年就曾发生 10 件与土地相关的纠纷，均通过组务工作管理小组的调解得到圆满解决。土地纠纷在很大程度上与分田到户和土地流转等历史遗留问题有关，这些问题对于村里的年轻人或其他普通民众而言，可能不太了解。但是组务工作管理小组中成员大多是老党员、老干部和老队长，许多人都参加过相关的土地管理改革实践，在面对土地纠纷时，组务工作管理小组能够从容地重新明确权属，为争议双方专门开会并签字确认，有效解决土地纠纷问题。

火村还通过照顾弱者的方式，来团结邻里关系。火村作为本地有名的工业村，企业密集，厂房林立，企业的生产运营与村民的日常生活相伴相生，密不可分。村庄社区中家庭条件不好且房屋质量较差的村民可能会将房屋问题归咎于企业的生产运营。村民此时会把自己的房屋修缮的诉求反映到组务工作管理小组和村委会，要求企业负责修缮房屋。组务工作管理小组了解情况后，会同村委会工作人员与企业负责人商谈房屋修缮相关事宜。组务工作管理小组希望企业能够理解村民生活难处，资助村民改善房

① 史卫民：《农村土地承包纠纷：特点、类型及其解决》，《理论探索》2010 年第 1 期。

屋居住条件。在组务工作管理小组与村委会的劝解下，企业出于应当承担的社会责任感，往往会由村委会作为中间证明人同意为村民修房支付人工费用。

最后，构建公共性的社区共同体：国家号召与情感动员。公共精神是重建社区公共生活的文化基础，反映社区成员的基本立场、行为方式与社会准则，也是衡量社区是否具备共同体特征的重要变量①。学术界一般认为，中国的社区大多缺乏团结、合作、信任的公共精神，导致社区自治难以真正实现。但社区公共精神不可能在社区成员中凭空出现，其发育和成长受到政府、社会组织、社区精英等多方面的影响。火村的组务工作管理小组常以响应国家号召和情感动员两种策略呼吁村民积极参与社区公共事务。为了打造美丽乡村文化板块，村里专门成立了由组务工作管理小组全面负责的村史陈列室工作组。调研时，笔者曾多次参加各组务工作管理小组为此召开的小组代表大会，会上组务工作管理小组大多强调两点：一是村史陈列室是火村贯彻落实国家乡村振兴战略和美丽乡村建设工作的具体措施，需要全村人的共同配合；二是村史陈列室是村志的延续，是村志内容的实物呈现，更是让后代铭记村庄历史、了解村庄过往的文化载体，每位村民都应当贡献自己的力量。通过晓之以理、动之以情的方式，村民们大多能够认识到村史陈列室的重要意义，不少村民愿意无偿捐献自己珍藏的老物件，重建了村史陈列室。组务工作管理小组正面宣传了国家政策和村庄利益，积极参与村庄治理，增强了村民的公共意识与公共精神，提升了村民对村庄的责任感和荣誉感。

## 五 结论与讨论

如今，上海的乡村社会逐渐进入后生产主义阶段，本地人已经退出农业生产，人户分离以及由此带来的乡村空心化、农村老龄化现象严重，民众的生活需求增多，更加注重提升生活质量。生活治理的典型表现是党群

① 张宏志、吴新叶：《城市社区公共精神的建构性路径——以上海“社区自治家园”建设为例》，《上海行政学院学报》2016 年第 1 期。

工作与社区治理的结合，更深刻的内涵则揭示了基层党建作为联结国家与个体的中介属性如何进行有效治理。一方面，基层党建通过网格将党组织与普通民众联结起来，开展形式多样、深入民众的宣教工作，强化为民服务常态化，充分发挥党员先锋模范作用，构建紧密的生活共同体。加强农村基层党组织建设，不断增强农村基层党组织的创造力、凝聚力和战斗力，为推进乡村振兴战略提供了坚强的组织保障。另一方面，通过网格党建按照地域相邻、产业相近、治理相融原则，有序推进党支部合建共建、动员网格内在组织内的党员以及居住在本社区但党组织不在本社区的党员，联动乡村社区内部的精英和乡贤共同治理村庄。这种新型农村网格化党建立足于“镇—村社区—片区—小组—农户”的治理系统，正在重塑乡村社区治理的基本单元，能够为基层党组织建设、党员行动以及社区生活治理提供更为广阔的治理空间。

对于大城市郊区的乡村治理而言，上海火村的创新经验至少可以提供几点启示。一是从生活场域关注民众的公共需求。如今在城乡社区建立了大量的综合性社区服务中心以及政府加大财政拨款力度通过项目购买公共服务加强农村社区治理，但是，我们依然缺乏以民众需求为导向的社区治理思路，尤其是如何恰当处理好民众个性化、多样化需求与基层政府供给单一公共服务的“错位”和“脱节”问题。二是组织引导自治应该成为乡村治理新的方向。今天，我们看到各种关于村民小组、村级经济合作社以及村民小组理事会的村民自治实践创新，一个共同的特点是划小治理单元，将民众的公共服务需求下沉到最基本、最自然、最小的单元，但是，在实践过程中，往往缺乏抓手，其效果是形式大于内容。而本文所提供的网格化党建治理经验，不仅划小了乡村社区内的基本治理单元，更为重要的是吸纳乡村精英，成立社区内部的乡贤组织，通过组织引导自治的方式，将党建工作和社区治理内容相结合，推动大城市郊区乡村社区的生活治理，实现社区的善治，重建了乡村社区生活共同体。

# 田 野 篇

# 电商村落：网络社会与乡土社会的相互建构

宗世法*

**摘　要**　网络社会的崛起，特别是网络市场的出现，打破了城乡之间的空间区隔，为农村发展带来新的机遇。本研究通过对山东曹县大集镇冯村的实地调研，剖析了一个电商村落形成表演服饰市场集群的过程。在这一过程中，网络社会与乡土社会呈现相互建构的特点：乡土社会的市场信息封锁被网络社会彻底打破，促进了网络销售信息和网店经营技术在村庄的传播；乡土社会的"抢货"风波则成为折射网络社会销售魔力的村庄公共事件，促进了电商集群的发展。村民纷纷回乡创业，转型为电商，将家庭改造成兼具生产生活功能的家庭作坊；通过拓展乡土社会关系网络，保证网络市场的弹性供给。但是，网络社会的结构化带来的闭合效应与马太效应，又可能带来对乡土社会的新形式排斥。

**关键词**　网络社会　流动空间　乡土社会　地域空间　相互建构

## 一　研究缘起：困惑

——乡土社会为何没有被网络社会排斥、消解？

20世纪70年代以来，"空间"成为马克思主义激进都市研究理论传统

* 宗世法，贵州民族大学社会学与公共管理学院。

非常关注的概念，从亨利·列斐伏尔、大卫·哈维到曼纽尔·卡斯特，空间社会学成为社会学中独树一帜的存在。列斐伏尔提出“空间就是社会”，认为空间是一个社会关系的重组与社会秩序的建构过程。他的空间生产理论强调物质空间变化背后隐藏着一系列复杂的社会关系以及社会权力、社会日常生活的变迁。[①] 哈维将城市的发展过程视为资本主义直接驱使的结果，城市空间的生产和分配的非正义都源于资本逻辑[②]，赋予历史唯物主义一种“历史地理唯物主义”新形式。而卡斯特在突破了“结构和能动性”的张力后，提出信息化时代的一种新型社会空间：网络社会。“作为一种历史趋势，信息时代的支配性功能与过程日益以网络组织起来。网络建构了我们社会的新社会形态，而网络化逻辑的扩散实质性地改变了生产、经验、权力与文化过程中的操作和结果。”[③] 在网络社会的背景下，空间这一社会物质向度转向了一种更具流动性的形式，这便是“流动空间”。流动空间由人流、物流、信息流、资本流和技术流在全球范围内的流动所构成，包括三个层次的物质支持：一是电子交换技术构成的信息回路；二是节点和核心构成的核心网络；三是经营掌控网络的管理精英们的空间组织。卡斯特对网络社会表现出明显的悲观态度，因为以虚拟的信息网络为载体建构起来的流动空间，对具有历史根源、人们共同经验的“地方空间”形成强烈的排斥，因为这些地方被资本视为没有价值的地方，无论是一个国家、地域还是邻里社区，在网络精英的掌控下，网络对该地区及其民众都保持封闭性，被整体上排斥在信息网络之外，也被排斥在资源、财富和权力之外。[④] 以此视角观之，农村社会的各种资本主义要素流动远慢于城市，因此在网络社会中必然被排斥。但是一些被称为“淘宝村”乃至“淘宝镇”的电商村落集群，却似乎有悖于卡斯特的判断，引起了我的极大兴趣。

---

① Lefebvre, H. *Everyday Life in the Modern World* (London: Tr. Sacha Rabinovitch, 1971); Lefebvre, H. *The Production of Space* (New dersey: Wiley-Blackwell, 1992).

② 大卫·哈维：《资本的城市化：资本主义城市化的历史与理论研究》，董慧译，苏州大学出版社，2017。

③ 曼纽尔·卡斯特：《网络社会的崛起》，夏铸九等译，社会科学文献出版社，2006，第434页。

④ 闫婧：《卡斯特的“流动的空间”思想研究》，《哲学动态》2016年第5期，第45页。

“淘宝村”是指经营场所在农村地区，本村活跃网店数量在 100 家以上，或活跃网点数量占当地家庭户数的 10% 以上，全村电子商务年交易额在 1000 万元以上的村庄。“淘宝镇”是指拥有 3 个及以上“淘宝村”的乡镇。根据阿里巴巴发布的《中国淘宝村研究报告（2018）》，截至 2018 年 12 月，我国已有 3202 个“淘宝村”和 363 个“淘宝镇”，广泛分布在 24 个省（区市）330 余个县（区、县级市），淘宝村网店年销售额超过 2200 亿元，在全国农村网络零售额占比超过 10%，活跃网店数超过 66 万个，带动就业机会数量超过 180 万个。[①]“淘宝村”是典型的电商村落集群，似乎并没有像卡斯特说的那样悲观。一个个电商通过淘宝网平台进入网络营销体系，实现的是自己的“创业致富梦”，但慢慢地却在一些村庄形成了淘宝电商的集聚现象，而且带动了物流、餐饮住宿、产品包装设计等其他服务业的发展，最终实现了村庄的“繁荣发展梦”。年轻人纷纷回家创业，依靠淘宝网经营网店，销售本地生产的工业制成品或农产品，不但自己致富，而且带动整个村庄的发展，有的村庄甚至扩展出村庄的边界，形成一种局域性的电商集群。这种乡土社会的能动性让我感到惊讶：乡土社会是如何理解和面对网络社会的？乡土社会为什么没有被网络社会排斥、消解？乡土社会与网络社会的特殊联结，能否成为一种新的农村发展路径？这种发展路径，能否实现“不离土不离乡”的乡村振兴，从而打破现代化发展要消灭乡土社会的魔咒？

在选择调研地点时，我发现既有的电商村落集群主要分布在东部沿海地区，这些地区劳动力素质较高、互联网发展较快、交通运输方便，具备发展电商的先天优势，是流动空间的重要节点。但是当我浏览全国的淘宝镇集群分布图时，突然发现山东菏泽竟然也有一个淘宝镇集群。曹县共辖 5 个街道办事处，1 个省级经济开发区，21 个镇、1 个乡，1176 个行政村（居）。全县土地总面积 1969 平方千米，耕地 203 万亩，有汉族、回族、满族、藏族等 25 个民族，总人口 165 万人，其中农业人口 129 万人，农村劳动力人口 87.8 万人，长期在外务工人口 36.2 万人，是山东省人口第一

① 阿里研究院：《中国淘宝村研究报告（2018）》。

大县、劳动力资源第一大县。[①] 曹县是鲁西南经济欠发达县，2012 年之前一直是国家级贫困县。

大集镇位于曹县东南 15 千米处，地理位置偏僻，不毗邻国道和省道，仅有一条乡镇到乡镇之间的县级公路——闫青路。全镇总人口 4.5 万人，辖 32 个行政村、86 个自然村，总面积 45 平方千米，耕地面积 5 万余亩，平均每人 1 亩多地。即使到 20 世纪 90 年代，大集镇依然是一个以农业为主的传统乡镇。1991 年调到大集镇农机站工作的 GZ 回忆了当时大集镇的发展情况：

> 那时候大集镇的主路只有 2 ~ 3 米宽，胜利桥以南都没有人家，全部都是耕地。原来乡政府的收入就靠农业税、计划生育政策返还罚款支持，几乎没有什么其他收入，300 块钱的条子到年底也很难报（销）出来。(20160531，访谈 GZ)

冯村是大集镇一个偏僻的小村庄，位于镇政府南 3 千米处，包括冯村和孟村两个自然村，现在共有 298 户 1168 人（其中孟村 60 户 240 人），耕地面积 1474 亩。20 世纪 80 年代初，位于冯村东南方向 3 里左右的常村有村民开始画拍照用的布景，然后到全国各地的照相馆、影楼销售。冯村也有部分村民利用农闲或者打工回家的时间，从常村拿布景到外地推销。后来布景的制作技术不断升级，产品种类也越来越丰富，从布景发展到影楼用品、摄影服装、影楼装修等。但是当地影楼用品的发展，只吸收了有限的劳动力，仅促成常村的发展，因此到 20 世纪 90 年代以后，越来越多的农民走出冯村，走出大集镇，涌向沿海地区，汇入浩浩荡荡的民工大潮。2010 年冯村电商发展之时，村里只有冯氏三兄弟从事摄影服装的加工、销售工作，基本经营方式为自产自销。与其他中西部农村地区一样，随着青壮年劳动力外流，村庄的空心化程度不断加深，只留下“386199 部队”。但就是这个资源禀赋较差的冯村，却成为整个大集镇电商集群的发源地。这样的巨大反差让我感到非常兴奋，迫切地想知道究竟是什么样的魔力让冯村这一乡土社会重新迸发出活力。

---

① “曹县概况”，山东省曹县人民政府网，http://caoxian.gov.cn/html/caoxian/Caoxian.html。

## 二　田野进入：宴会

——农村社会关系网的整体呈现

正是带着对于故乡的感情和疑问，我背上行囊，奔赴田野。但是在选择田野进入方式的时候，我却左右为难。通过老师和同学的私人关系能够接触到的跟曹县有关的人，都是在山东省政府工作的领导，与曹县甚至菏泽的关系都不是很大。如果通过这种行政层级“自上而下”的方式进入田野，可能要跨越几个层级才能下沉到村庄一级，效果也可能大打折扣，因为每多一个层级，就少一分影响。但是，如果选择“自下而上”的方式，我又根本不认识大集镇和冯村的村民，没有“自下而上”的基础。正在为难之际，我了解到大集镇苏书记将在浙江丽水召开的“第三届中国淘宝村高峰论坛”上作主题发言，我便决定以此作为田野进入的切入点。

### （一）晚宴：乡土政治权力网络的集中展示

因为我不认识苏书记，网上也没有搜到他的照片，所以我打算等苏书记发言之后，直接找他说明调研事宜。本来我预想的场景是，白天跟苏书记打个照面，晚上可以有一个钟头左右的深聊时间；但是万万没想到，苏书记竟然带了大集镇12个村支书参加论坛，想让他们开开眼界。苏书记邀请我参加晚宴，我愉快地答应，因为我知道，宴会是农村社会关系网的整体呈现，而这种镇党委书记自掏腰包请客、村支书出席的晚宴，更是乡土政治权力网络的集中展示。晚宴的座次是严格按照山东的尊卑次序安排的，在貌似轻松的氛围里弥漫着一丝紧张与压抑。苏书记很客气地让我介绍一下自己，我说明了自己的基本研究思路，并请苏书记、任书记和其他村的书记给予支持。

在这场晚宴上，我的出席和苏书记的介绍，使我进入田野的身份获得了政治合法性；而我单独敬酒与寒暄，则在刚性的政治合法性外，增加了一些柔性的情感合理性。我明白，苏书记欢迎我前往调研，是一种开放态度的自然表达，这与其他地方领导的反应毫无二致；但更重要的是，苏书记也急于把大集镇电商发展的情况宣传出去，有利于获得上级政府的肯定和支持。而我们这些博士的到来，本身就是一件值得宣传的事。所以，经历了在丽水发生的一切，我对即将进行的研究充满期待。等论坛过后腊月将至，我准备前往冯村调研。这样安排有三个好处：一是趁热打铁，更快地进入田野；二是此时是电商们较为空闲的时间，方便进行访谈；三是利用将近一个月的时间做初访，梳理调研的思路和方向，为第二年的深度调研做铺垫。

我到菏泽的那天天空飘起了雪花，路面冻得邦邦硬。在走到了村庄的边界之后，任书记带我去找潜在的访谈对象。但是我发现，这种方式虽然能够建立较深的信任关系，但跟访谈对象从完全陌生到熟悉，需要较长的时间，影响访谈进度。因此，我打算让自己融入村庄，尽快让村民认识我。但是大雪过后，村庄几乎没有什么公共活动，我究竟该以何种方式出现在村庄的公共空间呢？很快我发现村庄有一座观音庙，这是很好的切入点，记得罗红光老师曾经通过清扫陕北榆林黑龙庙的台阶而获得村民认可。于是，我扛起扫帚，连续三天把观音庙前后打扫得干干净净。银装素裹外的一方净土，显得特别灵动。但我逐渐发现，当我打扫观音庙的时候，村民别说是关注和议论了，连个跟我打招呼的都没有。通过村庄文化信仰融入乡土社会的路径走不通。

### （二）婚宴：村庄社会文化网络的整体呈现

带着失望和不解，我去找村庄中的老生产队长李大爷聊天。他告诉我，这座观音庙是村庄中一个虔诚信佛的妇女主持修缮的，村民虽然多有所捐赠，但是并不会经常去供奉香火。同时，我意识到冯村地处黄泛区而常受天灾，且历史上兵匪战乱较多。村里有四大姓氏——袁、冯、任、李，还有十几个小姓，村民都不是本地人。因此，冯村是一个典型的多姓村庄，难以形成像陕北村落一样的宗教文化信仰。但是在这样一个由多姓氏构成的关系网中，我逐渐发现另外一个可能切入村庄的路径：婚宴。

冯村的多姓氏构成为村庄内通婚提供了方便，而村内通婚又使村庄的社会关系网更加稠密。因此，年轻人虽然多外出务工，但是一般都会在过年的时候回家订婚、结婚，村民的生活面向依然在村内。这样，腊月里冯村的喜事就特别多，因为村庄多姓氏之间相互婚嫁，一家办喜事往往要请半个村庄的村民。正赶上冯村的村委委员李叔的儿子结婚，请我去吃喜宴，我就想借这个机会认识更多的村民。但是我并非冯村人，如果在婚礼当天随份子，一是唯恐不收，二是容易引起村民议论，毕竟我们非亲非故。因此，我在婚前几天晚上去他家串门，按照乡间习俗随了一份礼。等到他儿子结婚那天，他将我安排在位置比较靠前的几桌，桌上坐的都是李家有头有面的人物，有家族长者、中学教师、镇政府的领导和生意人。酒饭之余，我不但跟一桌人建立起初步的信任关系，而且从侧面了解到很多值得访谈的对象。同时，在婚礼迎来送往的人群中，我跟很多村民混了个脸熟，为进一步的调研提供了方便。

总结我的田野进入方式，很有趣也很幸运。鲁西南是一个讲面子、重感情的地域，在当地人看来，我们作为北京来的博士，愿意到曹县这个相对落后的地方调研，愿意到他们家里访谈，本身就给了他们面子，特别是能够受邀参加李叔儿子的婚宴，更让李叔觉得有面子。而婚礼则是村庄社会关系的整体呈现，尤其是山东这个重“礼”的地方，一场宴会就是村庄社会关系网的密集载体：座次的安排、婚礼的仪式、酒桌上的互动，无不呈现着隐匿在村庄生活中的社会结构。而我在这种场合的出现，也昭示着我与这个村庄的某种关联。这种关联在村民的口口相传之中得到明晰和深化，我也初步进入了村民的视野。

## 三　电商发展：网络社会的信息传播与市场建构

对于农民而言，“生于斯，长于斯，死于斯”的生活方式，在凝聚以地缘和血缘关系为主要纽带的生活共同体的同时，也造成乡土社会的封闭与保守。但是20世纪90年代之后，随着大量年轻人外出务工、求学，这种封闭的状态发生了巨大变化。信息网络的发展，不但有效打破了乡村的封闭状态，而且淘宝网这样的网络平台的兴起，改变了村民对市场信息一无所知、对产品定价毫无权利的弱势地位，让村民获得了新的市场机会；同时，由于电子商务需要一定的网络搜索与经营技巧，且网络形成了一个覆盖城乡的巨大市场，仅靠乡村的力量根本无法应对，所以当这种市场机会被证明为确实有效时，大批农民工开始返乡创业，这时就呈现电商集群发展的景观。

## （一）信息封锁加速了乡村社会的创新扩散

冯村第一个开网店的是GXL，她是一名军嫂，在军队探亲期间接触到网络销售，回家之后便从本村做摄影服装的FPH那儿拿衣服在网上销售。基于村庄的熟人关系，她开网店这一消息很容易在村庄中传播开来。但是，当村民进一步询问经营状况和经营技巧时，她却只是“点到为止”，并没有把网店经营的具体方法告诉大家。如果将网店经营视为一种新技术，而将电商发展视为创新的扩散过程，那么这种情况很可能导致创新扩散的终止。罗杰斯提出“两步流程扩散模型”，“扩散过程的第一步，从媒体到观念领导者，主要是信息的传播；第二步，从观念领导者到跟随者，主要是通过人际影响来实现的”。[1] 既然观念领导者GXL不愿意主动传播信息，那么创新的扩散就很可能失败。同时，对于网络购物这样一种陌生的事物，村民保持着本能的怀疑和疏离。虽然通过电视等途径，他们也听说过网络销售和网络购物，但这些似乎都是遥远的城市的叙事，村民也从未觉得自己会跟这样的市场发生任何关联。但是乡土社会的特性和网络社会的崛起，使这种创新扩散并没有终结，而是沿着其他的通道“溢散”出来。

乡土社会信息流通的最大特点是“透明”，而GXL的故意隐瞒行为却有悖常理。她的刻意回避不但没有阻遏创新扩散，反而产生了两方面的“意外后果”：首先，开网店一定是可以赚钱的，否则她根本不必隐瞒；其次，既然GXL能开网店，就说明这件事不难，其他村民也可以效仿。这更激发了其他村民对网店经营的好奇心和兴趣。为了了解网店经营的具体方法，冯村村民开始走出村庄寻求打破信息垄断的渠道。一方面，一些年轻的村民开始在自家安装宽带，通过网络搜索、社区论坛和淘宝网提供的视频教程，自主学习网店的经营方法。淘宝网对于如何申请注册、上传图片、装修店铺、客户服务和销售管理等有详细的教程，村民可以在淘宝网的提示下进行操作。另一方面，一些村民求助于自己认识的在外务工、求

① 罗杰斯：《创新的扩散》，辛欣译，中央编译出版社，2002，第268页。

学的“见过世面的人”，有的甚至直接请教城里的亲戚朋友，间接了解网店的经营方法。这两种途径并非截然分开，而是常常结合使用。村民在学习网店经营教学视频时，或者在操作中碰到不明白的问题，也会在网上搜索答案或者向别人请教。社会学认为，社会网络中“信息”和“影响”同时流动，而网络社会中信息是自由流动的，如果信息被证明有效，就会有较强的影响力。在电商的发展过程中，村民可以直接获得电商经营的信息，也可以通过乡土社会关系网所具有的“影响”，更快地接收经过“过滤”的网络信息，以打破村庄的创新应用者对于信息的故意屏蔽状态。电商们在申请开网店并运行一段时间之后，基本上能够独立地完成网店经营的所有操作，并能够通过搜索引擎、淘宝论坛，或观察其他网店披露的商品信息，了解市场的基本情况。

经过这样的过程，我们看到当网络最早进入乡土社会时，乡土社会仍然表现出一定的保守、谨慎，但是引起了冯村村民的无限想象。他们会主动寻求在外地的本村人的帮助，并通过自主学习的方式，在实践中逐步掌握网店经营的技巧。于是，最初的信息“封锁”，反而有力促进了创新的“扩散”。在外务工、求学的本村人就像乡土社会一个个伸出去的触角，他们最先感受着现代社会的气息。当乡土社会需要的时候，这些“触角”就将外部信息源源不断地输入乡土社会。而信息网络的出现，让乡土社会能够更快地接触到外面世界的信息，并通过既有社会关系网络强化信息的影响。这样，乡土社会与网络社会达到一种相互融通的状态，乡土社会对于网络社会不再怀疑、排斥，而是能够更快地接受。

### （二）“抢货”风波折射出网络社会的销售魔力

冯村村民虽然逐渐掌握了网店经营的技术，但对于网络社会仍感觉非常陌生。他们虽然获得了零成本注册淘宝网店的机会，但是还不清楚要在网络上销售什么。这时候他们想到本村冯氏三兄弟在销售摄影服装，于是纷纷在淘宝网上注册“某某摄影服装”网店，从冯氏三兄弟那里拷贝服装照片上传到网店。但是他们没有任何网店经营的经验，在店铺装修、产品推销、客户服务方面都很茫然，甚至连衣服的定价都是参照影楼推销时的价格确定的。但出乎意料的是，即使是这样“粗放”的经营方式，他们仍然获得了巨大的销售成功。电商 RQS 描述了自己“第一单”成功时的心情：

> 2011 年 6 月，我卖了第一单 36 套衣服，一个幼儿园要买演出服。那天电脑“叮咚”一响，我“呼”的一下头大了！人家问衣服多少钱一套，我怎么跟人家说？我们俩（跟自己的媳妇）你叫我谈，我叫你谈，吓得不知道该怎么谈，光想着第一单生意别跑了。结果人家没大搞价格，就付款了。但那时候我还想，他说付款就付款了？我到银行一查网银，还是没有钱。但是听人家说，你这不发货人家不确认（收货），钱到不了你手里面，就像中间有经纪人一样。后来确认收货以后，我赶紧拿着卡去银行，把支付宝里的钱提出来，确实有钱了，才相信网购。那时候一单生意赚了四五百块钱，高兴得不得了。(20160111，访谈 RQS)

销售成功的主要原因在于网络社会中被建构出一种“网络市场”，阿里巴巴创立了淘宝网，就像一个实体的销售大卖场，各电商占据了大卖场中的各个店铺，而网民则是卖场的消费者，三者共同在网络社会中构建出这样的新型市场形态。“网络市场”、“无形市场”或“虚拟市场”，即一种新兴的、利用电子信息网络进行商品和服务交易活动的市场。这样的市场，至少有三个典型的特点。一是无时空的界限。淘宝网中的每个网店都是以链接和页面的方式存在的，完全不占据实体空间，因此从理论上讲，淘宝网可以容纳无数个网店。对于买家而言，他们只需要一根网线就能“进入”市场浏览、购买，进入市场的成本几乎为零，可以“进入”注册地为任何地方的网店，随时下单购买。二是无地租成本。网店及每个宝贝都是以信息（文字介绍、图片展示、动态视频等）的形式存在的，而信息技术的发展使信息的存储成本极低，几近为零，因此网络市场里的店铺、产品都不必支付地租。三是无货架限制。在淘宝网店中，每个宝贝的存储成本几乎为零，因此只要卖家愿意，他们可以“展现”任意数量的宝贝，并不需要考虑货架的限制。对于电商来说，他们获得了跨越中间商直接跟消费者接触的机会，也可以通过淘宝网其他卖家的服装照片、销售价格、详情介绍来把握整个市场的行情动态。通过网店经营，电商们逐渐发现，越来越多的幼儿园、学校、文艺团体询问表演服而非摄影服，因此他们主动调整网店和宝贝名称，将儿童表演服作为自己的销售重点。对于消费者来说，他们发现网店里摄影服装的价格要远低于服装店里的价格，而且网店里的服装种类更为多样，因此越来越青睐网店。当时在淘宝网上销售摄影服装的网店数量还非常少，因此这些新开的网店获得了巨大成功。

网络市场销售成功的消息在村庄不胫而走，刺激了更多的村民加入电商行列。但随着电商数量不断增加，生产表演服的家庭作坊却没有增加，因此供不应求的矛盾越来越突出。这种在网络市场中的供不应求折射到乡土社会，就出现了电商“抢货”风波。抢货是指电商到家庭作坊抢衣服的现象。因为做好的衣服都放在架子上，电商们可以自己拿了衣服找老板结账，所以会出现电商们哄抢衣服的混乱场面，甚至还有电商去加工服装的工人家里等着拿货。电商 RAJ 描述了“六一”之前抢货的激烈和紧张：

> 我卖的是冯家的小书童蓝纱裙，“六一”之前根本找不着衣服。服装厂裁剪老师也裁不出来，我就跟着他，一直等他给我裁剪好布料以后才走。裁剪老师的屁股后边跟着一圈子人，有时候跟十来个，剪一个走一个。那时候夜里 12 点以后 FPY 门口的路上还有十几个人蹲着等货呢。他告诉我这衣服搁谁家做，我就掂着奶去闫店楼镇那个工人那儿等着拿衣服。她给我加工一件，老板给 4 块钱，我再加 1 块钱，这样她给我加工 50 件我多给她 50 块钱。等我的衣服做好了，我得拿回 FPH 家叫拾掇活儿的人拾掇，熨烫、粘花、包装，结果我的衣服往案子上一放，一扭脸的工夫就没有了，叫别人掂跑了。（20160130，访谈 RAJ）

与抢东西不同的是，电商们虽然会抢货，但是抢到衣服后都会主动登记衣服的种类、件数。这样，抢货的无序和登记的有序构成冯村网店发展初期的独特现象。与抢货相伴的是村庄快递收购点的繁荣景象：堆积如山的快递、绵延数公里的快递车辆、灯火通明的家庭作坊，无不刺激着这个宁静贫穷的村庄。“抢货”风波，是无限的网络社会销售魔力在冯村这一特定地域的集中呈现，直接促使冯村的电商发展进入新阶段。

## 四 乡土重构：农村电商的家庭经营与弹性供给

与其他中西部农村地区一样，冯村的青壮年劳动力外出务工，老人、妇女和儿童留守，导致乡土社会关系网络分崩离析，社会结构也面临解体的风险。但是网络社会的销售魔力，却给冯村带来了前所未有的发展动力。每年六一儿童节前的“抢货”高潮和水泄不通的快递车辆这些信息，经过留守乡村的亲人们包装、组织甚至渲染、扩大之后，源源不断地传递给在外地打工的本村人。于是，越来越多的农民工、大学生开始返乡创业，转型为家庭作坊式的农村电商，并根据自身的经营状况进行弹性供给。这些市场经营行为不仅修复了农村家庭被拆解的家庭结构，而且拓展了既有的乡土社会关系网络，形成一种重构乡土的强劲力量。

### （一）家庭作坊：乡土社会基本结构的修复

虽然冯村电商的发展预示着一定的市场机遇，但是对于在外面闯荡多年、有一定积蓄的村民来说，要回家创业也绝非一件小事，因此他们都比较谨慎，通过一步步的尝试才下定决心。首先，村民会先开个网店自己经营，让父母或亲戚朋友去别人的家庭作坊拿货销售，这样没有任何的经营成本和风险。其次，当他们发现淘宝网店的销售量大得惊人，仅靠年迈的父母和其他同样经营网店的亲戚朋友拿货根本忙不过来时，他们就会一方先回家创业，另一方继续在外地打工。但是在连续经历过“抢货”风波之后，这些电商便下定决心回家创业，但是他们不再从别人那里拿货销售，而是建立家庭作坊自主经营。

需要强调的一点是，促使村民回家创业的原因，除了经济利益，还跟他们强烈的乡土情感有关。身处鲁西南儒家文化圈，冯村特别注重人伦孝道。虽然一些村民已经在城市安家落户，但是考虑到年迈的父母无人照顾，他们特别渴望回家与父母团聚。农村电商的发展，恰好可以让他们兼顾事业和家庭。这种乡土社会的强韧，为我们更深入地理解冯村的电商发展提供了新的视角。如 RAC 是一个 1986 年出生的年轻小伙，2005 年以后在天津做家电维修，有了相当的积蓄，但最终还是下定决心回乡创业：

当时我在天津买了楼房，买了车，要是一回来什么都没了。我也犹豫了好长时间，但是想想回来毕竟能守家、照顾老人，我妈今年68岁了，其他的兄弟姐妹都不在家，家里没人。出门在外跟在家感觉是不一样的，在外面什么都要矮人家三分，好些地方的人都欺负外地人，我做生意也受过很多委屈。（20160430，访谈RAC）

中国农民对于家庭作坊并不陌生，在传统社会是“庭院经济”，在现代时期被称为“家庭工厂”。所谓“庭院经济”，就是利用自家庭院的土地资源、剩余劳动力资源、集中的农副产品资源和就近可得的肥、水资源，在庭院内房前屋后的零星地块上，进行的以商品生产为主要目的的种植、养殖和农副产品加工业等的统称。[①] 这种庭院经济有几个明显的特点：一是空间范围有限；二是时间利用灵活；三是内容丰富多样，种植、养殖、加工、储藏等功能都可以容纳。庭院经济重在强调庭院对于农民生活的“微型生产空间”作用。改革开放之后，温州家庭手工业蓬勃发展，农民的庭院被赋予了更多的非农生产功能。农民利用自家庭院进行简单的工业生产制造，可以有效降低生产成本。为了将自家庭院改造成适合加工和存储表演服的生产空间，电商进行了几种改造：一是通过搭建简易钢棚对院子进行“封闭”改造，防沙尘和雨水，将天井变成生产空间；二是在原有房屋顶上“加盖”板房，扩大生产、存储空间；三是在废弃的宅基地上翻盖住房，扩大生产空间。因为农村对宅基地的面积有严格的限制，农民们只能在既有的住宅上“种”房子；而农村对房屋的层高也有一定的约束，所以村民只能搭简易板房来争取更大的生产空间。于是，冯村的房屋被改造得多种多样，正房、厢房和门楼上都“长”出了板房，有一个电商甚至直接在天井里盖了一座两层的板房。这种板房不但成本较低，而且一旦政府土管部门将其定性为“违建”，可以迅速拆除。

这样的生产场所虽然略显简陋，但已经比租房进行服装加工的“浙江村”里的人幸福多了。项飚描述了浙江村周家的“工作室”：“工作室大约15平方米。房间的四分之一被一张大裁剪铺所占据。刚来的时候，四个女

---

① 孙甲霞、张万军：《庭院经济与新农村建设》，《河北农业科学》2008年第6期，第126~127页。

工就睡在裁剪铺下面，男工们则在门边地上搭铺就寝。后来，他们花 280 元买了一张格子铺（上下床）。现在，四个女工分别在上下床睡，而男老司则睡在裁剪铺之上。在剩下的空间中，四台缝纫机又占了一半多。一个老式的柜子上搭了一张板，是用来熨衣服的；门边的一张小桌上垫着皮垫，用来给衣服打扣眼。再加几张凳子，摞在地上的衣料，地上已经不允许人自由活动了。”① 为了充分利用空间，减少房租的成本，这些在北京创业的“浙江村”人的生活空间几乎被生产空间完全“侵占”了，但是冯村在没有很强的地租约束的情况下，对庭院的改造仅是部分生活空间的生产化，整体上工作环境很不错。有的年轻人甚至将自己的“新房”改造成加工车间，雪白的墙壁和精美的装修，使生产空间让人感到相对舒适。

> 我们家有两层楼，八间房子共 180 平方米，在上面做衣服，有裁剪案子，在上面裁好拿到下面做，包装好之后直接卖。其中，东间是我的卧室，里面有两台电脑，我在里面做客服；我妈住西间，里面放一张床、一个橱子。“六一”之前我就上了裁剪衣服、包装衣服的案板和架子，买了 2 台缝纫机、1 台五线锁边机、1 台钉扣眼的机器、1 个简易熨斗。(20160127，访谈 RH)

有了“生产厂房”，电商们只需要购买几台缝纫机、锁边机、钉扣机，一个烫台和一个裁剪案板，基本的生产车间就成形了。这样，电商就由“服装家庭作坊生产 - 电商销售”转变为“家庭作坊生产 - 自家网店销售”。虽然有很多经营者注册了个体工商户甚至有限责任公司，但是基本的产销模式没有本质的差异。

电商家庭经营，不仅仅是一种经济行为，更带来积极的社会效果。从电商的家庭分工来看，年轻的子女要忙于网店的经营和家庭作坊的生产，因此年迈的父母往往就要承担起家庭一日三餐和孙子女照护的职责。为此，一些已经跟子女分家的老人又到子女家里帮忙，有的甚至重新跟子女生活在一起。家庭分工一般是这样安排：儿子和儿媳妇负责网店经营、表

---

① 项飚：《跨越边界的社区：北京“浙江村”的生活史》，生活·读书·新知三联书店，2000，第 63 页。

演服的设计加工，即主要从事生产经营活动；而老人则负责看孩子，空余时间再帮子女给表演服粘花、粘扣、熨烫、包装，在子女不在时还要帮忙给外面的人送货。生产与生活紧密结合的家庭作坊高效运转，不但重塑与激活了家庭关系，也在一定程度上修复与更新了乡土社会关系。

### （二）弹性供给：乡土社会关系网络的拓展

电商们要投入家庭作坊生产，就需要完成表演服款式选择与设计、布料采购、裁剪与加工、熨烫与包装等工序。在这条完整的产业链上，单个家庭作坊很难完成所有工作，因此这些电商往往选择几项工作完成，而其他的工作就包给冯村周边的村民或者服装加工厂。但是网络销售表演服具有很大的不确定性，尤其是刚上的新款，如果款式新颖、价格合理，很可能成为网店的“爆款”而供不应求；如果选款不准或经营不善，也可能成为滞销款而销量低迷。特别是由于最近几年电商数量的迅速增加，市场竞争更为激烈，表演服利润也不断下跌，所以贸然加工较多的表演服会面临极大的市场风险，但是如果备货不足又会在网店畅销时供不应求。这样，他们就要保证“弹性供给”，即在需求量较大的时候能够短时间内大量供给，在需求量较小的时候又不至于因为雇用太多的工人而增加成本。

对于陷入两难困境的电商来说，乡土社会关系网络的弹性恰好为他们规避市场风险提供了条件。对于拿货销售的纯电商而言，他们自己并不进行生产加工，完全依赖其他的家庭作坊，而本地发达的 QQ 拿货群为他们寻找同款表演服、增加表演服销售种类提供了途径。对于发展为家庭作坊的电商而言，他们需要“弹性供给”以平衡网店的销售进度，而本地既存并不断拓展的社会关系网络，为他们寻找生产加工衣服的工人，或者将服装生产外包给服装加工厂或外贸公司提供了保证。

#### 1. 众多的 QQ 拿货群

早在当地的表演服产业发展之前，QQ 作为普遍的沟通和交流软件，已经被很多冯村村民使用。但是，那时候的 QQ 多是跟亲人、好友沟通的工具，很少用作经济信息交流的途径。但是，随着当地表演服市场的兴起，电商们发现 QQ 群可容纳的人数众多，沟通方便快捷，可以有效发布自己的供给信息，或者寻求供货信息。家庭作坊生产加工的表演服虽然主要通过网店销售，但是为了拓宽销售渠道，他们也会把自己生产的表演服信息发到 QQ 拿货群里。

> 2014 年我建了两个 QQ 拿货群，主要是方便别人拿货。当时也是通过 ZL、ZTY 他们，好友之间互相拉、互相加。现在每个群都达到上限 2000 人了。他们一般都知道我是谁，但我不知道他们是谁。(20160528，访谈 ZTA)
>
> 我们都有 QQ 群，我加了 17 个群。谁需要什么衣服的话，就在群里互相交流、发布信息。去年我加工的儿童裙有 2000 多件，离“六一”只有 10 天的时候，一件还没卖出去。我就在 QQ 群发布了信息，不到两天就卖了 1000 多件。(20160119，访谈 DPL)

而依靠拿货在网店销售的纯电商则需要寻找网店各种款式衣服的生产者，两者的供需结合使 QQ 拿货群在 2013 年以后迅速扩展。除电商外，随着表演服市场的拓展和产业链的延伸，裁剪师傅、缝纫工、客服等也进入 QQ 拿货群，JR 曾经在北京大红门、木樨园的服装加工厂裁剪衣服，回家之后也会通过拿货群找生意：

> 现在我们这儿都有拿货群，做衣服的都加到里面，我直接在群里发自己是干吗的就行，我说自己是专业裁剪，谁有裁衣服的请打电话，相当于给自己打广告。(20160121，访谈 JR)

冯村电商们都会加入各种拿货群，最少的加了 20 多个群，最多的加了 100 多个群。这些拿货群的人数基本上能达到上限，其中普通用户创建的群上限是 500 人，而超级会员 SVIP6 的群上限是 2000 人。虽然不能穷尽当地有多少个拿货群，但假设群里每个人代表一户，按照冯村 300 户来计算，一个上限为 500 人的 QQ 拿货群也要涵盖 2 个行政村，最多 16 个拿货群就能涵盖整个镇域。所以，拿货群的范围已经远远超出了大集镇，而形成一种区域性的网络集合。

如果我们将这些 QQ 拿货群视为“流动空间”，很容易就会发现它与乡土社会的强关联性与亲和性。QQ 拿货群一般是由群主建立并拉进几个认识的电商，这些入群的电商再拉进自己认识的电商。但是 QQ 拿货群的建立和使用逻辑不完全相同：拉自己进群的一般都是“强关系”的熟人，但是在里面发布信息、搜索信息的却往往是“弱关系”的陌生人，QQ拿货群恰恰被建构为一种通过熟人联系陌生人的地域性流动空间，流动空间为地域空间提供了信息流动的渠道，而地域空间则为流动空间中的信息进行真实性确认。如果有人在QQ空间发布虚假销售信息，或者销售低劣产品，很容易就会被其他成员戳破，甚至有可能面临被踢出群的惩罚。除此之外，流动空间的灵活性还为乡土地域空间中的电商们提供了更加灵活的交易方式：QQ拿货群只提供信息，电商都会点击发布信息的服装家庭作坊“单聊”，单聊的时候才会询价议价、讨价还价，并说明交易时间、地点和方式。这样，电商们的表演服定价就更为灵活，可以根据市场行情和社会关系的远近亲疏进行差异化定价。

**2. 致密的雇佣关系网**

对于拥有家庭作坊的电商而言，他们常常只负责表演服选款和生产加工的协调工作，而将裁剪、加工、熨烫、包装等工作外包出去。这时，乡土社会既有的关系网络往往能给予他们最大的支持。

> 当时找裁剪师傅非常困难，我找的那个是我姨夫的弟弟，他在家干裁缝几十年了。后来我又找了三个工人，有一个是邵庄镇的，是拉我家杨树皮子的那个人的妹妹，我喊她姑姑，另两个都是这个姑姑的亲戚，一个是她嫂子，一个是她娘家妹妹。她们三个在一个屋子里做衣服，这样会快一点。(20170208，访谈LY)

冯村几乎所有的家庭作坊都有通过熟人关系找到的工人。而且，与格兰诺维特描述的“强关系”不同的是，找工作只需要一次性使用强关系；但是找工人却像“滚雪球”一样，工人们会重复使用强关系，这样就让电商们通过层层关系寻找技术最好、效率最高的工人，而寻找工作的妇女则会通过乡村社会关系寻找最轻松、待遇最好的工作。这张乡村社会关系网高效而富有弹性，每一个身处乡村社会中的人都被这张网紧密地联系在一起。因此，外出打工返乡的妇女，尤其是有缝纫经验的妇女回家之后，她们会很快地被发现甚至被雇用。电商、介绍人和工人之间的关系丰富而多变，但是介绍人所起的作用依然主要有两种：传递信息、施加影响。传递信息是指在雇工和雇主之间传播供求信息，而施加影响主要是为雇工的人品、技术等提供保证，至少让雇主给雇工试用的机会。所以，在雇主和雇工之间，就有一层又一层错综复杂的人际关系。而很多外出务工的妇女都从事过服装生产加工工作，她们的经验正好得到最好的利用。

在这种社会关系基础上达成的雇佣关系，就赋予了雇佣本身更多的社会关系的意涵：电商跟工人的关系是一种双向的理解与合作关系，工人是“帮”电商做衣服，而电商支付的工资则是对这种“帮忙”的回报，因此双方遵循的还是“人情法则”。

> 你要知道工人想什么，需要什么，想做什么。这些工人也真不容易，爷们都出去打工了。工人家有什么事，你得勤打听着点，能从别人口中知道，比如谁家孩子上学了急用钱，你把他叫过来说：“听说你孩子上学，你先拿着这些钱。额外我再给你点，算给孩子上学的。”通过这一点，工人就很感激你。另外，工人家婚丧嫁娶，该随礼随礼。如果今天很晚了我要衣服，他说做不出来，我说不行不行，把他训一顿。第二天去他家拿衣服的时候，我就说：“昨天说话过了一点，你别介意啊，发工资的时候给你加点啊。”工人就很高兴。如果我感觉哪个工人真受苦出力了，给他发完工资之后我额外再加点钱，加个三百五百的，这样他也愿意给你干，到忙的时候你说怎么干，人家二话不说就顶上了。有一个工人是我表婶，家里喂了70多只羊，两个孩子在上学。就她这样的情况，只要我打电话要衣服，什么样的衣服，要多少，很快就出来了。农村妇女还是比较能受罪的。管理人各有各的法，我走的就是“人情”路线。（20160202，访谈LSY）

同时，由于这种致密的雇佣关系网，电商只需要长期雇用少数的加工好手，以保证表演服质量，在销售旺季可以寻找服装加工工人，保证网店供应。

**3. 拓展的外包加工厂**

表演服市场的兴起和拓展，使以冯村为核心的周边地区的劳动力价格不断上涨。一方面，电商向家庭作坊转型，自我生产衣服成为市场趋势，大大增加了对于表演服生产加工工人的需要；另一方面，原来很多服装生产加工工人也转型做电商，进一步加剧了当地劳动力供求关系的紧张。冯村周边的劳动力相对于外围地区价格不断上涨，而且难以雇用到，这就刺激了电商尚未发展起来的劳动力村庄专门做表演服的服装加工厂的兴起，甚至一些以前做外贸服饰的专业服装加工厂也因为外贸出口的不景气，转而为这些家庭作坊进行生产。而这些家庭作坊，要么因为网店的销售量增加而难以自我生产加工，要么因为本地雇用缝纫工成本高而且难雇用到，要么因为分包给缝纫工太过分散而不经济，所以也主动把服装生产加工的一部分“外包”给这些服装加工厂，这样就促使冯村周边地区服装加工厂的发展。

根据家庭作坊外包的程度，可以分为加工外包型、加工包装外包型和裁剪加工包装全包型三类。所谓加工外包型，是指电商在自己的家庭作坊内裁剪，服装加工厂只负责把布料做成衣服，而后期的包装工作（如钉扣、粘花、熨烫、包装）在家庭作坊完成。加工包装外包型包括后期的处理、包装工作，家庭作坊只负责购买布料、裁剪衣服，剩下的工作都由服装加工厂完成。而裁剪加工包装全包型是指家庭作坊就生产的服装的布料、款式、包装等要求全部跟服装加工厂谈好，从购买布料到最终包装都由服装加工厂完成。

电商会根据家庭作坊的劳动力、资金和经营状况选择最合适的生产外包类型。对于刚刚起步的服装家庭作坊来说，它们一方面要保证衣服的质量，另一方面要节约生产成本，所以多采用加工外包型。这样统一裁剪可以保证衣服规格一致，自己又可以对拉回来的半成品进行后期处理，保证衣服的质量。因为它们单款衣服的生产量不会很高（几百件到几千件），自己也忙得过来。而对于起步比较早、网店销售非常好的服装家庭作坊来说，他们更倾向于裁剪加工包装全包型，虽然加工费用最多，但是精力投入最少、生产过程最为简单。而且，他们可以通过较大数量（几千件甚至几万件）的优势，来选择加工质量最好的服装加工厂，如曾经做外贸的服装加工厂，同时降低衣服的单件成本。

服装家庭作坊可以有这样灵活的选择，原因在于随着表演服市场发展而兴起的服装加工厂的生产质量和生产效率差异非常大。有的是原来做外贸的专业服装加工厂，工人技术熟练、效率很高；有的只是由招募的附近村庄的妇女组成的生产作坊，通过流水线作业为服装家庭作坊进行代加工，这些妇女仅会简单的缝纫，甚至有的只是经过简单的培训，所以生产效率和生产质量都不稳定。JXL 的服装加工厂就是他自己招募工人临时组织起来的：

> 我们那边淘宝没有发展起来，妇女都在纱厂或者曹县上班。也有给人家做衣服的散工，不过她们到处跑也接不着活，所以我就接活给她们做。2015 年 4 月我开始做服装加工厂，在我丈母娘那边（郑庄镇）建了个厂房，买了 6 台机器（4 台平机、2 台五线机）花了 2 万块钱。去年补充了 6 台机器，今年又补充了 8 台机器，招了 25 个妇女（22 个缝纫工，再加上 3 个熨烫、包装的）加工衣服，像这样的衣服（背带裤）一天能出 300 件。这些工人都是做流水线工作，一般每天能赚 50 ~ 60 块钱。我们那边工资很低，一般合 40 ~ 50 块/天，我这还是给她们高工资呢。我接活都在演出服辅料大市场这一片，价钱跟其他服装加工厂差不多，现在基本上保证工人不断活。（20160427，访谈 JXL）

而对于对表演服质量要求比较高的家庭作坊来说，它们只选择那些以前做外贸的优质加工厂来代工，虽然价钱稍高，但是衣服的质量有所保证。

致密的雇佣关系网再加拓展的外包加工厂，让一个普通的表演服家庭作坊的生产能力有了质的提升。他们可以根据家庭劳动力的人数、自我的经营能力，灵活地选择经营方式：既可以雇工生产，也可以选择外包给加工厂。只要他们的网店能卖得出去，热销商品的生产基本上不存在太大的问题。

## 五　结论与讨论

前文已经分析了网络社会与乡土社会相互作用、相互建构的基本过程：随着网络的普及，越来越多的村民被纳入网络社会。当他们发现网络市场的机会时，便通过信息网络和社会网络打破信息封锁，学习网店经营技术，进而转型为电商。由淘宝网、电商和消费者建构起来的网络市场，为分散的农村电商对接全国消费者提供了机会。网络市场的销售魔力促使电商家庭经营，当家庭作坊的生产仍然无法满足市场供给时，外出务工、求学的年轻人重返乡村，修复并拓展了既有的社会关系网络。如果说资本主义城市的发展是"用时间消灭了空间"的话，那么网络社会的崛起，则"通过打破时间和空间的限制而重塑了时空"。将电商村落置于空间社会学的视角下，会发现冯村是一种实现网络社会与乡土社会"叠合"，跨越城乡分野的新型社会建构。

### （一）电商村落：网络社会与乡土社会的"叠合"

首先，网络社会与乡土社会的"叠合"体现在工作与生活、现实与虚拟的融合方面。电商村落中的每一个家庭作坊都是一种集生产与生活于一体的空间集合，是一种网络社会与乡土社会相遇的空间形态。这种生产与生活的集聚，不但没有造成生产空间对生活空间的挤占，而且因为生产的需要而被改造一新。在网络社会中电商们作为网店老板，在虚拟空间里经销衣服；而在乡土社会中则一边忙着服装生产的安排，一边支撑着整个家庭作坊的运作。电商往往在自己的卧室放上电脑，作为网络销售的"办公室"，而家庭的其他空间则作为生产、存储空间被有效利用起来。这种虚拟与现实、网络与乡土的融通，呈现一种和谐状态：电商们在电商、家庭作坊主和儿女之间自由切换，不同空间中的不同身份并没有给他们带来丝毫的困扰，他们游刃有余地应对着网络与现实、生产与生活中的种种事务。

其次，这种"叠合"体现在乡土社会节奏与网络社会节奏的同步方面。冯村在电商发展之前，仍然遵循"日出而作，日落而息"的乡土社会生活节奏。但是在电商发展起来之后，冯村的生活节奏不再同步，与周边村庄的差异也明显地体现出来。当周边村庄夜深人静时，冯村却家家户户灯火通明，"叮咚"声此起彼伏，演奏出信息时代的村庄生活变奏曲。虽然父母和子女可能早已进入梦乡，但电商却与全国各地的网民热烈地交流，为他们答疑解惑。随着移动互联网的发展，电商们逐渐摆脱了电脑的束缚，带个手机就可以随时看网店了，因此冯村周边的夜生活也不断丰富起来。以冯村为核心，周边的村庄也有越来越多的村民转型做电商，各种酒店饭馆、露天烧烤、路边小吃、KTV，甚至洗脚桑拿都在冯村北边的镇上发展起来。虽然这里没有都市的灯红酒绿，但是行走在街上会有一种时空错落感：这还是那个我们熟悉的乡土社会吗？这还是那个前几年残破不堪、凄冷异常的普通村庄吗？基于此，我们再来理解当下的乡土社会：它已经不是那个封闭的村庄了，现在村庄的主体大部分都经过城市文化的熏陶和城市生活的洗礼，他们对于这样的生活习惯和生活节奏非常熟悉，对于这样的生活方式和生活内容也十分从容。网络社会节奏重塑了乡土社会节奏，原来围绕农业生产形成的乡土时间观念，被围绕网络生产、消费和娱乐形成的网络时间观念改变。

再次，这种“叠合”还体现在网络社会文化对乡土社会文化的重塑方面。以老年人为主的乡土留守群体，可能有过外出务工的经历，也可能半辈子都在村庄生活，他们遵循着世代相传的为人处世方式，深嵌于乡土社会网络而从未摆脱。但是从子女回家做电商开始，他们就主动将家庭的主导权交给子女，自己做一些辅助的工作，决定家庭权威的逐渐从年龄和资历转为见识和能力。这种权威的转接是如此平和、如此顺畅，让人觉察不到丝毫的波澜。但是，当我们看到冯村 70 多岁的 RQY 大爷用“一指禅”熟练地打下“亲”加萌萌的笑脸时；当我们看到曾经在青岛当厨师的汉子 FPL 熟练地操作着缝纫机，加工 COSPLAY 服装时；当我们看到白发苍苍的老人 WZY 穿着儿媳妇给买的“网红同款”T 恤衫时，才会感叹乡土文化嬗变的速度和深度。

最后，这种“叠合”是一种交互影响。如果我们只惊叹于网络社会崛起的力量，就会忽视乡土社会固有的弹性和韧性；如果我们局限于乡土社会的生命力，就难以透视冯村正在经历的巨大变迁。当城市化、工业化将一个家庭拆解得支离破碎时，乡土社会通过逢年过节的短暂相聚和婚丧嫁娶这样的集体欢腾来维系着残存的社会关系网络；当网络社会打破了时空的界限，给落后的村庄带来机遇时，乡土社会将以最快的速度“修补”那些已经略显松散的社会关系网，并通过频繁的生产和销售方面的沟通联系而日益紧密。即使是在虚拟的网络社会，即使电商们会用“亲”“宝贝”等网络语言，他们也依然坚守着乡土社会的基本品质：诚实、守信、勤劳、朴实。

虽然很多电商生产的表演服使用的面料品质都不太好，雇用的做衣服的工人水平也参差不齐，但是他们在最后检查时都会一丝不苟，连多余的线头、不小心粘上的胶块都要细心去掉。那样的动作，总会让人想起他们经营农田时的小心翼翼，绝不容许半粒沙子遗留在粮食里。虽然他们网店的图片和文字很多都是专业设计公司设计的，但是当你询问服装的品质细节的时候，他们往往都会如实回复。如果碰上故意“找碴”的顾客，他们也倾向于“大事化小，小事化了”。对于已经下的订单，他们不仅仅视为一桩生意，更视为一种承诺。如果不能准时发货，对于他们而言不仅仅是损失金钱、信誉，更是一种“心理负担”。电商 LAL 描述了“六一”之前的销售旺季，因为拿不到货而着急的情景：

> 咱接了几百上千件衣服，老不给人家发货，人家老催，这也是种心理负担呢。眼看 FPH 做不出来，俺媳妇都气得哭开了！（20160203，访谈 LAL）

虽然在外人看起来，做电商是一本万利、挣钱很快的门路，但是真正做电商的人都能深深体会到其中的辛苦。RH 描述了 5 月销售旺季自己的忙碌情况：

> 那时候是夏天，每天睡觉的时候衣服也不脱，往床上一躺就睡着了。那时候还没有打印机，我每天手写单子，有时候写到夜里四点。之后就睡一会儿，醒了接着干活，累了再躺床上睡一会儿。那时候感觉特别辛苦，听到电脑的旺旺声音特别烦躁，累得说不出话来，而且天天如此。（20160125，访谈 RH）

虽然电商的这种累在常人看来难以忍受，但是无论对于面朝黄土背朝天的老一代村民，还是对于经历过外出务工的种种心酸的新一代村民而言，这种累都更容易接受了。正是他们这种吃苦耐劳的品质，才能保证数以万计的服装及时裁剪、熨烫、包装、打包、配送，才能保证每一笔订单及时完成。在冬春这样的销售淡季，电商们虽然不会忙得焦头烂额，但要不断浏览时装秀、综艺节目、服装展销会等，提前选择来年要重点打造的款式。可以说，以淘宝网为代表的电子商务，绝对是劳动密集型工作，电商们没有周末，也没有寒暑假，时刻要查看网店的销售情况并及时回复顾客的询问。正是农民的诚实守信、勤劳朴实品质，成就了能够抓住机遇的新一代电商。

## （二）未来隐忧：网络社会的结构化与乡土社会的出路

我国的户籍制度曾极大地限制了城乡之间的人口流动，而改革开放之后的市场化浪潮与劳动力转移又造成农村的留守问题突出。在现代化的理论脉络里，乡村注定是要消亡的一极，但是倔强的村民却一次次向我们证明农村社会的弹性和韧性，从小农到新型农业经营主体，从乡村手工业到乡镇集体企业，从新农村建设到乡村振兴，乡村从未淡出人们的视野。而现代信息技术特别是互联网的发展，在“城市－乡村”二元对立关系之外，为我们打开了理解城乡关系的新视角。从冯村的迅速发展与深刻变迁中，我们能够看到乡土社会叠加了网络社会后所产生的巨大能量，甚至隐约找到打破现代化必然消灭农村的发展神话，寻求乡村振兴的一条新途径。但是电商村落短短几年的迅速发展，却让人隐隐地感觉到一种忧虑。在卡斯特所描述的网络社会中，那些对资本主义有价值的国家、区域、城市和社区，都会被包容进流动的空间——全球性网络架构中，反之，则被排斥在该网络之外。于是，流动的空间就会把这些网络之外的区域排斥在资源、财富和权力之外，而这些地域性社会则在本地文化的基础上建构出一种抵制性认同的运动。但是像冯村这样的电商村落，虽然通过自主的努力被纳入“流动的空间”的整体网络，却面临结构化的挑战。

这种结构化体现在三个方面。一是由于网络的外部效应，电商和网络消费者数量不断增长，以阿里为代表的技术精英的优势逐渐凸显出来，成为网络社会的主导力量。这集中体现在“排序规则”的持续变更方面。所谓的“排序规则”，是指网络销售的商品的展示顺序和展示时间。虽然网络社会突破了线下市场的时空限制，但是由于消费者精力有限，只会选择性地浏览前几页的宝贝。作为“排序规则”的制定者，淘宝网不但制定了“钻石展位”“直通车”等推广方式，而且推出了“限时打折”“满就送/包邮”等促销手段，让各电商相互竞争。电商的激烈竞争，不但使自己的利润不断下降，而且使自己更为依赖淘宝网的排名。二是为争取更高的商品排名，各电商除了要花费巨大的成本来“做推广”之外，还会通过销售价低于成本价甚至“刷单”[①] 等恶性竞争方式来吸引消费者的眼球，获取短期的销量和利润。[②] 但是这样的恶性竞争方式，不但会导致电商之间的内耗，而且会导致消费者对于网络社会的不信任。2016 年央视“3·15”晚会曝光的淘宝网、大众点评、美丽说三个网络平台的刷单行为，极大地破坏了整个网络社会的相互信任关系。三是在前面两种力量的促使下，淘宝网开始主动进行网络社会分层，少数有一定资本的农村电商可以通过升级为天猫店而占据网络社会的上层；大多数农村电商只能在网络社会的下层进行激烈的竞争。

这种网络社会的结构化，一方面导致了网络社会的“闭合效应”，如果新加入的网店不通过广告推广或其他的营销方式，几乎不可能获得商品展示和销售的机会；另一方面导致了网络社会的“马太效应”，即少数经营多年的淘宝网店，可以通过升级为天猫店而获得顾客的青睐，跳出恶性竞争的泥潭，而大多数普通的农村电商注定面临利润不断下跌，最终退出网店经营的命运。在这样的情况下，乡土社会将如何应对？能否实现网络销售的转型升级？能否避免重新踏上离土离乡的打工之路？我不知道结果如何，且让子弹飞一会儿。

① 所谓刷单，是指电商付款请“刷手”假扮网络消费者，用以假乱真的购物方式提高网店的排名和销量，获取好评吸引顾客的行为。

② 严梓丹：《淘宝网刷单现象调查报告——网络购物中消费者知情权的保护》，《法制与经济》2015 年第 20 期，第 195 ~ 196 页。

# 代际支持、时空压缩与城市化模式

## ——基于苏州郊区J村的田野研究

沈　迁*

**摘　要**　本研究旨在通过对城市郊区农民的生活方式与青年群体的婚居模式及职业倾向的剖析，提出时空压缩背景下就近城市化的解释与分析路径，并反思其内在的运行机制。苏州郊区农村老年人的高度独立性与代际支持，凸显了快速城市化进程中家庭阶层维持的生活意义感，从而在一定程度上决定了青年群体的“两家并一家”婚居模式。在这种阶层面子观的驱动下，青年群体教育分化带来了职业分化，同时出现了高消费型生活方式的异化现象。作为城乡高度一体化的苏州郊区农村，在从农村人向城市人转化的过程中，其生活方式以及反映的城市化模式，是需要社会学学科思维予以解释的社会现象，为实现就近城市化提供了一种现实思路。

**关键词**　代际支持　时空压缩　阶层维持　职业分化　城市化模式

## 一　田野地点简介

笔者驻村调研地点为苏州市吴江区P镇J村。苏州市吴江区是笔者一

* 沈迁，华中科技大学公共管理学院。

直向往的田野研究地点，是费孝通先生的故乡，其社会学著作《江村经济》的田野研究地点即在此。P 镇隶属于苏州市吴江区，地处苏嘉杭交界处，历来是交通重镇，京杭大运河穿境而过，水路和陆路交通便利。

图 1 为该镇乡村风貌。全镇行政区划面积 133.5 平方千米，辖 2 个办事处、21 个行政村、7 个社区居委会，总人口 12.6 万人，其中本地常住人口 8.6 万人，外来人口约占全镇人口的 31.7%。P 镇产业结构以纺织业为主，近年经济发展达到 20% 以上的增幅，财政收入突破 10 个亿，在全国乡镇中排 200 名左右，属于东部经济发达乡镇，经济社会发展水平较高。P 镇经济发展实行的是乡村工业化路径，从 20 世纪 80 年代开始发展乡村集体经济，创办大量集体企业，后转制为民营企业，在全国乡村企业发展中走在了前沿，也是为学术界所称叹的“苏南模式”的一部分。

笔者具体驻村调研地点 J 村，距离 P 镇人民政府仅 2 千米，属于镇郊农村，同时距离吴江区也仅 30 分钟的车程，自然是郊区农村。J 村村域面积 7.96 平方千米，全村共 798 户，户籍人口 2380 余人，实际居住人口 4000 余人，包括大量在工厂务工的外来人口。1999 年，P 镇扩大小城镇规模，农民花钱可以把农村户口转为城镇户口，当时迁出 1000 余人。虽然这些迁出人口的户口转为城镇户口，但是他们仍然在村庄居住，从而形成了具有复杂人口特征的 J 村人口分布现状。J 村实际由 3 个村合并而来，并完整地保持了各村村民小组的建制单位，共有 24 个村民小组。截至 2018 年 7 月，J 村民营企业共计 20 余家，几乎全由 J 村户籍人口创办，当地中老年人在企业上班的居多，也吸纳了一批外来人员。全村设有 6 个党支部，其中 3 个非公党支部，总计 104 名党员，其中 60 岁以上的老党员占多数，有少数大学生党员和企业非公党员。目前 J 村耕地面积 2000 余亩，其中 300 余亩农田水稻、1000 余亩鱼池，而村民从 2000 年初起基本不再种地，绝大多数村民在镇域或者村域范围内务工，农地则由村集体统一发包给种养殖大户经营，租金由村民所得。P 镇乡村一体化水平较高，各村均有相应的民营企业，为村民提供了较为充足的就业机会，J 村村民不用出镇甚至不出村就可以实现非农就业，即“离土不离乡”的就业模式。本地就业和就地城镇化发展是当地乡村的典型特征。

图1　P镇乡村风貌

## 二　田野经历与调研规划

笔者2018年7月随同硕导贺雪峰老师的调研团队前往苏州市吴江区P镇J村开展驻村调研，调研时间总计20天。7月6日中午到达P镇，下午一行人便出发前往P镇人民政府与镇党委副书记协商驻村调研事项，并选择J村作为田野地点。J村作为P镇镇郊农村，其人口特征较为复杂，因此团队随机选取不同职业与年龄层的人口作为访谈对象。团队共计访谈对象32名，其中笔者主访对象6名，访谈时间基本为一个单位时间，即3个小时，具体驻村访谈安排如表1所示。

表1　驻村访谈安排

| 时间安排 | 访谈地点 | 访谈对象介绍 |
| --- | --- | --- |
| 7月6日下午<br>2点30分~5点 | P镇人民政府办公室 | P镇党委副书记<br>男 |
| 7月7日上午<br>8点30分~11点30分 | J村村委会 | 现任J村村书记<br>女 |
| 7月7日下午<br>2点30分~5点30分 | J村村委会 | 曾任J村村书记<br>钱姓，男，75岁 |

续表

| 时间安排 | 访谈地点 | 访谈对象介绍 |
|---|---|---|
| 7月8日上午<br>8点30分~11点40分 | J村村委会 | J村副主任<br>男 |
| 7月8日下午<br>2点30分~6点 | J村村委会 | J村村医<br>照姓，男，65岁 |
| 7月9日上午<br>8点30分~11点50分 | J村村委会 | J村副书记<br>男 |
| 7月9日下午<br>2点30分~5点20分 | J村村委会 | J村会计<br>男 |
| 7月10日上午<br>8点30分~11点30分 | J村村委会 | J村12组村民小组长<br>吴姓，男，71岁 |
| 7月10日下午<br>2点30分~5点50分 | J村村委会 | J村2组村民小组长<br>吴姓，女，68岁 |
| 7月11日上午<br>8点30分~11点40分 | J村村委会 | J村1组村民小组长<br>张姓，男，73岁 |
| 7月11日下午<br>2点30分~5点40分 | J村村委会 | J村村主任<br>男 |
| 7月12日上午<br>8点30分~11点30分 | J村村委会 | J村村民<br>马姓，男，68岁 |
| 7月12日下午<br>2点30分~5点30分 | J村村委会 | J村13组村民小组长<br>李姓，男，66岁 |
| 7月13日上午<br>8点30分~11点30分 | J村村委会 | J村15组村民小组长<br>戴姓，男，70岁 |
| 7月13日下午<br>2点30分~5点10分 | J村村委会 | J村妇联主席<br>马姓，女，36岁 |
| 7月14日上午<br>8点30分~11点30分 | J村村委会 | J村团支部书记<br>女，33岁 |
| 7月15日上午<br>9点~11点40分 | P镇茶馆 | 一位男性老年人 |
| 7月16日上午<br>8点30分~11点30分 | J村村委会 | J村4组村民小组长<br>顾姓，男，71岁 |
| 7月16日下午<br>8点30分~11点40分 | J村村委会 | J村企业老板<br>冯姓，男，65岁 |
| 7月17日上午<br>8点30分~11点30分 | J村村委会 | J村企业老板<br>周姓，男，57岁 |

续表

| 时间安排 | 访谈地点 | 访谈对象介绍 |
|---|---|---|
| 7月17日下午<br>2点50分~5点40分 | J村村委会 | J村23组村民小组长<br>钱姓，男，65岁 |
| 7月18日上午<br>8点30分~11点20分 | J村村委会 | J村农机手、戏曲家<br>陆姓，男，64岁 |
| 7月18日下午<br>2点30分~5点40分 | J村村委会 | “农民农”<br>浙江人，男，54岁 |
| 7月19日上午<br>9点~11点40分 | P镇人民政府食堂 | P镇网格员（合同工）<br>本地人，男，24岁 |
| 7月19日下午<br>2点30分~5点30分 | J村村委会 | J村民兵营长<br>夏姓，男，26岁 |
| 7月20日上午<br>8点30分~11点30分 | J村村委会 | J村15组村民<br>郭姓，男，75岁 |
| 7月22日上午<br>8点30分~11点40分 | J村村委会 | J村供电工<br>顾姓，男，55岁 |
| 7月22日下午<br>2点30分~6点10分 | J村村委会 | J村11组村民小组长<br>女，73岁 |
| 7月23日上午<br>8点30分~11点30分 | J村村委会 | J村22组村民小组长<br>张姓，男，70岁 |
| 7月23日下午<br>2点30分~5点40分 | J村村委会 | J村企业老板<br>男，63岁 |
| 7月24日上午<br>8点30分~11点40分 | J村村委会 | J村4组村民<br>范姓，男，65岁 |
| 7月24日下午<br>3点~5点 | P镇批发市场 | 一位开水果店的老年人<br>女 |

表1中空缺时间大致为如下安排。首先，每天晚上不开展访谈工作，而是对当天的访谈内容进行细致梳理与分析，提炼相关问题，并进行团队讨论。笔者认为每晚的个人总结与团队讨论，是田野调研的关键所在，虽然没有进行访谈工作，但是晚上的工作量一点也不比白天少，每晚8点~12点左右进行深刻的讨论，从经验之中提炼学术问题，这也是社会学调研的魅力所在。其次，7月14日和7月20日的下午以及晚上，为团队大讨论的时间。调研团队分为3个小组，分别在3个村驻村调研，因此需要共享调研经验，并进行周期性的个人陈述，对于个人问题意识的激发是非常

有帮助的。[①] 再次，7 月 15 日下午是江村实地学习时间。笔者作为社会学学科的学习者与爱好者，对于费孝通先生《江村经济》的田野研究之地具有特别的学术情怀，因此极力倡导团队前往江村感受费孝通先生当年的学术气魄。图 2 为笔者参观江村纪念馆时所拍摄。最后，7 月 25 日上午和下午为学术交流活动时间。团队受到苏州大学政治与公共管理学院的邀请，参加调研交流会，主题为“新型城镇化建设”，笔者在此次交流会上做了陈述，收获颇多。

围绕“城乡社会发展”主题撰写的调研报告，也是受到调研交流会的启发而写下的三篇随笔。这三篇随笔均展现了在快速城市化的背景下，同时也是社会转型过程中郊区农村生活方式和城市化特征，它们在逻辑上具有一致性，也是层层递进的，因此笔者在板块结构上按照相关研究内容、案例分析与研究结论顺序予以呈现，并在随笔中进行了逻辑性的梳理与学术分析。

作为城乡高度一体化的苏州郊区农村，在农村人向城市人转化的过程中，其生活方式以及反映的城市化特征是值得关注的社会现象，也是社会学需要予以解释的社会现象。

**图 2　江村纪念馆**

---

① 关于笔者所在团队“华中乡土派”的田野研究模式，可参考贺雪峰《饱和经验法：华中乡土派对经验研究方法的认识》，《社会学评论》2014 年第 1 期。

## 三 老年人生活与社会转型

### ——苏州郊区农村老年人的独立性及其形成机制分析

### （一）案例呈现与经验分析

笔者在J村调研时，被当地老年人的生活方式深深吸引，惊叹如下一幕：大量60多岁的老年人兼职数份工作，甚至70多岁的老年人也尽力从事轻松的工作。该村12组村民小组长吴某，今年71岁，有7份收入，年收入累计3万多元。他的情况可概括为以下几点：第一，担任村民小组长，每年有3400元收入；第二，在排涝站工作，每年有8000元收入；第三，每月做5天小工，每天200元，每年累计有1.2万元收入；第四，在自家0.4亩的口粮田里种蔬菜，部分日常食用，部分拿到市场上销售；第五，协助村干部完成“331”行动①，按出工日收入80元记账；第六，在村委会打扫卫生，每年有2700元收入；第七，土地保障收入每月300元，以及农村养老保障收入每月200元，累计社保年收入6000元。他的老伴今年73岁，年收入累计也有3万多元，其中在工厂做卫生月收入1800元，同时花了7万元购买城市社保，现在养老金月收入1400元。一对70多岁的老年夫妻，家庭年收入将近7万元，在当地老年人家庭中属于较高收入，也是较为常见的现象。苏州郊区老年人本地就业居多，笔者在J村入户访谈时发现，很少有老年人空闲在家，这令笔者百思不得其解。J村老年人很少仅仅享受城镇生活的福利，比如公园休闲、喝茶听戏，更为常见的是辛勤工作，甚至不遗余力，从而将不充分的、灵活的就业变成充分的过度就业。

笔者调研时，经常听到许多老年人重复相似的话语，“只要能干就一直干”“我们不觉得老，还能干活就不算老”“老人不干活能干吗”“哪有老人闲下来的，一停下来浑身不舒服”等。这些话语从老年人的口里说出

① 所谓的“331”行动，主要指的是出租屋（群租房）和工厂厂房的安全隐患排查工作，其作为乡镇政府的行政指令，成为村委会的中心工作。

来时，显得那么自然，成了他们的思维惯习①，勤劳似乎成了苏州郊区农村老年人的代名词。笔者访谈了一位75岁的郭姓老人，他将苏州郊区农村老年人的勤劳展现得淋漓尽致。老人在化工厂做门卫，月收入1700元。此外，他利用空闲时间在半亩自留地上种了蔬菜，并且在这么小的自留地上，老人却打造了一片果蔬天地，包括长豆、豇豆、毛豆、玉米、香瓜、南瓜、地瓜、西红柿、韭菜、茄子、辣椒、土豆、洋葱和大蒜等。他还养了鸡鸭数只，老人家的自留地俨然成为镇郊农村的一道亮丽的风景线。对于这样的生活，老人很享受，虽然75岁了，但是精神矍烁。图3为笔者访谈的一位老人所种的菜园。

**图3　桥下填湖种菜**

苏州郊区农村很多老年人勤劳工作，甚至尽其所能地兼职数份工作，却异常从容，显得较为轻松，并且给笔者一种“年轻10岁”的感觉。在当地老年人的观念中，勤劳是一种本性，虽然该地区农村已经半城市化了，但是老年人始终认为自己是农村人。“乡下人只要勤快，地方都是你的”“不勤快，什么地方都没有，哪里有吃的”“在家里没劲儿，吃自己种的才叫生活”“别看公路是走路的，你再仔细瞅瞅，旁边到处是菜园”，如果这些话语仅仅是个别老年人说出来的，笔者可能会认为这是城镇老年人

① 惯习作为社会学家布迪厄提出的概念，强调场域对于惯习的形塑作用，而苏州老年人所处的乡村阶层竞争氛围浓厚，同时老年人所处阶层相对一致，避免子代家庭在阶层竞争中被淘汰的动力机制驱动着老年人形成勤俭节约的惯习。

对传统农村的一种回味，但是几乎所有当地老年人均如此，就是一件值得深思的社会现象。据统计，在 60 ~ 70 岁的老年人中，70% 都会从事劳动，剩余没有劳动的老年人中，大多数是身体不太适合劳动，而参与休闲活动。因此，笔者尝试分析是什么原因导致老年人如此勤劳，为什么老年人能够如此从容地应对。

本地老年人的生活面向是围绕子代及孙代家庭发展目标而展开的。在郊区农村，子代家庭具有较大的本地城镇化的生活压力，或者是生活成本极高，即买房或者建房产生的家庭消费高，同时孙代的教育开支也是巨大的，仅仅依靠年轻人的收入很难维持这样的高消费，这种经济压力传导到老年人身上。上文中 70 多岁老年夫妻的案例，即是对子代家庭进行高投入的普遍案例，两位老人一年为孙子的教育投入 3 万元，同时 2014 年子代家庭建房时，房子总共需要 80 万元，两位老人资助了 20 万元。老年人如此巨大的代际输出，反映出当地老年人的生活意义是面向子代和孙代家庭的①，极大地承担了家庭发展的生活成本，这种生活意义感内化到老年人心中，形成了社会心理。“老人不为儿子为谁”“儿子家庭有困难了，我不帮谁帮”“我赚的钱都是他们的，迟早都是要给他们的”等话语亦说明了这种生活意义感，同时老年人本身也并没有感受到巨大的经济压力与生活压力，有足够的储蓄购买城市养老保险。笔者认为当地老年人具有高度的独立性，无论是在生活方式上，还是在养老的生活预期上，均表现为老年人对子代的低度依赖性。

### （二）老年人独立性表征

笔者从四个方面分析郊区老年人的独立性表征：工作选择、居住方式、社会性交往与退出市场选择。

**1. 在工作选择上，老年人兼职数份工作**

无论是进厂工作还是从事服务性工作，或是灵活性的零工，这些工作

① 老年人高度独立性意味着对于青年家庭的代际支持成了其生活的中心，反映了家庭功能在“恩往下流”的资源配置模式中强化，形成家庭功能对家庭伦理的吸纳效应。可参考李永萍《功能性家庭：农民家庭现代性适应的实践形态》，《华南农业大学学报》（社会科学版）2018 年第 2 期。

对于老年人而言，均为简单易操作的工作。表现为老年人一般根据自身的身体状况与时间安排，合理地规划自己的工作与日常生活：身体状况较好的，可以有四五份收入；身体状况差的，可以选择不工作，或者做点轻松的工作。据J村村书记介绍，J村60岁以上的老年人，只要身体吃得消，都会选择去工厂务工或者从事服务性工作，收入都较为可观，一般有3万元的年收入。目前J村周边的三轮车行业之所以依然能维持，是因为部分60~70岁的老年人依然通过骑三轮车载人获取生活收入，并且基本是J村的一个村民小组的老年人群体，一年也能挣1万元左右。因此，当地老年人在这种勤劳的社会氛围中基本都有不错的经济收入，并且能够继续进行家庭储蓄，表现出经济独立性。

**2. 在居住方式上，老年人较为自由**

是否与子代家庭生活在一起，主要取决于老年人的选择。虽然老年人多为单独居住，没有与子代家庭居住在一起，但是老年人往往为子代家庭提供日常的生活开支，比如老年人把自己种的蔬菜送给子代家庭食用，甚至年轻夫妻在工厂上班时，往往选择在老年人家中吃饭。因此，笔者认为苏州郊区农村的老年人虽然形式上与子代家庭分家，但结构上却不分家，同时在这种居住方式的选择上，老年人居主导地位。笔者在访谈时发现，老年人往往不愿意与子代生活在一起，认为与子代居住在同一屋檐下，容易造成生活上的不便，而独自居住较为自由。这种“形式上的分家，而结构上的不分家”① 的两代家庭的生活模式，在笔者看来，是年轻家庭应对城市化生活压力的一种方式。但与传统的中西部农村的代际支持的家计模式不同，苏州郊区农村的老年人存在极强的独立性，自由选择其居住方式，没有一套约定俗成的社会规范约束老年人的行为，既能够回归传统的两代人，甚至三代人生活在同一个屋檐下的家庭的居住模式，也能够作为独立的家庭单独居住，表现为有足够的积蓄单独建房，或者翻新旧屋。笔者访谈了一位66岁的李姓老年人，儿子做工厂厂长，年收入20万元左右，在这样的家庭中，老年人依然在家庭事务中具有一定的话语权。老年人与

---

① “形式上的分家，而结构上的不分家”的生活模式，虽然与大多数中西部农村“以代际分工为主的半耕半工的家计模式”具有相似性，但是经济程度不同与家庭结构差异决定了两者具有完全不同的内在逻辑。

子代居住在一起，家庭的日常开支均由老年人承担，在经济上老年人具有极强的独立性。老年人选择与子代生活在一起，不是需要子代的日常照料，而是老年人自己的选择，也许是因为亲情，也许是为子代家庭补贴家用，减轻子代家庭的生活负担，再或者是因为儿子没有钱建房，只能生活在一起。因此，老年人表现出生活独立性。

**3. 在社会性交往上，老年人自由支配**

老年人的时间、积蓄以及消费均自由支配。老年人有自己的朋友圈子，打牌、喝茶等休闲消费均是较为常见的，当地村庄茶馆与棋牌室较多。笔者仔细观察了 P 镇附近村庄的茶馆与棋牌室，基本是老年人的天地，一群人一起闲谈、打牌也是增添老年人乐趣的方式，金额可以忽略不计。同时老年人可以独立参与亲属圈子中的人情往来，即使一笔 2 万元的人情支出，对于老年人而言，也是相当轻松的，不需要依赖子代，两代的人情往来的界限是相当清晰的，甚至出现老年人帮助子代参与人情往来的现象。从社会性交往的独立性来看，老年人在村庄中是独立的个体，是社会性的人，不依赖家庭，成为具有独立人格的社会个体。在人情开支上，当地属于“一代人管一代人”的类型，即下一辈结婚的，属于老年人的人情范畴，一旦生小孩了，则老年人不再参与人情开支，由子代去参与他们的人情圈子。

笔者访谈了一位 64 岁的陆姓老年人，他长期在 P 镇附近农村从事拖拉机作业，业余时间在公园唱戏，与志同道合的老年人进行交往，在繁忙的农业机械作业的背后，他的生活相对惬意。同时，他独立参与亲朋好友之间的人情往来，甚至在人情开支之外，老年人还负担了孙女的教育开支与日常开支。他认为自己现在依然可以劳动，既是一种生活方式，也能够进行一定的储蓄，从而独立参与社会性交往，表现出社会身份的独立性与精神独立性。

**4. 在退出市场选择上，老年人具有极强的心理弹性与社会弹性**

从心理弹性角度来看，老年人是否退出市场，与他们的个人选择有关，以一种从容健康的心态表现出来。老年人一旦感觉身体状况下降了，不适合从事体力劳动，就会转向做轻松和灵活的工作，比如打扫村庄卫生。有的老年人也可能直接进入休闲养老的模式。从社会弹性角度来看，老年人退休了，在社会层面而言是男性60岁、女性55岁开始领养老金时，就算退出劳动力市场。但是当地老年人依然选择继续劳动，甚至到70多岁还留在劳动力市场，这意味着老年人退出劳动力市场的社会规范较为弹性。这种社会弹性促使老年人有更多的选择，一旦老年人认为储蓄足够了，或者想过休闲的生活，便可以退出劳动力市场，同时社会也不会产生不利于老年人的舆论。笔者认为老年人退出劳动力市场的弹性空间，意味着老年人具有较强的劳动独立性，亦即依据自身的身体状况与家庭发展状况有选择地从事劳动。

### （三）独立性形成机制分析

基于上述老年人独立性表征分析，下文从三方面来探讨其内在形成机制：对劳动力的吸纳空间、制度性的养老保障与宽松的、弹性的村庄环境。

**1. 对劳动力的吸纳空间**

在郊区农村，当地工厂提供了大量的灵活性就业岗位，并且纺织类行业对劳动力的“质与量”的要求较低，老年人有极大的选择空间。老年人依据自身状况，能够合理地安排时间，从而兼职数份工作，形成较高的经济积累。在这种工业化的农村，老年人对子代的经济依赖性降低，他们独立参与社会性交往，可以在劳动市场获得收入，而不需要子代对其进行经济支持。甚至一些老年人对子代家庭的经济支持是巨大的，他们在家庭事务中也因为这种经济独立性而具有话语权。

**2. 制度性的养老保障**

在生活预期上，老年人具有高度的自养预期。在子女养老方面，老年人不需要经济支持与日常生活的照料，甚至在大病时，老年人也独立负担高额的医疗费用，仅仅只是在高龄时期，一旦瘫痪或者行动不便时，才需要子代的看护。当地农村从20世纪末开始，就存在“土地换社保”的政策，带来极强的养老福利；同时，老年人一旦有一定的积蓄，基本会花费数万元，甚至近十万元购买城市社保，形成完善的养老保障制度。据村委会社保专干统计，J村拥有土保和城市社保的老年人占比达80%，剩下20%的老年人也有农村社保。老年人通过制度性的养老保障，基本实现了自养的老年生活，无论是从心理上，还是从社保制度上，均有助于老年人形成独立性的社会人格。

**3. 宽松的、弹性的村庄环境**

笔者将村庄环境界定为四类。首先，从社会环境角度来看，村庄不具有一套严格的社会规范约束老年人的行为选择，即无论老年人选择劳动，还是选择休闲，均没有较强的舆论去引导。即使60岁的低龄老年人不劳动了，村庄也存在这样的话语，“忙碌了一辈子，也是该过几天悠闲的生活了”，这种宽松的社会环境促使老年人能够轻松应对工作的选择。其次，从家庭环境角度来看，虽然老年人的生活面向是子代家庭，但代际责任并没有固化为标准的和可视的事务，或者是人生任务的完成具有极强的弹性。笔者将这种弹性的人生任务与河南地区约定俗成的人生任务进行比较来分析家庭环境的差异，河南地区农村家庭严格规定了老年人对子代代际输出的数额，典型地表现为彩礼是多少，老年人需要花费多年时间才能还清彩礼的借贷。同时，河南农村家庭的子代也认为老年人为他们提供经济资源是理所应当的，甚至教养孙辈也应由老年人来完成；老年人有自己的储蓄，这在河南家庭看来是难以接受的事情，意味着老年人还没有尽力去支持子代家庭的生活，对老年人形成了极大的代际剥削。而苏州郊区农村的老年人是否与子代家庭生活在一起，是否照顾孙辈，同时对子代家庭经济支持的数额，均由老年人独立选择，子代家庭不会试图去剥削自己的父母，认为老年人过好他们自己的生活，就是对子代家庭最大的支持。这种弹性的代际关系为老年人提供了舒适的家庭环境，从而避免出现代际支持异化为代际剥削的现象，老年人即使给予高强度的代际输出也是自身经济条件所允许的。这是他们自身的选择，而不是子代家庭对老年人的要求。再次，从经济环境角度来看，当地的就业环境宽松，提供给老年人的就业岗位较多，从而形成极强的经济积累能力，这对于老年人而言非常重要，因为经济上的独立性能够促使老年人成为村庄的独立的个体。最后，从文化环境角度来看，当地村庄的主体早已是老年人，年轻人外出务工，在此背景下，老年人具有了一定的社会地位，并且转化为一种文化舆论，即老年人的话语权威是要充分考虑的。村庄对老年人的尊重也是显而易见的，无论是村庄事务，还是土保福利，老年人都是核心的利益主体。

综上所述，笔者认为当地老年人的独立性形塑出如下的老年人形象：健康的、积极劳作的、愿意付出的，同时又是勤俭节约的。虽然更多老年人继续留在劳动力市场，甚至兼职数份工作，但是并没有紧迫感，反而是一种从容、一种享受。苏州郊区农村老年人独立性的形成具有其特定的结构基础，将其简单地归为经济原因是有失偏颇的，还需要从社会的各方面入手，才能厘清其中的机制。当地正处于快速城市化的进程中，从社会结构变迁入手分析郊区农村老年人的独立性似乎是逻辑框架构建的基础。

## 四　青年婚居模式与城市化进程

——城市化进程中家庭结构的转型与家庭政治的演变分析

### （一）案例呈现与经验分析

笔者在前往苏州调研前，对婚居模式的认知一直是所谓的“从夫居”、“从妻居”或者是“两头走”的模式，而苏州地区的“两家并一家”婚居模式，却呈现完全不一样的婚姻形态，表现为不嫁不娶，男女双方家庭均对子女的姓氏归属具有极强的诉求。在传统观念中，男娶女嫁，女方到男方家庭生活，而孩子的姓氏自然跟着男方，尤其在孩子姓氏的归属上，男性的单性继承也是约定俗成的观念。然而，在苏州郊区农村的婚居模式中，这些传统的婚居观念似乎被打破了，甚至非常彻底，“两家并一家”婚居模式的表现形式如何，以及其形成机制是怎么样的，都是值得关注的。

访谈发现，当地年轻家庭多为“两家并一家”的婚居模式，在这样的新生小家庭中，男女双方均为原生家庭的独生子女。女方父母不愿意将女儿嫁出去，避免出现“关门”的现象。“关门”一词在只有女儿的老人口中不断出现，用来刻画当地老年人对于传宗接代的执着观念再好不过了。笔者认为分析当下苏州郊区农村“两家并一家”的婚居模式，必须首先追溯到10年前，甚至20年前的婚居模式，亦即40岁以上年龄层家庭的婚居模式，而“关门”一词似乎成了切入点。为什么会“关门”，难道女儿嫁出去了，就会“关门”吗？笔者访谈了一位70岁的戴姓老年人，他育有三个女儿，为了避免家里“关门”，大女儿没有外嫁，而是招了一个上门女婿，生下孩子跟着他姓戴。在老年人看来，农村的规矩必须要遵守，是什么规矩呢，即后代必须保持姓氏的延续，“老祖宗定下的要求”“要是不招上门女婿，老祖宗会怪罪”“村里人会认为我家‘关门’了，家里没人了”等话语不断出现在老年人的口中，这意味着老年人思维中存在极强的“以姓氏为基础的传宗接代”的观念。之所以做上门女婿，往往是因为家庭经济条件较差，入赘到女方家庭时，男方父母不需要盖房和给彩礼，极大地减轻了他们的经济压力。对于这样的家庭而言，儿子较多，在大儿子完成了传宗接代的任务之后，父母已经没有额外的资金为另外的儿子娶媳妇，因此把儿子送到女方家庭做上门女婿，这对于男方父母而言是不错的选择。对于无儿的父母而言，大约 2005 年之前，在传宗接代观念的驱使下，可以通过招上门女婿的方式完成这一人生任务。但是，近十多年来，笔者访谈发现年轻家庭，也就是 40 岁以下的家庭，绝大多数都是“两家并一家”的婚居模式，而招上门女婿的婚居模式已经基本消失。笔者访谈几位独生女的家庭，均采取“两家并一家”的婚居模式，当问起为什么不招上门女婿时，老年人纷纷摇头，坚决反对招上门女婿，认为“两家并一家”非常好。在笔者深入的追问下，有一位老年人终于道出了实情：“‘两家并一家’之后，他们生两个小孩，一个跟着我们姓，也算完成了老祖宗交代的任务，而且‘上门女婿’这个词现在说出去不好听，也让男方家庭脸面上不好看。”这个回答令笔者诧异，为什么短短十余年，60 岁左右与 70 岁左右的老年人对于子代结婚的观念发生了翻天覆地的变化，其中的影响因素是什么呢？笔者认为回答这些问题之前，必须分析“两家并一家”婚居模式的特征与家庭政治的关联，比较过去十余年的婚居模式，从而探讨家庭结构的转型与内在的作用机制。

“两家并一家”的婚居模式是苏州郊区农村地区十余年来兴起的新型婚姻形态，反映了社会结构与家庭结构的变迁。J 村马姓妇联主席是“两家并一家”的典型，她 36 岁，是家中的独生女，丈夫也是原生家庭的独生子。双方各自的原生家庭介绍如下。马姓妇联主席家庭条件较好，她的父母不会选择将她嫁出去，因此在相亲时，便提出了条件，要求“两家并一家”，婚后生育两个小孩，其中一个姓马。其丈夫家庭条件一般，他的父母在他相亲的时候，提出“两家并一家”，并且对于姓氏的争夺表达了强烈的意愿，规定：婚后的第一个小孩跟着男方姓，第二个小孩跟着女方姓。男方的父亲是上门女婿，男方跟着他母亲的姓，因此男方的母亲对于传宗接代的观念非常强烈，偏爱男孩，在婚前双方家庭协商小孩的姓氏归属时，争夺一胎的姓氏权，却没有选择争夺男孩的姓氏权，是因为担心今后年轻家庭不愿意生二胎，减少失去小孩姓氏的风险。婚后，马姓妇联主席生了一对龙凤胎，并且先生出来的是女孩，后生出来的是男孩，按照婚前双方家庭的规定，女孩跟着男方姓，而男孩跟着女方姓。但是男方母亲反悔了，坚决要求男孩跟着她姓，而女方父母对此非常不满意，双方家庭为姓氏的归属发生了激烈的争吵，最终女方父母接受了男方母亲提出的要求。

### （二）婚居模式的社会表征

**1. 从原生家庭结构来看，均为独生子女家庭**

当地年轻群体基本为独生子女，因此对适龄的婚姻市场而言，独生子女的配对情况是较为常见的。对于女方家庭而言，独生女不愿意外嫁，那么独生女家庭能否像以往招上门女婿那样维持家庭的传宗接代呢？显然这是较为困难的，本地独生子女的家庭结构使招本地上门女婿这条道路被堵死了，而外地的上门女婿在当地婚姻传统中也是受到排斥的，即使以往招上门女婿，也几乎都是江苏人。在当地人看来，他们完全不了解外地男性的家庭背景，这样的婚姻是不靠谱的，因此这条招外地上门女婿的道路基本是行不通的。而“两家并一家”对女方父母而言，能够获取一个小孩的姓氏，实现传宗接代的人生任务，是唯一的选择。对于男方家庭而言，娶本地媳妇同样较为困难，“两家并一家”也能够延续自身的姓氏，何乐而不为？

**2. 从结婚形式来看，是一种“不嫁不娶”的形式**

它表现为男女双方家庭均在各自原生大家庭办酒，没有彩礼与嫁妆这些传统的仪式，同时双方父母为各自子女买房，这意味着婚后年轻夫妇可以根据工作情况选择一处生活。上述马姓妇联主席不是J村人，丈夫是J村人，在附近S镇工作，而她在J村任村干部，因此选择在J村居住，和丈夫的父母生活在一起。因此，年轻夫妇选择生活在哪里，取决于他们的工作情况，是相对自由的，而不是传统的从夫居，或者是上门女婿一类的从妻居。

**3. 从对原生家庭的责任义务来看，规定了男女双方对原生家庭的责任义务**

从传统婚姻的角度来看，女方出嫁之后，类似“嫁出去的女儿，泼出去的水”“外嫁的女儿不管事”等话语层出不穷，意味着农村女儿出嫁后，与原生家庭的社会关联是极其微弱的；从村庄规范角度来看，女儿是没有赡养父母的义务的。但是“两家并一家”的婚居模式，促使女儿角色“男儿化”，与儿子一样承担社会规定的责任和义务。上文中的马姓妇联主席，作为原生大家庭的长女，诸如堂弟、堂妹结婚，均需要参与，必须与原生大家庭的亲属圈子进行人情往来，这在传统婚姻中是很少见的。

**4. 从对孙辈的抚养角度来看，规定了原生家庭对孙辈的责任义务**

两个孙辈的姓氏不一致，带来的责任义务边界反而清晰化。双方家庭的老年人对待孙辈的态度是显而易见的，往往给予跟自己姓氏的小孩更多的疼爱，比如日常的照料和教育投资，而对另外一个姓氏的小孩显得生疏。在老年人眼中，小孩跟着自己的姓氏才是真正的传宗接代。笔者访谈的许多老年人都直接或者间接表达了对跟自己姓氏的小孩的疼爱，甚至有的打算以后将自己的财产转移给跟自己姓氏的孙辈。上述J村马姓妇联主席的案例就是原生家庭财产以姓氏为基础而进行代际支持，男方父母在P镇的房子归孙子所有，而女方父母在吴江区的房子归孙女所有。这样的财产转移案例在“两家并一家”的家庭中屡见不鲜，而年轻夫妻对于这种情况也是难以改变的，他们无法影响父母的观念，也不能左右他们的行为。

## （三）婚居模式形成机制分析

“两家并一家”的婚居模式呈现的特征正好反映了家庭结构变迁与家庭政治的演变，短短十余年，这种模式便成了苏州郊区农村的主要婚居形式，打破了苏州郊区农村过去的两种主要类型，即从夫居和从妻居。通过对上述特征的分析，笔者厘清了“两家并一家”的婚居模式形成的因素及其内在的作用机制。

### 1. 计划生育政策主导下的家庭结构

为什么独生女家庭不能找到合适的上门女婿呢？这是因为苏州郊区农村目前普遍为独生子女，不具备招上门女婿的家庭条件，所以笔者提出第一个影响因素即为计划生育政策。笔者访谈 80 年代 J 村张姓副主任，发现苏州农村从 80 年代开始计划生育政策就执行得非常好，不论生男生女，只允许生一胎。一旦有人想要生二胎，他都前往做工作，并且一旦超生，将无法享受国家的一切福利待遇：不能在乡镇集体企业上班；不能获得村集体的土地收入；外出打工，村集体不会给予证明；村集体不会批准建房所需的宅基地。农民非常惧怕这些政策手段，关乎他们的切身利益，因此纷纷选择遵守计划生育政策。据张姓村副主任回忆，80 年代，J 村只有两户超生的情况，这个数字可以说在全国农村计划生育政策的执行中都是令人惊叹的。而在计划生育政策实施前，当地往往生两胎及以上，因此目前 40 岁的年轻家庭依然是以从夫居居多，少数是从妻居，也就是招上门女婿。而计划生育政策的严格执行，导致近十余年的适龄婚配青年基本为独生子女，从而形成了独生子女婚配的家庭结构。

### 2. 传宗接代的观念

为什么老年人想要争夺孙辈的姓氏归属？在笔者看来，这是因为城乡一体化背景下家庭结构转型带来的血缘继承与姓氏继承的不一致，由此笔者提出第二个影响因素即为传宗接代的社会性。在传统社会中，从夫居是婚姻的常见形态，而男性的姓氏延续是约定俗成的社会事实，这种单性继承的家庭观念，赋予了男性财产继承、养育责任、养老责任和传宗接代四个方面的确定的规范。老年人在这种单性继承的家庭观念中，很自然地将自己的财产传给儿子，再由儿子传给孙子，保证了血缘继承与姓氏继承的一致性。这种姓氏继承对于老年人而言意义重大，“关门”话语的出现意味着姓氏具有其社会身份性，是村庄人认识这户的标识与象征，一旦姓氏不存在了，这户在村庄之中的社会身份便失去了，由此导致“这户在村庄之中不存在了”。而现代的“两家并一家”模式，从本质上说是女方家庭推动的，因为男方的单性继承是具有传统的社会合法性的，而女方试图改变这种单性继承的家庭观念，由此出现家庭政治关系的演变。女方家庭通过争夺孙辈的姓氏归属，同样实现了自身的传宗接代，但是这种改变却从本质上影响了男女双方家庭的社会关联度，或者可以说出现了一种“新联合家庭”，即囊括了男女双方家庭的扩大化家庭。这种新联合家庭加强了男女双方家庭的联系，均对小家庭尤其是孙辈负有责任和义务，同时小家庭对双方家庭也负有责任和义务。然而，双方家庭均试图强化自身与小家庭的关联，在传统的血缘继承与姓氏继承出现不一致时，均偏重于继承各自姓氏的孙辈，出现“隔代继承”的现象，打破了传统血缘继承的社会合法性，从而达到两种继承的一致。由此，家庭结构的变迁与新联合家庭的出现，导致家庭政治关系的演变，明晰了以姓氏为基础的财产继承与抚养义务，也是避免家庭内部冲突的手段。

**3. 阶层维系的竞争观**

如果说老年人注重以姓氏为基础的家庭政治，那么在苏州本地为独生子女的家庭结构中，男方家庭为什么不娶外地的媳妇，以及女方家庭为什么不招外地的上门女婿呢？由此，笔者提出影响“两家并一家”婚居模式的关键因素，即阶层维系的竞争观及其形塑的严格的本地婚姻市场。当地过去虽然存在招上门女婿的婚姻习俗，但是笔者细致探究之后，发现大多数上门女婿是本地人，而娶外地媳妇的情况也比较少见。据当地人介绍，本地男性一般都找本地女性，除非实在找不到媳妇的男性，才会在当地工厂找外地媳妇。但是这样的家庭离婚较为普遍，当地人对这样的家庭的社会风评也较差，认为男性存在品行方面的问题，才会找不到本地的媳妇。而女方家庭也不会招外地的上门女婿，因为对男方家庭情况一无所知，存在极大的忧虑。苏州作为经济发达城市，在全国婚姻市场中处于婚姻的高地，一旦融入全国婚姻市场，既存在上述的社会风评，也会导致新生家庭经济状况的下降，即阶层的下滑。苏州郊区农村家庭的经济分化程度较低，因此原生家庭基本处于相似的阶层，一旦选择娶外地的媳妇，或者招外地的上门女婿，则会导致阶层下降，难以维系原来的阶层，这对于年轻家庭的城市化进程是非常不利的。在这种阶层分化不高的家庭之间形成较强的阶层面子观，而婚姻是维系甚至提升家庭阶层的重要方式，由此男女双方家庭均会选择本地人，从而巩固了本地婚姻市场。在严格的本地婚姻市场中，双方父母既要维系阶层，又要实现以姓氏为基础的传宗接代，那么“两家并一家”的婚居模式的出现也就是理所当然的。

### 4. 高度不平衡的代际关系

既然结婚主体是年轻人，那么男女双方在这种婚居模式中为什么没有话语权呢？难道他们不能自由选择自己的婚姻方式吗？由此，笔者提出影响“两家并一家”的婚居模式的第四种因素，即家庭的代际关系及父母的经济条件。年轻人在结婚时，经济储蓄较少，相反，因为本地就业市场发达，其父母具有较强的经济储蓄能力。父母在子女结婚时能够给其买房、买车，在这样的家庭环境下，年轻人只能接受父母的婚姻安排。苏州作为经济发达的城市，年轻人的城市化进程仅仅依靠自身几乎是无法完成的，即使是大学毕业的年轻人，面对独自生活的高昂成本，也是力所不及的。而一旦服从父母的婚姻安排，采取“两家并一家”的婚居模式，则会极大地降低年轻家庭的生活成本，这个时候，年轻人遵从父母的决定，生活将是无忧无虑的，这也是为什么当地流传着“苏州的年轻人过得似神仙，比什么都舒服”的段子。由此，笔者认为苏州郊区农村家庭的代际关系是依附性的，甚至是服从型的。此外，父母的经济条件决定了“两家并一家”之后，原生家庭在小家庭政治中的话语权，尤其表现在对孙辈姓氏归属的争夺上。笔者访谈了一户家庭，他的女儿是采取“两家并一家”的形式结婚的，生育了一儿一女，规定了男孩跟着女方家庭的姓，而女孩跟着男方家庭的姓。这似乎有些反常，但是仔细分析后发现，女方家庭的经济条件非常好，而男方家庭的经济条件较差，上述姓氏的分配是男方父母主动提出来的。在笔者看来，双方的婚姻其实是一种类似招上门女婿的方式，因为女方父母买房，而男方父母没有买房，婚后男方生活在女方家。在现代的婚姻环境下，男方几乎不可能选择“上门”，所以在完成了以姓氏为基础的传宗接代的人生任务的基础上，出现了“两家并一家”的婚居模式。相反，有一位顾姓老年人坚决反对“两家并一家”的婚居模式，他的儿子最终通过相亲找了江苏盐城的媳妇。顾姓老年人家庭的经济条件较差，因此他担心一旦“两家并一家”之后，女方家庭会极大地影响儿子的家庭，从而削弱他对儿子家庭的影响。他认为必须保持家庭的独立性，只有采取传统的从夫居的婚姻模式，才算是独立的家庭。其实这也是老年人出于双方家庭的经济条件的比较而做出的理性决定，也是没有办法而为之，在本地难以为儿子娶媳妇，只能通过寻找外地人来实现自身对子代家庭的控制。因此，双方家庭的经济条件在婚后的新联合家庭中发挥着重要的作用，极大地影响着家庭政治中的话语权。

“两家并一家”的婚居模式，既是特定社会结构变迁的结果，也是现代家庭结构变迁与家庭政治演变的结果。这种新联合家庭不仅是一种功能性需求，即维持家庭的阶层地位，实现城市化进程，也是一种伦理性与情感性需求，即独生子女父母的情感性陪伴，还是社会性实现的需求，即完成家庭延续的人生任务，以及社会性身份的继承。这种新联合家庭是两个家庭的融合，也体现了年轻人对完整性家庭的依赖，并且降低了年轻人在城市化进程中的风险。但是，这种新联合家庭带来的家庭政治演变意味着家庭内部风险的增加，包括孙辈的姓氏差异以及来自老年人的关爱差异，将在一定程度上出现“区隔”，同时导致两个原生家庭的矛盾，这些都是城乡社会一体化背景下需要深刻反思以及提出应对机制的方面。

## 五　青年职业分化与城市化流动

——从时空高度压缩的城市化角度分析青年群体高消费型特征

### （一）案例呈现与经验分析

本地作为郊区农村，存在极强的城市化意愿，在这种发展型家庭的背景下，呈现的却是一种宽松与舒适的生活环境，尤其是年轻家庭的“小资生活”。如果说年轻人在结婚之前，诸如买车、喝茶休闲、买品牌衣服等，是一些平常的社会现象，那么在婚后生育了小孩，甚至在相当长的时间里，年轻人依旧维持高消费的生活方式，则令笔者百思不得其解了。既然两代人家庭的代际关系是一种依附性关系，亦即中老年父母对于子代的期待便是自然而然的，而当地老年人谈到子女时，反复强调一个词，即“成材”。那么苏州郊区农村老年人口中的“成材”指的是什么呢？它不是金钱，不是能力，而是职业，也就是一份稳定的、体面的工作。在此基础上，笔者提出本分析框架的核心概念之间的关系，即青年群体的职业分化与城市化流动，同时发现了一个关键性的社会结构背景，即时空高度压缩下的城乡一体化，由此切入分析青年群体的高消费型特征及其内在逻辑。

我们知道，在谈论青年群体的职业分化与城市化流动这两个概念之前，教育是必须予以考虑的因素，教育是农村青年实现阶层流动与城市化流动的关键。P镇作为经济发达的农村乡镇，人们家庭条件较好，父母非常看重子女的教育，家庭开支中的很大一部分用于教育。虽然本地作为工业化城镇，家庭劳动力基本处于全务工型的，但是往往老年人的工作会根据孙辈的上学时间而进行调整，从而服务于孙辈的教育。由于生活的意义是面向子代及孙代，老年人是非常愿意为了孙辈的成材而进行教育的投入与生活上的照料的。笔者访谈了一位范姓老人，65岁，在培养儿子时进行了巨大的教育投入，儿子最终考上了苏州大学。2002年，他为了儿子结婚，在苏州买了120平方米的房子，共计30万元。他的儿子今年39岁，现任教于苏州信息职业技术学院，有了稳定的工作，育有一儿一女。而老人买的房子恰好成了学区房，位于星海学校附近。老人感到非常庆幸，如果之前买的房子不是学区房，现在就要再买一套学区房，方便孙子、孙女读书。苏州郊区农村家庭为了子女教育进城买房的现象较为普遍，据调查，J村村民一旦选择进城买房，绝大多数是买学区房，对教育的重视成了家庭发展的关键一环。在这样的教育环境下，当地年轻人的学历普遍较高，基本是大专与本科毕业，即使考不上高中，也能够去职高读书，而苏州地区的职高采取的是“3+2”的模式，即三年高中与两年大专。据笔者访谈的一位大学毕业生介绍，她高中班上的同学只有一个读大专，其余全部读了本科，高等教育普及率非常高。她毕业于南通大学，目前在吴江区的东太湖实验小学教书，不愿意回到P镇工作，认为在城市发展更好。同样，对于从P镇高中读书出来的同学，她知道工作情况的有10人，其中9人在经济发达的苏州市、吴江区或者S镇工作，只有1人回到P镇。因此，普遍较高的学历意味着年轻人具有了实现城市化流动的基础，那么年轻人是以什么方式完成城市化进程的呢？同样，是否农村地区的年轻人均能够实现这种城市化的进程呢？这些都是笔者需要分析的问题。

本地就业市场对于老年人和中年父母而言，能够提供充分的就业机会以及较好的工资待遇，这些就业岗位非常契合这部分年龄段群体的特征，表现为：对学历和知识的要求较低；工作岗位较为灵活；需要相当体力的投入。在充分的就业市场背景下，本地家庭的经济水平较高，从而对子代教育的投入也较大，因此青年群体的受教育程度普遍较高。同时，老年人以及中年父母对于年轻人持续的教育投入与生活照料，形成了年轻人对家庭支持的极度依赖，从而在长期的依赖性家庭环境中产生了心理情感上的依赖。此外，苏州的经济水平较高，城市生活的成本也较高，年轻人虽然受教育程度较高，但是独自生活在城市中是相对不现实的，从而形成了社会支持上的依赖。由此，父母口中不断出现的“成材”，是父母对年轻人的期待，也是对年轻人的要求。当地父母提到“成材”时，不断出现“工作稳定”“有脸面”“社会地位高”等话语，笔者深入分析后，发现成材指的是职业带来的面子观。中年父母，以及老年人通过辛勤工作，能够实现经济的积累，维持一定的阶层地位，但是对于年轻人而言，将家庭的经济资本转化为文化资本，甚至象征资本，才是社会倡导的，也是阶层竞争的面子观所形塑的。

青年群体的职业选择与父母出现了明显的差异，往往选择较为稳定的、体面的、具有可观发展前景的以及福利保障健全的职业，涉及银行、教师、公务员和大型企事业单位。这些职业工资不一定较高，却是父母口中“成材”的社会标准，由此阶层的面子观转化为职业的面子观。

对受教育程度相对较低的年轻群体而言，上述父母口中的“成材”职业，是难以实现的梦想，毕竟这些职业对于学历的要求是极高的。然而，本地对于青年人的就业形塑了一种稳定工作的预期与文化氛围，父母均希望子女能够“成材”，核心是有一份稳定的、体面的工作，而这些工作基本为大型企事业单位。在这种文化氛围的影响下，以及父母观念的预期下，青年人难以进入这些“成材”的职业时，往往选择乡镇相对稳定的工作，比如政府部门的合同工，如镇综合执法部门，甚至村误工干部①也是他们的选择之一。这些岗位较为轻松，更为关键的是在乡镇这个时空场域中，也是一种体面的工作，符合父母的预期，同时在社会评价体系中也是不错的工作。并且当地父母对于年轻子女创业不太支持，对于子女通过创

① 村误工干部，是借用大集体生产时期对非脱产村干部的称谓，发放误工补贴的村干部。在苏南乡村治理转型中，村误工干部成为全职的专业化村干部，只是沿用大集体生产时期的称谓。村误工干部的工资收入往往不超过村书记的60%，每年有大约6万元工资收入。

业获取经济收入的想法也持保留态度，反而对子女找到一份稳定的工作抱有较高的期望，一旦子女受教育程度较低，父母的这种忧虑会更加明显，因为这意味着子女能够“成材”的概率非常低。笔者访谈的J村夏姓民兵营长，同时也是一位村误工干部，26岁，大专文凭。他22岁当兵回镇之后，最开始两年与朋友合伙做生意，后来父母认为太辛苦，也没有稳定的工作保障，因此他参加了P镇村干部公开招聘考试，成了一位具有稳定工资收入的村误工干部，一年有大约6万元的收入。虽然村干部不像大型企事业单位那样具有稳定的养老保障，但在乡镇也是一份体面的工作。据他介绍，与他年龄相仿的青年朋友知道他担任村干部之后，都表达了祝贺，认为他很有能力，工作很体面。因此，当地对于年轻人的社会评价主要在于职业的选择，而学历较低的青年也只能选择这些相对轻松的、较为体面的工作，以维持这种面子观。但是，这些相对轻松的岗位，比如乡镇政府没有编制的合同工、工厂办公室人员、中小型企业的文秘等，其工资收入往往较低，一般4000元到5000元，低于工厂一线技术工的工资，同时工作的稳定性与福利保障也远远低于大型企事业单位的上班人员。由此，笔者提出第一个核心的概念，即职业分化，认为当地的青年群体事实上已经因为受教育程度的差异而产生了职业分化，进而出现了阶层分化。

### （二）职业分化的现实表征

首先，从职业的收入来看，受教育程度较低，主要指大专文凭的青年群体，其收入远远低于本科毕业的青年群体。作为镇郊农村，本地的工厂较多，一线工人的收入达8000元，但是对于青年群体而言没有任何吸引力，因为这些体力活太累，同时又是没有社会地位的。因此，他们只能选择一些轻松的、较为体面的工作，而这样的工作往往工资较低，在5000元左右。而学历较高的青年群体的工资往往在7000元以上，收入出现了一定的分化。

其次，从职业的稳定性与福利待遇来看，两者的差距较为明显。一般大型企事业单位的工作非常稳定，而那些政府的合同工是随时能够被解除合同的，存在一定的风险。另外，在福利保障上，更是有天壤之别，这些稳定的工作具有极好的福利待遇，包括养老保障和住房公积金，对于工作的青年群体而言，这些才是最为关键的。而工作不稳定的青年群体，一旦涉及买房时，只能依赖自己的父母。职业稳定与福利待遇好，也是父母对于子女“成材”最为看重的方面。

再次，从职业的发展与个人晋升空间来看，两者无法比拟。目前的年轻人在寻找工作时，在很大程度上也要考虑今后能否继续晋升，以及公司的未来发展前景等，这些对他们的吸引力是巨大的。笔者访谈的年轻教师即是典型的案例，在通过吴江区教师招聘考试之后，她主动选择了留在吴江区的学校。P 镇学校的教师虽然能够获得更高的工资，但是发展前景渺茫。

最后，从职业的工作地点来看，城乡之间出现了区隔。那些“成材”的职业显然在城市更具有优势，比如高学历带来的专业对口问题，城市企业更能满足他们的就业需求。同时，城市工作能够实现他们的城市化进程，未来能够继续生活在城市，甚至小孩也可以享受城市的教育与社会福利，这对于年轻人而言是至关重要的。

郊区农村青年群体的职业分化成为一个既定的社会事实，但这种职业分化是伴随城市化的进程而出现的，由此笔者提出第二个概念，即城市化流动。

### （三）城市化流动与高消费型生活方式

学术界在谈论城市化流动时，主要涉及两个面向，即住房与就业。对于住房而言，青年群体的父母的经济能力较强，能够为他们在城市买房，极大地降低了他们在城市就业的个人成本，解决了城市化进程的住房问题。对于就业而言，这也是城市化进程的关键，学历较高的青年人能够找到稳定的、具有较好发展前景的职业。同时，福利保障较好的职业意味着丰厚的住房公积金，以及不错的工资待遇，这才促使年轻人在父母支付了房子的首付之后，能够完成后续的还贷。据初步统计，本科毕业的青年人基本实现了城市化进程，实现了住房与就业的双重城市化，也就是真正的城市化流动。笔者上述谈到的一位老年人，其儿子毕业于苏州大学，如今在苏州市既有父母买的房子，也有稳定的教师工作，从而通过教育，也是通过职业，实现了真正的城市化。而对于学历较低的青年人，难以在城市找到合适的职业，这也是他们无法实现城市化的原因。虽然他们的父母同样可以在城市为他们买房，但是城市的生活对于他们而言是可望而不可即的。因此，青年群体的职业分化与城市化流动两者之间是同时进行的，只有真正达到了父母口中的“成材”，也就是获得了稳定的、具有福利保障的、体面的职业时，他们最终才实现了彻底的城市化流动。在厘清了青年群体的职业分化与城市化流动的关联之后，笔者再去分析农村青年群体的高消费特征就相对清晰了。

当地青年群体的职业分化，意味着留在农村的青年虽然工作较为轻松、相对体面，但是工资收入与福利保障较少。在这种背景下，青年群体依然具有高消费型特征，表现为积极参与社会性交往，以及享受城市里面的休闲娱乐活动，包括时常在饭店吃饭、买名牌衣服、买车等。笔者上述提到的J村民兵营长即是高消费的典型，已婚，育有一儿一女，月收入5000元，夫妻两个一年收入大约12万元。他每天早餐在外吃，一天20元，每月早餐开支600元（按1月30天计）；每月小家庭聚会两次，共计1000元；每月车的保养与油费开销大约1000元；每月买衣服一次，大约800元；每月出去旅行一次，大约1500元。因此，他每月的收入基本开销完了，并且绝大多数开支都是个人性的，成为名副其实的月光族。为什么他在育有一儿一女的情况，依然成了月光族？在当地人的口中有两句盛传的话，分别形容老年人的勤劳与青年人的享受，即“越干活的人，越不花钱”与“越不干活的人，越花钱”。

### （四）青年群体高消费型特征的形成机制分析

笔者经过对此案例的深入剖析，结合上述职业分化与城市化流动的关联，发现郊区农村青年群体高消费型特征的形成机制如下。

第一，时空高度压缩的城市化进程提供了郊区农村青年群体的现代性生活方式的社会基础。经济条件的宽裕，促使苏州郊区农村青年人人配车，而城乡之间交通的便利，又使城市生活方式快速向农村扑面而来。据介绍，从P镇开车去吴江区仅仅需要30分钟，而到苏州市区也仅仅1个小时，形成了高度的城乡一体化的一元结构。郊区农村青年虽然没有在城市生活，但是他们却能够享受城市的生活方式，甚至在他们的思维中，居住在农村更加舒适，其原因在于城市的住房成本太高，而农村极低。在这样时空高度压缩的城市化进程中，他们虽然享受了城市的生活方式，却不是真正的城市人，没有完成住房与职业的双重城市化，没有相应的经济基础。他们虽然可以早上去城市进行休闲娱乐活动，甚至可以在城市做一些轻松的工作，晚上开车回到农村，但也仅仅是城市的过客。由此，时空高度压缩的城市化进程带来的城市的现代性生活方式，形成了郊区农村青年群体高消费型的特征。

第二，高强度的代际支持与“两家并一家”的婚居模式提供了郊区农村青年群体高消费的经济基础与家庭结构。苏州老年人对于子代的代际支持是高强度的，笔者访谈的一位 73 岁的张姓老年人，有两个儿子，大儿子建房时，老年人给了 2 万元；小儿子买房时，也给了 2 万元。此后，孙女结婚时老年人给了 3 万元，买车又给了 2 万元；而孙子买车同样给了 2 万元，并且即将结婚，老人已经准备了 3 万元的红包。这样代际支持的案例数不胜数，包括家庭日常开销都由老年人承担等，为子代家庭提供了充足的经济支持，甚至青年群体生育的小孩，老年人也负责日常照料，小孩的学费也由老人支付。此外，“两家并一家”的婚居模式进一步增加了子代家庭获取的代际资源，使青年群体不用有任何生活压力。由此，笔者认为苏州郊区农村青年过的是一种无压力的现代性的享受型生活。

第三，阶层维持的面子观与社会竞争的社会环境，激发了职业分化背景下的农村青年群体高消费的动力。郊区农村青年群体在家庭经济如此充裕的条件下，具备与完成城市化进程的“成材”青年进行消费竞争的经济基础，而高度城乡一体化的一元结构又促使这种阶层维持的面子观成了可视的场景。简单来说，通过职业的选择实现了城市化流动的农村青年，实际上已经在职业分化的基础上实现了阶层分化，然而时空高度压缩的城市化进程，促使在村生活的青年在不需要支付高昂住房成本的情况下，过上了城市的享受型生活。在在村生活的青年群体的思维中，在父辈家庭低度分化的背景下，作为年轻的一代，他们与父辈依然处在同一个阶层。虽然在城市生活的青年群体多在大型企事业单位就职，具有较高的社会地位，但是农村的诸如政府合同工的岗位在乡镇也是有一定面子的工作，因此符合父母“成材”预期。因此，为了阶层维持的面子观，在这种时空高度压缩的城市化背景下，青年群体实现了生活上的高消费竞争。

总之，当地青年群体的职业分化带来的城市化流动现象，实际上导致了青年群体的阶层分化，而高度城乡一体化的一元结构与高度代际支持的“两家并一家”的婚居模式，共同衍生了农村青年群体的高消费型特征，最终形成了郊区农村青年群体的极具现代性的享受型生活方式。

## 六 调研心得与学术启发

这次苏州调研是笔者硕士生涯的最后一次团队调研，现在作为博士再来回顾与思考田野调研时，感激与欣喜之情油然而生。笔者以往每次在田野调研前，都绞尽脑汁地思考如何进入田野，如何与访谈对象交流，如何从社会学视野去观察乡村社会，以及如何提炼真正的社会学问题。而这次苏州调研，对于笔者而言，有了质的突破，克服了对于田野调研的焦虑，取得了长足的学术进步。

是否需要做好详细的访谈提纲呢？是的，但又不是。笔者这次苏州调研时，得知同行的师兄安排笔者主访一名村民小组长，内心既激动又忐忑，心想终于可以根据自己的思路开展访谈了，但是又害怕在全场十只眼睛的注视下，搞砸了访谈。

访谈的前一夜，笔者依稀记得凌晨 3 点仍未入眠，写了两张纸的访谈提纲，反复浏览之前拟定的访谈内容。等到访谈时，似乎这些访谈提纲已经刻画在了脑海中。笔者一开始时，只是生硬地按照访谈提纲开展访谈，询问老年人的治理经验。访谈进行了大约一个小时之后，笔者放下了心理包袱，进入老年人的世界，开始与他交流，双方不断地进行反馈，从治理转到了老年人生活，又从老年人生活转到了子女的婚姻，一上午转眼间就过去了。当天下午笔者便主动申请继续主访，访谈对象是一名企业老板，对于笔者而言，是更加陌生的人物。笔者这次没有准备访谈提纲，而是仔细梳理之前老师访谈企业老板的访谈记录，脑海中有了大致的逻辑思路，于是下午开展了第二次访谈。出乎意料的是，这次访谈效果极佳，按照笔者的思路逐渐深入询问苏南乡村企业发展的模式与困境，也让笔者开始了乡村工业化路径的后续研究。

在田野调研时，笔者也遇到了听不懂方言的问题，在上述与村民小组长的访谈中，笔者很难理解吴侬软语，这时需要有一颗强大的内心，放松心态继续与访谈对象沟通。笔者遇到这样的问题时，往往重复询问几遍，切忌担心时间的流逝，田野调研关键在于是否自己主动思考，是否获取了访谈对象的有效信息，而不在于计算访谈时间。扎根于田野，意味着真正进入田野，不仅要遵循自己的思路去询问访谈对象，也要沿着访谈对象的世界去探索未知的经验。笔者的田野经验至今已达 7 次，每次田野调研前都没有查阅相关文献，而是专注于田野本身，城乡社会的每一片角落、每一位访谈对象，都是最好的经验导师。只有积累一定的田野经验之后，才会形成自己的问题意识，才会具备开展更长久研究的学术基础。

对于田野调研的初学者而言，跟随一个好的田野团队至关重要，而笔者也很庆幸作为“华中乡土派”的一员，能够长期跟随贺老师的团队扎根田野，获取经验。“调研”这个词，在笔者看来，具有两层学术内涵：一层是调查，即如何与访谈对象沟通，获取经验；另一层是研讨，即围绕经验开展学术讨论，提炼学术问题。笔者在苏州调研时，白天在乡村田野奔走，获取一手经验材料，这是学术研究的基础；而晚上逼迫自己思考，消化吸收经验材料，总结问题，并进行高强度的团队讨论，激发学术思维，这是学术研究的核心。田野调研启发了笔者的学术思维，但也只是一点点，更多的思考需要笔者继续沿着这条道路走下去。

最初笔者作为一个初学者，也难以体会田野调研的乐趣与学术意义，但是在积累了一定经验后，开始有了问题意识，并尝试去做学术研究。笔者很庆幸带着这些田野经验来读博士，这些经验都是今后做学术的宝贵财富，并且笔者将始终致力于做真正的田野研究。

# 地租经济、宗族村庄与现代生活

## ——广东佛山市H村调研报告

卢青青*

**摘　要**　伴随社会的现代化发展，市场越发成为塑造社会转型的重要因素。基于此，立足市场经济起步较早的珠三角发达地区农村经验，以工业化发展为切入点，探究其工业化发展路径对村庄社会性质与农民生产生活方式的塑造。珠三角农村的工业化是依托土地资源进行招商引资，发展以集体分红为基础的地租经济。这一方面打破了村庄的封闭结构，冲击了村庄的传统社会性质，使村庄从传统农业社会向工业社会过渡，呈现高密度、高风险样态；另一方面，地租经济分红使工业化发展作为市场红利而非压力进入，形成本地就业与在地城市化，从而保持村庄结构的完整性，宗族观念与规范秩序得以延续；而地租经济的稳定性与宗族家庭的保护性也塑造出本地无压力社会，农民的生产生活由此表现出享受性与消遣性特点。

**关键词**　工业化发展　地租经济　宗族底色　无压力社会　农民生产生活

* 卢青青，女，武汉大学中国乡村治理研究中心博士生，研究方向为农村社会学。

## 一 调研概况

武汉大学中国乡村治理研究中心一直强调打基础，即村治模式训练，训练的目的在于真正通过基础性训练形成经验质感，从而对经验现象和中国现实有深刻的理解和把握能力。正如我们的经验训练是培养思维方式一样，我们从来不是唯本本主义，也不是唯经验主义，只是为了发现真实、实践真实。幸运的是，我每次参加调研并不带着导师的课题任务。这种没有任何束缚的调研使我可以真正放飞自我，让思维在开放的村庄社会场域中尽情驰骋，扎根田野，走进农民，理解他们，也理解这个社会，这多么幸福！

作为常态化训练的驻村调研，2018 年暑假亦不例外。2018 年 7 月我有幸到珠三角农村调研，这次到的是广东佛山的一个村庄。佛山市位于广东省中部，地处珠三角腹地，毗邻港澳，东接广州，南邻中山，是“广佛都市圈”的重要组成部分，在广东省经济发展中处于领先地位。其经济重心主要是制造业，佛山是全国重要的制造业基地。在这种相对发达的东部农村，其村庄样态和农民生活会有何种差异？想来这应该是很有趣的。

每年暑假调研队伍庞大，所以调研点也很多，2019 年就有 6 ~ 7 个点。我选择来珠三角既是因为对珠三角的地租经济感到好奇，也是因为想在区域差异中补齐珠三角的经验。说到“区域差异”，这是武大中国乡村治理研究中心经验训练的重要发现也是重要方法。在发达农村的区域板块中，我还去过长三角的苏州和浙江，这三个地方作为东南沿海发达地区，村庄内部就地工业化和在地城市化对村庄社会和农民家庭生活都产生了重要影响。而这三个地区因为工业化发展路径的差异，所呈现的村庄治理样态和社会样态也显著不同。尤其是苏州从 1995 年进行经济改制后也发展招商引资式的地租经济，听起来与珠三角的地租经济类似，然而性质却千差万别，这也是其对我的吸引力所在吧。20 天调研下来，此次珠三角调研真是不虚此行！

关于调研过程，听起来复杂，其实也很简单。我们这次调研分了两个组，调研了两个村，为期 20 天。简单与村干部对接之后，每天就按部就班地与访谈对象“聊天”，当然不是简单拉家常，通常聊着聊着就有许多意外收获。我们白天的两个半天分别访谈一个对象，晚上小组内部集体讨论；一周左右两个组再进行一次大讨论，思想相互碰撞。通过每天持续性的访谈与讨论，不断发现问题、推进对问题的理解，20 天下来基本把村庄的方方面面梳理了一遍，以至于不少村里人感叹“你们比我们还了解我们村啊”，我想这也是我们的收获之一吧。调研回来自然是要写报告的，这次珠三角的调研带给我的冲击很大，收获也很大，不知不觉就写了十余万字，由于篇幅所限，这里就抽几个点，从村庄社会性质和农民家庭角度来理解珠三角。

## 二　村庄概况

H 村所在的镇紧邻广州，距离市中心也很近，受到两大中心城市的资源辐射，具有得天独厚的发展优势，因而也是佛山市经济较为发达的镇。全镇有 40 万 ~50 万人，其中外地人口是本地人口的近 3 倍，全镇经济以工业为主，大小企业有 5000 多家，工业总产值上千亿元。近几年，因为毗邻广州，房地产业发展快，物流业、酒店餐饮业等也都兴起了，占税收的近 40%。2005 年乡镇合并，本镇由一个工业发达镇与一个农业镇合并而成，我们此次调研所在的 H 村是原经济水平相对较弱的乡镇辖区，但是也极具珠三角发达地区农村的特色。

H 村面积有 3.26 平方公里，其中农地 1000 多亩，各个生产队土地面积差不多，人均 6 分到 1 亩地。全村 6000 多人，本地人口 800 余户 3300 人，外地人也接近 3300 人，本地人口与外地人口比例约为 1∶1。全村由三个自然村组成，每个自然村人口都在 1000 人左右，分布较为均衡。

从村庄社会性质来看，H 村是具有宗族底色的村庄，每个自然村都由一两个姓氏主导，也都有本姓的祠堂。宗族底色在村庄家庭社会层面表现得尤为明显，尤其在家庭代际关系上，父代权威仍然存留，同居一室的大家庭关系也比较和谐。当然，地租经济与本地就业的市场红利，在宗族性村庄无压力的社会中形塑了本地人低度嵌入的劳动力行为及其安逸的状态。

就组织架构而言，全村有三大组织：村党委、村委会与经联社。村“两委”干部一共5人，党委与村委交叉任职3人，经联社社长由专门的党委委员兼任，其中一个党委委员是非本地户籍人口，这是为响应当地新市民融合号召，推行的非本地户籍人口进村班子政策，旨在实现共居、共建、共治。此外，三个自然村又分别设有三个经济社（股份合作经济社），每个经济社设社长1名、副社长2名和财务1名，工资由各经济社提留发放。在各经济社内部成立党支部，社长同时是党支部书记。自然村内部的生产队则在分田到户以后逐步取消，但以生产队为界的土地和成员划分规则仍然延续下来，“名社暗队”成为当地的一大特色。因为本地的外来人口较多，村庄事务增多，管理人员也增多。除村“两委”的5个村干部外，村级服务大厅的工作人员还有8人，治安队有23人，城管、流管和安监合并的智慧中心有10人，再加上村里的保洁人员28人，其中治安队、安监和保洁人员工资由镇、村各负担一半。整个村级组织不仅组织架构多，管理与服务人员也极多。

就村庄基本经济情况而言，全村大大小小的企业有115个，都是规模较小的民营企业，以外来资本为主，本地人办厂的极少。其中占地规模最大的有50多亩，一般占地面积为4～5亩。本地的物业也不多，基本是外来人租地办厂，效益不好时再把厂房转租出去。所以本地的收入主要是土地租金，但是这些土地收入并不完全归属村集体，其中工业用地经济社和经联社各提留10%，农业用地经济社提留10%，其余绝大部分给农民分红。尤其是2015年股权量化以后，以股民身份为界进行股份分红，全村平均分红水平为3000多元/（人·年），每队不同。村集体收入主要靠上级转移支付，每年基本运行开支在200万元左右。近几年土地管控严格，部分农地被划入基本农田保护区，限制了村庄想要利用土地进一步扩展工业的欲望。利益边界的相对稳定也抑制了本地选举的竞争性，H村村委班子一直较为稳定，从集体时期至今只有4任书记，且都是逐步培养起来的，书记的能力很强、素质很高，村庄治理相当有序，成为村庄的一大特色。

但是外来人口和外地小加工企业的增多，也带来诸多村庄治理问题。除外来人口管理以外，最重要的治理问题莫过于企业和出租屋的消防安全、环境卫生等问题。早期“满山放羊”式的土地开发，导致当地的土地利用没有规划，企业占地和出租屋占地都具有很强的不规范性，由此存在许多安全隐患，村庄成为高密度、高风险的社会。全区统筹成立的网格中心，在吸纳城管、流管、安监的基础上，实现精细化的网格管理，为村庄外生事务的治理提供了有力支撑。

整体而言，利益相对较少、利益边界的稳定使整个村庄内生事务较少，村庄治理任务不多，主要承接自上而下的行政任务，而外生溢出性事务也基本由政府大力支持，因此村庄的压力不大，整个村级治理相对有效。全面来看，土地、治理与宗族是理解当地基层治理与基层社会的三个关键词。以下从工业化发展的路径与样态探索其对宗族村庄社会结构和农民家庭生活的影响，以此形成对珠三角农村社会的基本认识。

## 三　工业化背景下的村庄社会性质

认识一个村庄的社会结构是理解这个村庄性质的基石，而理解了这个村庄才能更好地理解这个村庄的具体样态。H 村是一个传统的宗族性村庄，同时又是遭遇现代性洗礼的工业化村庄，传统与现代的交融与碰撞，使村庄既呈现传统宗族底色的一面，又具有工业社会高密度、高风险的一面。工业化作为外生力量对村庄社会现状产生影响，即高密度、高风险性；同时对村庄内生的宗族结构也产生影响，强化了宗族的社会性质。以下从外生影响和内生影响两个角度分析工业化对村庄社会性质的影响。

### （一）工业化背景下的高密度、高风险社会

宗族性是 H 村的一个基础性特征，是内生社会结构的延续。但随着市场经济的发展，尤其是外资企业的进村，整个村庄开始遭遇工业化的变革，尽管村庄本身并未真正进入工业化社会，但是工业化为村庄带来的既有经济水平的提高，也有社会风险的提升。因而当地的村庄就外生力量而言，呈现高密度、高风险的特征。

高密度体现在以下几点。首先，人口的高密度聚集。珠三角最初发展“三来一补”的外资经济，以劳动密集型的加工制造业为主，因而人口众多。其次，厂房、出租屋的高密度汇聚。珠三角最早开始实行改革开放，

最初大力引进外资企业，因而本地的外资企业众多，尤其是小厂房很多。随之而来的就是当地的出租屋经济的兴起。H村有大大小小115家企业，100多户有出租屋。如此多的厂房与出租屋汇聚在一个村庄内部，远远超出村庄内生的容量。最后，经济体量之大远超出村庄内生所能承载的负荷。当然村庄内生的经济并不多，地租经济收益有上千万元，但这对整个村庄所汇聚的经济体量来说只是九牛一毛。其所涉及的利益面也远远超出村庄范围，因而是一个利益极其高密度的社会。

外来人口的大量集聚、厂房和出租屋的涌现，以及经济利益的高密度汇聚，使这个高密度的村庄面临极高的风险。这种风险一方面是涉及人的，尤其是诸多外来人口鱼龙混杂，各种利益、矛盾纠纷不断；偷盗、赌博、吸毒等治安事件也不断，这为村庄的治理带来诸多难题，管理成本大大提升。另一方面是涉及物的，本地的厂房和出租屋众多，但绝大部分都是不正规的，厂房内生产、消防、安全、环保设施相当不完善，有些设备老化，没有更新换代。出租屋更是乱搭乱建，屋内没有消防、安全设施，很易发生事故。公安系统统计的数据显示，80%的治安事件发生在出租屋。可见，不正规的厂房和出租屋给村庄社会带来极大的安全隐患。

对于珠三角而言，这些高密度、高风险的问题并不能一次性解决，有许多是历史遗留问题，只能以防控、维稳为主。就外来人口而言，招商引资下经济的快速发展必然会吸引外来人口来此务工，而外来人口的大量涌入必然带来管理和服务的问题。管理方面，全区各镇专门成立流管局，是针对外来人口的管理部门。目前对外来人口的管理以外来人口信息登记为主。这几年，国家围绕向服务型政府转型的要求，提出以服务促管理，作为试点市，佛山市推行外来人口融入政策算是比较彻底的。尤其对外来人口的落户和享受本地公共卫生、医疗、教育福利等门槛都很低，甚至推行非户籍人口担任村干部政策，以实现与外来人口的共享、共建、共治。这些厂房是最早招商引资进来的外资企业建造的，不是标准厂房，厂房设备也不齐全、不完善。但是一方面租期未到，无法强制要求整改；另一方面，许多厂房所占土地是无证的农地，在现有土地严控情况下，这些企业占地是违规的，因而也无法推倒翻建，只能在现有基础上进行有限的更新。出租屋也是同样的情况，在最初土地管控不严时，人们买地搭建，

五、六、七、八层的房子都有，有条件的都尽可能“种楼”，当这些违规建筑建成之后，就很难再进行规整，否则会影响社会的稳定。但是这些不正规、不合法的厂房和出租屋又存在诸多潜在的社会风险，因而现在政府最关注的就是消防、安全，这也是村级组织最中心的工作之一，也是压力最大的工作。

> 消防、安全压力很大，安全问题不可避免，不管怎么弄，都可能出现意外事故，也总能找到不合格的地方。如果因为安全事故死了人，比如烧死了，因为属地管理，经济社社长、房东要判刑，村干部要处理，其实就是把村推到前面，当垫背的。本村两年前有一起安全事故，是消防的，没有死人；发生安全事故有死人的，厂房维修、机械维修死过，有劳动强度过大、心脏不好死的，在出租屋煤气中毒也死过一个。个体性的追责不大，与村里关系也不很大，但是死 3 人以上就要追责，消防的压力比安全的压力更大，因为消防的损伤更大，容易引起群伤。(H 村书记)①

但许多是历史遗留问题，短期内无法解决，只能进行严密的防控，通过人防与技防的方式，尤其以后者为主，即通过技术治理的方式防控风险的发生，比如安装高清摄像头。

### （二）工业化背景下村庄的传统宗族底色何以可能

从结果上看，与通常意义上现代性对传统村庄结构的冲击不同，本地的现代性力量虽对宗族结构具有一定的冲击，但也在更隐秘的深层次上进行了强化。一方面，市场经济的发展，尤其是工业化进村的冲击，使村庄原初宗族性逐渐削弱，象征宗族的祠堂和祭祀已不具有宗族的实质意涵；另一方面，就地工业化的市场红利并没有完全瓦解宗族，宗族的内生规范性仍很强，典型表现在代际关系和人情上。因此，市场经济的冲击并没有消解本地的原初宗族，而是以文化内涵的形式延续下来。

具体来说，H 村的三个自然村基本都是由 1～2 个大姓主导的村庄，每

① 本文案例均来自笔者及所在调研组调研访谈笔记的整理。

个村庄乃至每个较大的姓氏基本都有祠堂，是典型的基于强血缘关系建构起来的村庄。以其中一个自然村为例，该自然村的祠堂是 2012 年筹资，2013 年 8 月建成，花了 120 多万元，全部是自愿集资。多则 20 万元，少则上百元，一般捐 300 元以上的人的名字即可被刻在捐赠碑上，大部分人捐赠 3000 ~ 10000 元。在整个祠堂的筹备、建成过程中，村民都很积极，表现出宗族性村庄特有的集体行动能力。筹备委员会的 12 人都是在村的中老年精英，也都是村民代表，从经济社社长到退休干部等精英全部参与进来，通过召开村民大会、张贴公告等形式将村民动员起来，村民几乎都是积极主动地捐钱。祠堂建成之后摆酒席吃饭，外村同姓族亲也以村为单位派代表来捧场，来了 1000 多人，并且连续唱了 6 晚大戏，场面相当热闹。但是整个祠堂从修建到运行的实质内容却与宗族特有的内涵相背离。首先，修建祠堂并非为了祭祀祖先、延续香火，而只是为了面子。“每个村都搞了，我们村不搞就不好意思了，觉得没面子。”其次，在祠堂的修建与捐钱环节并没有宗祠姓氏的边界，本村外姓人同样可以捐钱，其名字也同样可以刻上石碑。

> 我们公布搞祠堂是不分姓氏的，不姓高的人也可以捐钱。我们村的吴姓三兄弟一共捐了 9000 元，他们老二、老小和父母都在香港，只有老大在家，但三兄弟还是各捐了 3000 元。还有一家吴姓人捐了 3000 元，比给本性祠堂捐的还多。（祠堂筹委会成员高 GT，76 岁）

祠堂建成之后并不是用作宗祠，而是用作公共的功能性场所。在传统宗族性村庄，宗祠作为祭祀祖先的地方，具有神圣性，也有一系列禁忌，尤其是对女性的区隔。但本地的宗祠是去神圣化的，祠堂里只有一个大牌位，没有具体的小牌位。祠堂也不是用来祭祖的，而是用作公共休闲场所，主要是用作老年人的休闲场所，摆几张麻将桌，供老人日常闲暇娱乐，再就是有红白喜事时村民可以在祠堂内办酒。

由此可以看出，宗族象征的器物层面和信仰层面都是虚化的。从器物层面来看，当地的祠堂不是用来祭祀祖先或者举行重大节日活动的场所，而是作为公共休闲场所；而族谱也不是人人都有的。从信仰层面来看，当地人几乎不祭祖，对自己所属的祖先宗脉也没有清晰的认知。

> 我们本地人对祖先不重视，我从未去祠堂祭拜过祖先。这边人祭祖一般只祭三代。我爷爷的坟被铲平之后，我就不管了，只祭我父母。（祠堂筹委会成员高 GT，76 岁）

本地人的认同也只有三代宗亲，而非整个姓氏的大家族。同时本地人也不怎么上香，少数上香的老人也不知上香的意思，只是一种习惯。

> 我家里有牌位，每天早晚上两次香，我和我老婆都上，一般女的上香。我也不知道上香是什么意思，所以有时忘了上就算了。我上香不说什么，都是直接插上去，我老婆还拜一拜。（祠堂筹委会成员高 GT，76 岁）

从器物和信仰层面来看，本地的宗祠和祖先信仰都只是形式上的遗留，没有本体性的价值内涵，更倾向于功能性的意义。没有真正的祖先信仰，宗族认同也只停留在三代，因而也没有宗派，“姓高的不团结，没什么宗派，感觉姓高的与姓周的一样”。因此，宗族在当地来说只是形式上的遗存。

但有意思的是，在家庭社会层面又处处能发现宗族的影子，尤其表现在公共性的人情和私人性的家庭关系上。就人情而言，本地的人情仍然延续宗族地区的传统规范秩序。其一，礼金从未上涨，近些年甚至直接取消礼金，无偿吃酒席。其二，人情秩序也严格按照原有的习俗。比如办酒时，一个房的一定要请，不请就不好了。“一个堂的关系不是很好的也要请，我请你你不来是你的事，但不请就是我不对。”一个生产队的每家要请一个人，同一个姓但不同房的要请年纪大的夫妻俩等。并且人情没有攀比，虽然部分村民开始去酒店办酒，但也没有兴起攀比之风，人情秩序一直相对稳定。在家庭关系中，传统宗族家庭中的父权仍然存在。当前 H 村家庭的当家人基本都是中老年父代，家里的大事仍是由父代做主，子代都很服从父代的权威，已成家的子代每月需要向父代交生活费。也因为父权的存在，当地兄弟姐妹之间的大家庭关系一直维系得较好。从养老来看，对于年迈的父母子代基本是无条件孝敬，家里的分红属于老人的那份子代基本不要，每月还要定期给老人赡养费，当地的老人养老状况都很好。

宗族的形实分离似乎产生出一个悖论：本地的宗族从器物和信仰层面没了宗族的内核，但是在家庭社会层面却仍保留宗族的实质特征。这就引出两个问题：第一，这里的宗族是什么，或者说，这里所存的宗族底色是什么？第二，为何在市场经济发展如此之早、如此迅猛的地方，当地的宗族还可以作为底色保留一部分内核？

首先，就上述第一个问题而言，要理解这里的宗族底色，就要从宗族既在又不在的悖论出发。宗族器物与宗族信仰塑造宗族的本体性价值，宗族器物在实体性层面彰显宗族的客观存在，宗教信仰则在价值性层面强化宗族认同。但是器物和信仰层面的宗族需要通过一系列仪式进行维系，对于嵌入市场经济的人们来说，这种维系成本太高，尤其是所花费的时间成本太高，没有人愿意专门将时间花费在宗族事宜上。而市场经济的冲击也使人们的能力在务工市场上得以释放，很难再培育出宗族长老式的人物，没有领头羊的宗族自然是松散的。所以，在器物与信仰层面的宗族是虚化的。但是基于宗族信仰与认同所生发出的一系列内生规范性的宗族文化却延续下来了，比如父权观念、尊老思想、关系秩序等。所以在人情秩序和家庭关系秩序上仍然延续宗族的内生规范，保持较好的运行秩序。结合两者来看，宗族底色在当地而言就是丧失本体性价值而保留社会性意义的宗族文化观念和秩序。因此，在市场经济猛烈的冲击之下，村庄家庭社会层面却仍然维持较好的内生秩序。

这就引出第二个问题，即为何市场经济冲击了宗族的本体性内涵，却延续了其社会性内涵？如果说宗族本体性价值的维系成本太高，在市场经济社会中时间即金钱的现状下很难再有发展空间，那么宗族的社会性价值却不需要花费专门的时间成本，或者说其消耗的时间是分散在日常生活中的，不是专门性的，因而是易于维系的。一方面，也是最重要的，即当地的市场经济对本地社会不是撕裂性的，而是一种强化。这主要表现在两方面。一是本地市场使村民就近务工，继续在村庄生活，因而村庄的完整性没有被打破。村庄作为生活共同体完整地延续下来，在这个生活共同体内村民所共享的一套文化、价值规范也得以延续，因而宗族的文化规范没有断裂。二是当地的经济是引进外资发展的地租经济，与浙江的内生民营经济的差异在于，村庄的社会分化不大，基于地租的分红差别不大，而同一年龄段的本地人务工的类型和工种差异也不大，因而收入分化不大。低度的分化没有真正撕裂村庄，村庄的传统秩序得以延续。不仅如此，地租经济还进一步强化了当地的宗族结构。

从工业发展类型角度来理解村庄社会结构，对比浙江、苏南和珠三角有明显的差异。就浙江而言，浙江是内生的个体民营经济，村庄内生的经济剩余很充裕，基于这种剩余就产生了明显的经济分化，有超富的大老板，也有很穷的打工仔。这种分化全部在村庄内部展开，形成了村庄内的竞争和激励机制。这种极强的竞争和激励机制促使村庄内的所有群体以家庭为单位，通过劳动力的最大化配置包括通过教育提升劳动力素质等方式将家庭优势凸显出来，以实现在村庄内的阶层流动。这种发展的动力和冲劲使村庄的原生社会结构很脆弱，村庄和家庭很快进入与工业化发展相匹配的现代社会和现代性家庭中。所以在典型的浙江地区即使宗族性村庄发育起来，村民也基本不讲姓氏，全凭个人能力，宗族的影子几乎不存在。

苏南也同样如此。苏南一直是乡村集体经济发展的典型地区，20 世纪 90 年代各地经济发展导致市场竞争激烈乃至供过于求，产品滞销，为苏南集体经济发展带来巨大挑战，倒逼其在 90 年代中后期开始转制。转制的方式是学习珠三角进行招商引资发展地租经济。但是与珠三角不同，苏南的地租经济是集体性质的，招商引资是镇、村两级统筹的，并不是私人进行的；而地租经济的收益也不是归私人分红，而是统筹用于全区域的城市发展，给农民的福利是以土地换社保的方式让农民享受城乡均等公共福利。镇区统筹城乡发展所推动的整体性城市化也成为农民实现阶层流动的促动力。农民阶层流动的触发点还与其工业类型所带来的竞争机制有关。苏南镇村集体统筹进行的招商引资，引进的基本都是规模较大、发展比较正规的大企业，这些大企业的管理岗位体系相当发达，本地有能力的人基本都在中高层管理岗位，工作体面，工资又高。但是这些体面的管埋岗位相对稀缺，而这又与人们进入城市，享受城市中产阶层生活的发展目标相契合，因而围绕相对稀缺而又具有吸引力的体面、高薪工作岗位就产生了比较激烈的竞争和激励机制。这些体面、高薪的工作岗位对劳动力素质的要求较高，因而苏南地区很重视子代教育，以期子代进入较高层的工作岗位。苏南的家庭为了实现子代的城市中产生活，几代人合力助推，因此有苏州老人一天打三份工的现象。这种基于工业化发展促发的社会竞争，给予家庭很强的发展目标和动力，使家庭不得不最大化其优势以实现阶层流动，正是这种阶层流动压力和动力促使村庄结构和家庭关系发生变化，向现代性进军。

珠三角发展的也是招商引资基础上的地租经济，但一方面招商引资引进的多是劳动密集型的加工制造业，随着劳动力成本的提升，大型外资企业转移，村内以小规模的代加工企业为主，这种小规模代加工企业体量小，并且基于降低管理成本的考虑，通常由老板亲自抓，中高层管理岗位发育不足，因而没有产生基于竞争岗位的竞争机制；这种代加工企业的产品主要是对外出口的，留在本村的经济体量不大，经济剩余不多，因而村庄内部没有产生很大的分化。没有分化也就难有竞争，也就无法推动村民的发展。而宗族性地区的家庭目标本是维持型的，而不是发展型的，发展的欲望也并不强烈。不仅如此，地租经济进一步强化了村庄的去竞争性，强化了村庄的宗族结构。因为珠三角的地租经济是私人性质的，也即土地增值收益绝大部分分到个人手中，地租分红收益为农民的生活提供了兜底保障，使其生活无压力，这就进一步消磨了人们上进的斗志。也恰是地租经济的存在使城市在某种程度上不如农村，因而农民也没有进城和阶层流动的动力。而地租经济所强化的土地食利阶层基于股权固化所带来的世袭继承性，使当地不仅仅是宗族性的，长时间以后越发具有封建性取向，也即基于土地世袭不断再生产土地食利阶层。总之，地租在较低层次的配置与当地传统的社会结构契合，并不断再生产当地的社会结构，也即不断再生产出无发展倾向而重日常消费的吃地租的小农。

## 四 本地人的务工概况与务工逻辑

地租经济强化村庄内生传统性宗族结构的同时，对人们的市场行为和现代性生活也产生了重大的影响，最典型的就是农民与市场的关系。从本地人的务工情况可以分析其务工逻辑，进而理解其市场化行为。

为便于分析，可以简单按照年龄阶段划分，通过不同年龄阶段群体的务工特点呈现本地的整体劳动力面貌。

对于20～35岁的年轻人而言，务工选择具有鲜明特征。其中，男性一般是进工厂打工、做业务、开车、做小生意等；部分家庭父代办小厂的，儿子多在父亲的厂里工作。还有极少数年轻人是自己开小厂，或者做高级工，比如销售员、技术工、大企业中层管理者等，这一般也是学历相对较高的群体。H村有一对“80后”夫妻都是本科毕业，男的做编程，女的做设计，算是村里的高级工，并且凭自己的本事建了三层半的楼房，买了一辆车。“这种属于比较有本事的，佩服这种，那种跟着老爸做的是没本事的。”但是这种有本事的青年在本村所占比例不高，至多占到30%。

本地年轻女性都喜欢坐办公室，当办公室文员。文员岗位对学历要求不高，一般高中毕业就能胜任，大企业可能要求大专及以上学历。最主要的是因为工作比较舒服，办公室有空调，也不累，但是工资特别低。“本地都是享受型女孩。”

本地年轻人在外买房的不多，占全村的10%左右，其中靠自己能力买房的只有3%左右，大部分都在村里住，在周边工作。“本地人除了考大学出去的，一般不外出。有车有房有饭吃，去外省干吗？”

> 房子贵，有钱才能买，首付都要六七十万元，还要供，生活容易，买房不易。2000～3000元/月在本地就够生活了，年轻人大部分不抽烟，住房也不要钱。（村资产办主任高LC，55岁）

36～45岁的中青年人，在工厂打工的多，做老板的少。就打工收入而言，进工厂的男性工资一般为4000元/月，进工厂的女性工资一般至少在3000元以上/月。做城管、流管、治安等政府合同工的较多，工资一般为3000元/月，“一个村就有30多人，都喜欢舒服一点儿的，一周上5天班”。

46～55岁的中年人，分为两个极端。一种是情况较好的，这种有一半是做生意当老板的，因为刚好碰上改革开放，最容易赚钱的时候；还有一半是做官的，当时只要考上大学的基本都分配到行政岗位了。另一种是情况较差的，以打工、做小生意为主，或者当保安、治安队员等，每月工资在3000元左右。女性一般50岁退休，多数退休买了社保就不干活了，在家带孙子的多，少数还在打工。

56~65岁的中老年人，有自己事业的则做自己的事业，没有的基本以打工为主，也有条件稍好不打工的。这个年纪打工基本都是男的做保安或者门卫，女的在厂里烧饭或者打扫卫生，工资是2000~3000元/月。还有少数人在种地，主要是种葱、蒜等。

65岁以上的老年人，基本不干活了，除少部分仍在打零工的，绝大部分在家带孙子和休闲娱乐，条件好的老人每天早上去街上的茶馆喝早茶。

从上面的务工情况来看，因为地处沿海经济发展带，本地务工市场发达，村民是自然地被吸纳进务工市场的。这种自然的吸纳使当地人就业机会充裕，各个层级的人都可以被广泛吸纳进就业体系中，所以呈现“个人工资不高，全家工资不低”的现象，“本村800多户，家庭现金存款在50万~100万元的有50%，20万~30万元的有20%”。当地人的务工是没有压力的，进入务工体系只是工业化发展的自然扩张，从农业自然地切换到工业模式。工业的发展为当地带来了附着在土地和宅基地上的丰厚的地租经济收益，所以务工没有带来压力反而带来福利，传统宗族无压力的生活被延续下来，务工对当地人而言只是换了一种生活方式。当地的中年一代还闯过，“我们幸运，机遇好，闯闯有机会”。尽管中年一代真正闯出名堂的不多，仍然是“本地人给外地人打工”，但相较于现在的年轻一代，其“闯过”的经历赋予其吃苦精神和压力意识。而年轻一代根本没有闯过，坐享市场红利，工作只求安稳舒适。

这与中西部基于人生任务压力、阶层流动压力而被迫进入市场不同，对于中西部广大农业型地区而言，务工是一种生存方式，是为了谋生，而不是生活方式。珠三角本地人务工是无压力的，市场经济带来的是福利，比如本地发达的务工市场与充裕的就业机会、政策福利优势、地租经济等，而这些与宗族地区没有发展目标的家庭文化观念是相契合的。所以本地人务工都是轻松享受型的，嵌入市场的程度并不深，甚至出现逆市场化现象。因此，本地人在本地务工市场中越发不占优势：在低端市场，因为人懒散而被不被企业看中；在高端市场所占比例极少；在中低端市场的相对较多。从整个经济的长远发展来看，引领市场的一定是中高端市场，本地人显然是不占优势的。

与苏南和浙江相比，同样是工业发达村庄，同样是本地务工市场，但是人们务工的动力和逻辑却是完全不同的。因为苏南农村地租经济是归集体统筹而非分到个体的，所以个体家庭的收入仍然主要来自市场，无法依靠土地和宅基地成为食利群体，而仍要靠个体劳动。这种靠个体劳动所获的收入就是基本的务工收入，与城市中产阶级的收入和生活样态仍然存在差距。为了实现阶层流动，过上体面的城市中产阶层生活，苏南农村的家庭都积极嵌入市场，因而当地的务工是由城市化助推的。在浙江农村，民营企业遍布村庄，而部分村民在民营企业务工，如此以企业老板为主体的富人与一般的打工群体在经济上就产生了分化，这种巨大的经济分化带来村庄的阶层分化，由此为了实现村庄内部阶层的流动，同一阶层与不同阶层间产生激烈的竞争，这种竞争结构促使中下层的务工群体积极务工，以在村庄阶层竞争中不被排斥。可见，在同样遭遇工业化的发达地区农村，工业化带给村庄社会乃至农民与市场的关系却是不同的，这反过来影响农民的生活方式和现代生活样态。

## 五　无压力社会与消遣性生活

从珠三角农民的务工逻辑中可以看出当地的无压力状态。一方面，宗族底色背景下无发展目标的家庭和无竞争压力的村庄形塑了当地的无压力社会，而地租经济则进一步强化了当地的无压力样态，使当地人在生活中呈现一种较强的消遣性逻辑。

今年41岁的高JF，初中毕业，已有16年没有工作了，闲散在家。高JF初中毕业后1995年到南海桂城的电信厂工作，主要是做杂务、搬运等，一直做到2002年，当时其25岁，工资从八九百元涨到2300～2400元，2002年高JF辞职，“干得太闷就回来了，干烦了”。高JF辞职之后，也找过工作，但是一直没有找到合适的。“我找不到合适的工作。开车也行，但开车时间长，还要搬运，我喜欢舒服一点的工作。”高JF在2004年考了驾照B照，在村里的一个外来企业开大货车，但是只干了一个多月就不干了。“要我搬运，我不干，一月才2000多元，太累了。”开货车其实很挣钱，但是因为现在货车司机一般都要负责搬运，虽然有人跟车，但是高JF依然觉得太辛苦，不愿意做，也因此一直没有工作。对高JF而言，合其口味的工作不多，主要包括村里的治安队和流管工作，因为工作轻松。“现在不想进厂了，进厂要做最低的。工资还可以，但是太辛苦，不想做。我不喜欢进厂，喜欢在外到处跑。”

高JF的父亲今年65岁，母亲61岁，父母仍在种田，自己的几分田再加上租别人的一亩多（租金800元/亩），一共1.6亩。主要是种菜，一般是种葱、蒜、菜心、空心菜等，一年收入1万~2万元。高JF主要负责用摩托车托运、卖菜。高JF的老婆是广东清远人，在村里一个厂里做文职工作，一月工资是3000多元。再加上分红，全家一年有6万~7万元收入，花销并不大，主要是两个孩子的花费：大女儿13岁，在读公立寄宿初中，一年花费3000~4000元；小女儿5岁，在上幼儿园，一年花费1万多元。家里生活开支主要是荤菜和水电费，水电费一年2000~3000元，日常生活消费一月2000多元，如此一年生活开支2万多元。全家一年的开支一共3万~4万元，相较于收入而言，生活还很宽裕。“收入够用，所以也不用我出来。”

家里的收支全部由父亲统筹，“我不想当家，不当家自由，不用管太多事”。如此，高JF没有任何压力，除了帮父母卖点菜和接送小女儿以外，其余时间基本都是闲着。高JF的日常生活安排是：早上送小女儿去幼儿园，上午没事看电视；中午做三个人的饭，然后午休或者看电视；下午4：30去接小女儿，并做晚饭；晚饭后与朋友一起出去玩。闲暇时间与朋友玩，一年与朋友出去5~6次，短途的家庭旅行花费基本是朋友负担，自己也不觉得有压力。16年没有工作的高JF在家并没有觉得不适，“没人觉得我懒，至少我老婆、父母不说我懒”。高JF目前的生活观是“生活能过得去就不想那么多，过一天算一天”。

全村像高JF一样40多岁没有固定工作甚至不工作的还有十来个人；即使工作也基本都是做轻松且不被束缚的工作，“赚多赚少无所谓”。村会计认为全村中青年群体真正勤劳一点的只有10%~20%。总之，当地人不喜欢工作，或者只喜欢轻松愉悦的工作，不在乎工资，而在乎感受，工作本身不是为了赚钱，而是为了打发时间，找个事情做。这种悠闲的工作心态和生活方式与当地的无压力社会和消遣性生活是一体的。

首先，个人无压力。高 JF 16 年没有工作，但是没有丝毫的压力。这得益于宗族性村庄的保护性结构，也得益于宗族性家庭的低发展诉求。强壮年劳动力不工作也不会受到来自村庄和家庭的舆论压力，因而对其也不构成负担。就村庄而言，一方面，个人工作与否是家庭私事，对村庄中的人而言是利益无涉的，没有人关心；另一方面，宗族性村庄对个人是具有保护性的，村庄中没有真正的边缘人，越是贫穷的家庭越能获得大家的同情与帮扶。就家庭而言，宗族性家庭对个人是具有吸附性的，嵌入家庭程度越深的子代越是为家庭所接受的。就高 JF 而言，其虽然不工作，但是一直在家，与父母生活在一起，帮忙料理一点家务，满足宗族性地区父母对子孙环绕膝下的情感需求。不像之前工作地点较远，一年就回来几次，父母挂念。宗族性地区的父母对子代本身要求不高，只要子代不学坏，长大成人即可。而现在子代在父母身边，大家庭的生活维系得很好。男性劳动力不工作，意见最大的一般是妻子，能干的丈夫是女性的面子和炫耀的资本。但是在宗族性地区，女性地位一般较低，在家中的话语权也很小，基本是男性当家，批评丈夫的女性是被人不齿的。高 JF 的老婆是广东清远人，宗族性很强，且是外嫁，因而对男性的依附性更强。因此，就家庭内部而言，当地人也是无压力的。

当然，个人无压力最终得益于充裕就业机会下的不低的家庭收入。本地工业化带来充足的本地就业，家庭的全部劳动力都可以嵌入市场，获取市场收入。就高 JF 而言，虽然其没有进入市场，但是家里其余的劳动力基本都嵌入市场了：年迈的父母依托珠三角发达的市场吸纳能力，通过种植经济作物获取经济收入；妻子在本村企业里工作。他们虽然收入都不高，但是家庭年收入不低。尤其是本地就业市场使当地的劳动力嵌入市场的生活成本很低，所以家庭的有效积累充足，完全可以维持家庭的基本再生产。

其次，家庭无压力。家庭无压力主要表现在家庭目标的去发展性。宗族性家庭的生活面向是向内的，即家庭内部的子嗣绵延、大家庭关系的和谐等，家庭的发展面向和发展动力不强。因为宗族性地区是保护性的结构，对于贫弱家庭给予帮扶，这种宗族的支持机制使个体家庭应对风险的能力很强，也因此不需要单个家庭具有很强的能力。并且宗族的文化是以血缘认同为联结的本体性的价值追求，对于外在物质生活和家庭发展等的追求不高，主要是家庭内部关系和家庭基本的再生产。珠三角农村受市场经济的洗礼，宗族的认同与行动能力很弱，对本体性价值的追求也相对较弱，但是宗族文化底色依然很强。村庄和家庭对个体的吸附能力很强，掌握地租经济的父代保留家庭主权并维系大家庭关系的和谐。家庭内部追求的不是个体能力的强大或者个体发展较好，而是个体的平安与对家庭的回归。高 JF 说："我父亲也没有让我去工作，说我自己喜欢在家就在家。因为以前在佛山工作一年只回来几次，现在可以天天在家。"

对于当地的家庭而言，宗族性文化的影响使本地的代际责任是有限的，并且反馈性一面很强。父代的目标是把子代养大成人即可，没有子代成婚的刚性压力，更不会像华北地区的父母一样无限延长责任，无限投入子代家庭。而当地政策福利，比如教育、医疗等公共福利较好，因而将子代养大成人基本不成问题。此外，本地就业市场使当地成为性别资源流入地，而女性地位的提高使当地的彩礼也很低，基本是象征性的彩礼，所以本地结婚压力也不大，即使没有父母的帮助，子代也能完成结婚任务。而本地的区位优势也使当地的房子和土地财产化，没有买房的必要，农村福利远远高于城市，且本地即可满足就业，因而当地的家庭是无压力的。

最后，村庄无压力。宗族性村庄具有显著的去竞争性，宗族内部对自己人的庇护，使村庄内部没有竞争结构。尽管市场经济的冲击使当地农村宗族特征越发弱化，但是宗族的底色仍在发挥作用。村民之间的关系虽然相对原子化了，但是相互之间没有竞争，是一种松散和谐的关系。所以即使是面对不工作的散漫青年，村庄社会也没有舆论谴责。尽管家庭有低度的分化，但是相互之间也不攀比。以上述案例为例，高 JF 虽然常年不工作，但是并没有感受到来自家庭和村庄的压力。

> 我的收入在村庄内算是最少的，很多跟我同龄的人都买车了。而且本地人都有存款，至少也有几万元。但是我没有压力，自己觉得过

得去就行。买房没有必要，没想过买房；买车想过，但是不想辛苦去熬到钱。

村庄也没有竞争的公共性平台，礼金的取消使人情本身的公共性萎缩，而个体嵌入市场的程度很高，也使村民的关系圈出现差异，相互之间并不攀比，各自过各自的生活，交流互动性不强。

综合来看，当地村庄是一个无压力的社会，这种无压力社会是市场力量与村庄内生力量相互强化的结果。本地是宗族性村庄，村庄的宗族底色使村庄内生的力量是保护性的，这种保护性既表现在村庄对每个家庭和每个个体的保护上，使家庭和个体不会被边缘化，也表现在村庄对市场力量的抵制上，抑制市场的分化力量，使村庄是去攀比、去竞争的。最典型的表现是走出村庄的成功人士，比如老板群体等，若想获得村庄的认同必须为村庄做贡献。村民也认为村庄最有面子的人是有钱且回报村庄的人，那些有钱但看不起村民并且炫富进行区隔的人在村庄内部是受排斥的。这种去竞争性，在很大程度上抑制了市场经济的分化力量。所以当地村民虽然关系相对松散了，但是相互之间没有竞争，仍是和谐的。

这种宗族结构带给村庄的内生力量，在市场经济的外生力量促发下反而被进一步强化，即市场经济的压力性一面没有进来，反而因为本地市场优势所带来的充裕资源进一步润滑了当地的宗族力量和关系结构。一方面，市场经济下本地基于较好的区位优势发展的是本地市场，使当地个人收入不高，但家庭收入不低，家庭有效积累仍然富足。同时，本地市场的区位优势也使本地成为性别资源流入地，村民没有婚姻和买房的压力。另一方面，市场经济也使当地的土地和宅基地具有很强的财产性，为当地农民增加了不动产收入。而地租经济的发展进一步强化了当地的无压力生活和村庄结构。因为地租经济不是生产性的，也不是发展性的，不需要个体奋斗拼搏，只是一种成员权福利。这种去发展性与宗族性家庭内部的无发展性目标是契合的，并且地租经济红利的稳定性和保障性也进一步消解了家庭的发展动力。地租经济还有一个重要的特征，即其附着在不可移动的土地上的福利性质，使当地没有进城的阶层流动欲望，尤其是农村的政策福利比城市更优，家庭的发展性进一步被消解。因此，虽然当地市场力量进入很早，但是市场带来的是资源而非压力，这种市场资源被村庄内生的宗族结构吸收，成为当地社会结构维系的润滑剂，因而当地的无压力社会被强化而非被解构。

这种无压力社会下人们的生活样态呈现较强的消遣性，具体表现在生活方式的消遣性。每家每年都会三五成群地出去旅游几次，目前我们接触到的被访者，即使妻子在做辛苦的清洁工，家庭每年也会出去旅游，“一直待在一个地方太闷了”。旅游成为当地家庭最大的一笔开支。旅游更多的是一种时间上的消费，是消遣性的。当地没有阶层竞争，但是有显著的阶层区隔，虽然这种区隔没有负外部的排斥性。比如老年人喝早茶，越是条件好的老人越是会喝早茶，而条件越差越可能无法享受早茶。这种阶层区隔是附着在经济上的，但是以时间进行展示的，本质是一种基于时间的消费，而这种消费是去生产性、去竞争性的，呈现的是一种消遣性生活方式。越是条件好的家庭，成员有越多的闲暇进行消费，反之亦然。

消遣性生活与生产无关，与时间有关。消费的不是金钱，而是时间。通过消费时间，个体性与表达性得以彰显。这是丰裕经济下的产物，是稳定的、去经济性的一种生活方式，本质上是一种贵族式有闲阶级的生活方式。它与稀缺经济下的紧迫性生活不同，稀缺经济下家庭收入是不稳定的，是没有保障的，家庭只有通过整体的合力才能保证家庭目标的顺利完成，因而个体是被完全吸纳进家庭的，是根据家庭目标进行自我的生产生活安排，没有个体独立的闲暇时间，或者说个体的闲暇时间是服从于家庭再生产的。当然，在资源相对稀缺的条件下个体也没有充足的闲暇时间去过消遣性生活，且没有能力进行消费。稀缺经济下的生活还有另一样态即消费性的生活方式，相对于紧迫性的生活，消费性的生活是相对宽裕的经济产物，不是极其紧迫的生活，但也不是极其有闲的生活。消费性生活是介于消遣性生活与紧迫性生活之间的一种生活方式，如果说消遣性生活是经济充裕条件下有闲阶层对时间的消费，紧迫性生活是经济稀缺状态下底层人们对生活本身的度过，那么消费性生活则是经济相对短缺条件下富裕阶层对金钱的消费。消遣性生活是以时间进行区隔的，紧迫性生活基本没有区隔，而消费性生活则是以金钱进行区隔的。浙江农民过的是典型的消费性生活，尤其是富人阶层具有很强的消费性展演，每一次人情都成为富人进行阶层展演的平台；经济体量和经济收入水平成为村庄阶层分化和区隔的标准。这种阶层分化与区隔具有明显的竞争性与排斥性，它是突破个体扩展到家庭社会层面的，是以家庭为单位进行的，彰显的不是个体身份，而是家庭的社会地位，是整体性的展示；它彰显的是一种面子权威，而非个体表达。这种消费性的生活方式具有极强的压力传导性，处于中下层的阶层具有很大的压力，只能通过家庭劳动力的充分配置进行生产性的追赶，进行阶层跃迁。

同为发达地区的浙江和珠三角，为何农民的生活方式表现出大的差异？这与两个地方的工业化路径和经济发展类型是相关的。浙江是以个体民营经济起步，经济起步的个体化差异伴随市场经济的发展逐步扩大，产生显著的经济分化，而依据村庄土地发展起来的个体民营经济分化聚合在村庄内部，形塑村庄的阶层分化。在经济力量的较量下，富人彰显地位的方式即金钱消费，通过消费性的展演进行阶层区隔和社会地位展示。而富人的民营企业不断进行生产发展，也为其消费提供源源不断的力量支持。因为消费需要较强的经济实力作为支撑，富人作为民营企业老板，通过个体能力和不断的经济生产获得社会地位的再生产。富人的消费性生活与其生产性的收入能力和实力是相匹配的。

珠三角是以私人性的地租经济起步，地租的去生产性和兜底保障性使村庄的经济分化不大，村庄的消费性展演不强。而地租经济的市场优势和土地优势使村庄成员享有市场福利，村庄结构也因此被强化，没有被市场撕裂。宗族性村庄的保护性和家庭的维持性在市场经济尤其是地租经济的滋养下得以再生产，村庄社会是无压力的社会，家庭生活也是无压力的生活，这种无压力使村民没有向上流动的诉求，也没有嵌入市场的动力，因而当地村民都以舒适的工作来辅助其无压力的生活。舒适的工作也为当地人带来大量的闲暇时间，越是条件好闲暇时间越多，如何消磨闲暇时间成为当地人的生活目标，因此当地的生活呈现以消磨时间为主的消遣特征。消遣性生活因为是以时间进行区隔的，不是以经济为标杆，对经济能力和经济水平要求不高，因此不会产生消费性的竞争和压力，也不需要有极富足的经济资源做支撑，一次短期旅行仅 1000 多元，任何家庭或个体都可以无门槛地进入消遣性生活中。这种无门槛、无压力的消遣性生活与当地地租经济下无压力、去竞争性的村庄社会是相互嵌入的。

## 六 小结

总体而言，珠三角农村作为发达地区，依托土地发展招商引资式的地租经济，使村庄内部实现就地工业化与在地城市化，而市场经济所生发出的地租经济对当地的村庄社会结构与农民的市场行为和生活方式都产生了巨大的影响。就村庄社会结构而言，外生工业化力量打破原有村庄封闭结构，使有限村庄内承接诸多附着在工业化之上的不稳定因素，村庄呈现高密度、高风险样态。与此相对应的是村庄内生的宗族虽然本体性内核趋于解体，但文化观念和规范秩序在地租经济的加持下反而得以强化。在去竞争的宗族社会中，地租经济分红保障与家庭去发展性使当地村庄社会和家庭内部无压力，共同形塑了当地人享受型的务工逻辑与消遣性生活方式。

# 流动人口社区的治理样态与生活形态

## ——浙江 L 社区的调研报告

方 垚*

**摘 要** 当前中国正处于城市化快速发展的大背景下，大规模的流动人口的出现是我国城市化进程中的必然现象，也是当前社会与经济结构转型的必然产物。于是，流动人口的社区化居住与管理也成了一种常态，甚至形成了一批比较典型的流动人口社区。但是这样由流动人口构成的“陌生人”社区，如何实现社区秩序的构建与整合是一个巨大的挑战。其中，浙江 L 社区就是一个典型事例，它是一个由政府主导、企业化运作、社区化管理的流动人口社区，是代表流动人口集中居住的一种极为理想的模式。因此，本文主要基于浙江 L 社区的实证经验，通过该社区的基本概况，把握流动人口社区的结构特征，分析社区由无序到有序的演变过程中所呈现的治理样态，同时探究该社区的居民（农民工群体）的生活形态，从而为流动人口社区经济与发展提供一定的经验借鉴。

**关键词** 流动人口社区 社区治理 农民工 生活形态

从 2018 年 7 月 15 日至 7 月 29 日，华东理工大学中国城乡发展研究中心在浙江宁波市五个村社开展了为期半个月的驻村调研。本次调研由中国城乡发展研究中心主任熊万胜教授统筹协调部署，刘炳辉、叶敏、杨君、

---

* 方垚，华东理工大学社会与公共管理学院。

王阳等多位老师参与指导，十余位博士和硕士研究生踊跃参加。作为一名入门不久的社会学专业硕士研究生，这次调研对笔者来说是一次崭新的尝试与挑战。短短半月，在一天天地踏入L社区并进入居民的生活圈之后，在一次次地与社区工作人员和居民访谈之后，从陌生到熟悉，笔者对这个社区也有了全新的认识与思考。

作为一个完全由流动人口构成的特殊型社区，L社区的存在与社会大环境的影响密不可分。受到经济条件、户籍制度等因素的制约，流动人口市民化难度很大。一方面，地方政府的户籍制度开放程度比较低，流动人口很难实现户籍上的市民化；另一方面，城市生活成本较高、房价持续高涨，流动人口享有的市民待遇通道狭窄，难以真正融入城市社会。因此，大量的流动人口选择居住在相对廉价的社区，外来人口的社区化居住与管理也成了一种常态，于是形成了一些比较典型的流动人口社区。其中，浙江L社区就是一个典型案例，自2001年第一批居民入住以来，社区秩序经历了一个由混乱到有序的过程。从“治理难点”到“全国青年文明社区”，该社区不仅实现了构建良好的社区秩序的目标，而且形成了一种相对稳定和谐的社区规范。因此，本文在调研资料的基础上，通过梳理社区的基本概况，分析该社区的发展模式与治理方式，并探究该社区居民（农民工群体）的生活特征和社区参与，为流动人口社区的治理提供一定的经验借鉴。

## 一 社区概况：一个独特的流动人口社区

### （一）地理位置

L社区位于浙江省宁波市F区X街道，是浙江L集团有限公司投资建造的外来务工人员集中居住区。F区陆域面积1277平方公里，海域面积91平方公里，海岸线长63公里，岛屿24个，地貌构成大体为“六山一水三分田”，辖6镇5街道，户籍人口49万人。而X街道位于F区的东郊，距中心城区约8公里，辖区面积111.7平方公里，有23个行政村，2个居委会，户籍人口约4.6万人，外来人口1万余人。X街道原先为X镇，2003

年才撤镇改为街道，虽然当地在行政区划上完成了城市化，但在形态上仍保留了典型的山、水、田组合的江南水乡格局。

## （二）社区由来

L 社区是一个外来务工人员的聚居地，其形成与发展经历了一个独特的演变过程。历史上，F 区 X 镇经济结构以农业为主。改革开放以后，该镇结合当地传统和条件，主要依靠民营企业和民间金融，开辟了一条以个体私营非农经济为主的独特经济发展道路。为了改善投资环境，吸引外来企业到此投资创业，促进地方经济发展，经 F 市人民政府批准，X 镇于 2001 年成立了外向科技园区。园区良好的投资环境吸引了大批国内外企业投资，但随之而来的就是大量外来人口的流入，如何加强对园区外来务工人员的管理与服务成为摆在当地政府面前的紧迫课题。为了解决这一难题，当时的镇政府决定建设外向科技园区服务中心（也称为“园中园”），为该园区企业雇用的外来务工人员提供集中统一的后勤服务。因此，自 2001 年 7 月起，镇政府以 200 万元征用了 50 亩土地，投入 700 万元建设基础设施，初步建成了“园中园”，成为浙江省首个专门为外来务工人员提供集中居住、统一后勤服务的场所。然而，“园中园”初步建成后，随即面临如何有效运营的问题。外来务工人员的集中居住管理服务是一项复杂的工程，如果将其视为公益性事业由政府直接承担，会给当地政府带来沉重的经济负担。经过几个月的调查分析与讨论，当地政府认为为外来务工人员提供后勤服务，企业的优势大于政府。为此，当地政府领导最终将“园中园”项目从一个园区配套性服务项目变成招商引资项目，将“园中园”建设和管理服务打包成一个独立项目向社会招标，引入企业投资建设和经营。经过 8 个月的协商谈判，2002 年 8 月，X 街道办事处最终与 L 集团达成协议，以股份合作的方式投资建设和管理外来务工人员集中居住区。按照协议，L 集团出资 1050 万元购买了“园中园”90% 的股权，X 街道办事处保留 10% 的股权，并有权干预、否决服务价格和经营方向的不合理变动等重大事项。

为实现对“园中园”的有序管理，L 集团专门注册成立了一个子公司——L 后勤服务有限公司。L 后勤服务有限公司主要是为外来务工人员提供集中居住的出租屋和统一的后勤服务，具有特殊的双重性：其一，作为一个自主经营的企业，势必需要进行市场化运作，追求利润；其二，作为一个与政府合作的流动人口聚居区的后勤服务公司，又需要按协议承担一定的公共服务责任[①]。由于这种主体身份的双重性不利于保护居民的权益，2003 年，当地政府最终决定在这个流动人口聚居地成立 L 社区，实行社区化管理，在企业运作之外建立一种既与之匹配，又能有效给以制约的居民自治管理体制[②]，外来人口能在此地享有公共参与的权利，享受当地政府的公共服务和社会福利。于是，“园中园”的这个流动人口聚居地正式成为“L 社区”。随后，在 X 街道办事处的组织下，通过民主选举，建立了由 7 名成员组成的第一届 L 社区居委会，下设宣传教育、治安调解、计生服务和物业管理 4 个委员会。自成立以来，L 社区得到了社会各界的广泛赞誉，先后获得了宁波市先进基层党组织、浙江省先进团委、浙江省先进基层党组织、全国青年文明社区、全国先进基层党组织等荣誉称号。

### （三）社区组织架构

L 社区的组织架构按照主体不同可分为 L 社区居委会和 L 后勤服务有限公司，但其工作人员却是同一批人，也就是“两个主体、一套班子”的形式。首先，L 社区居委会的组织结构与标准的居委会相似，但也有差异，L 社区居委会下设 4 个委员会。但是实际上专职社区工作人员仅有两名，分别是社区副主任兼党支部书记和社区党支部副书记，负责社区日常事务。目前社区居委会委员共有 5 名，除了上述两位，其他三位都是兼职社区工作人员，社区居委会主任由 L 集团董事长担任，X 街道派出所一名民警兼任居委会副主任，外加一名居民代表兼任居委会委员。社区住户都是租户，因此社区没有业主委员会，但社区成立了党、团、妇联、工会等组织，这些组织也主要由上述两名专职社区工作人员兼任职务。其次，作为 L 后勤服务有限公司，其主要包括办公室和物业部。办公室仅由上述两名专职社区工作人员组成，分别为 L 后勤服务有限公司总经理和办公室主

① 卢福营、熊兢：《优势主导——多元共治模式下社区治理体制创新》，《河南社会科学》2017 年第 9 期。

② 顾骏：《活力与秩序——浙江 L 村农民工社区的理论研究》，宁波出版社，2008，第 66 页。

任；物业部，有物业、保安、保洁、维修等13名人员。

### （四）社区党建

L社区的党建工作比较特殊，因为党员的党组织都不在社区，而是在企业里，而且中小企业外来务工人员集聚量大，企业数量多，党建工作基础薄弱。例如，有的企业只有零星党员，党组织建不起来；有的企业人员流动性大，党组织建起来了也不巩固。因此，开展党员活动比较难，效果也不太理想。于是，L社区创建了一种新型的党建工作方法，其党建工作模式跳出了非公企业党建“就企业抓党建”的思路，而是把它放在一定区域内加以思考和谋划，引入了区域化管理的理念。区域化党建总的方法是“搭平台、建机制、串资源、递服务”，即属地党组织搭建区域内共治平台，建立多元有效的社会共治机制，有效整合区域内各类组织的资源，向群众递送有效精准的服务项目①。

因此，党建工作以L社区为依托，实施区域化党建。根据外来民工党员“工作在企业、生活在社区”的实际，由L社区所在的X街道党委牵头，将L社区党支部和24家企业党组织统筹起来，成立区域性的党组织——L党委。L党委书记由X街道党工委委员兼任，办公机构和活动场所设在L社区内。这种区域化党建创新性地建构了涵盖民工党员工作与生活的两个组织网络：一个是L党委—企业党支部—党员；另一个是L党委—L社区党支部—楼层党小组—党员。这一党建工作模式实现了外来民工党员管理服务在时空上的全覆盖，也为发挥外来民工党员的先锋模范作用创造了有利条件②。社区成立党支部后，有发展党员的名额，一年两三个，目前该社区已有28个党员，但是近两年以来，入党名额比较紧张，L社区也很少有入党名额。社区的党建工作与普通居委会类似，主要是定期开展党员大会和党员活动。发展党员的流程也大同小异，首先，有意入党的居民必须提交入党申请书，再由社区党支部选择热爱L社区、积极参加

① 叶敏、熊万胜：《远郊大镇推进区域化党建的难点与路径——对上海市浦东新区惠南镇区域化党建经验的思考》，《上海党史与党建》2018年第5期。

② 卢福营、熊兢：《优势主导——多元共治模式下社区治理体制创新》，《河南社会科学》2017年第9期。

社区活动和自觉帮助整理活动现场的优秀居民作为入党人选，在通过党课等培训确定为入党积极分子之后，社区党支部会召开党员大会，通过后即成为预备党员。总之，L社区党建工作模式就是“关系在企业、活动在社区、奉献在岗位”。这种党建工作模式具有区域党建的显著特点，它把外来人口党建、社区党建、非公企业党建互相贯通，使之优势互补、同步推进。

### （五）社区人口结构

自L社区成立以来，社区人口最多达3000人，服务周边企业高达78家，总服务人口累计2万余人。目前，L社区居住着来自20多个省份的1256名外来人口，住户由流动人口构成，都不是本地户籍人口，且少数民族人口占一定比例，共202人，涉及14个少数民族，以来自四川、云南、贵州的土家族、彝族等少数民族的人口居多。近年来，社区人口主要有两个特点。第一，人口年龄层次发生变化，以前主要是周边企业的员工以集体宿舍的形式居住，一个宿舍多则入住10人，而且是平均年龄为23岁的年轻人。随着年龄的增长，大部分人都已成家生子，因此以家庭为单位居住的比例逐渐上升，留在社区带孩子的老年人也越来越多，而且社区未成年人的年纪普遍较小，以小学生为主，最大的是初中生。总的来说，除了1、2幢的集体宿舍，剩下6幢公寓的居民大部分以家庭为单位居住，单身居民不多，人口密度也逐年降低。第二，人口流动率较高，L社区的人口流动率在20%至23%之间，人口流动的主要原因是工作变动，流动性比较高的人口主要居住在集体宿舍，套间公寓楼的住户比较固定。目前，老住户的比例较低，10年以上的老住户仅占10%左右，5年至10年之间的住户占20%，5年以下的住户占70%。

### （六）社区住房情况

目前，社区有8幢公寓，除了当地政府于2001年投资建设的2幢集体宿舍，其余6幢都是由L集团自身投资建设，总共分两期工程，一期于2002年建设了3幢和4幢，二期于2013年建设完成5~8幢。一期工程的公寓有420间房，二期工程的公寓有280间房，房型主要分为两种。一种是集体宿舍，有两幢，因为价格便宜，在社区刚成立时很受欢迎，10 人一间，上下铺，每人 18 元一个月（现已涨价到 25 元一个月），每层有男、女两个公用厕所，但是现在这种集体宿舍并不受欢迎，多数只是以过渡为目的，暂时住在所属企业安排的员工宿舍里，且一个单间宿舍只住 3 ~ 4 人。另外，也有住户以家庭为单位租了整个房间，房租 300 元一间。而另一种房型是套间，3 ~ 8 幢都是这种房型，但也有不同：3 ~ 4 幢为三室一厅或两室一厅和一厨一卫；而 5 ~ 8 幢为三室一厅和一厨两卫。这种套房目前非常受欢迎，供不应求，基本都是以家庭为单位居住在这种套间。2016 年以来，公寓的房租大致如下：1 ~ 2 幢的集体宿舍中，20 平方米的宿舍每间月租 350 元，14 平方米的宿舍每间月租 250 元；3 ~ 4 幢的套房每间月租 300 元；5 ~ 8 幢的套房中，朝南方向的房间每间月租 300 元，朝北方向的房间每间月租 180 元。房租由个人或企业缴纳，2015 年以前房租是月交制，现在是半年一交，居民意见比较大，收租难度较大。水电费都是由个人承担，每个房间都安装了电表；水费也按照水表计算，5 ~ 8 幢都是一个套房一个水表，由住户平摊水费，而集体宿舍（1、2 幢）由于没有独立的水表所以每人每月交 5 元（以前是 4 元一个月）。因为 L 后勤服务有限公司是一家企业，所以以前都是按照工业用电的价格来缴电费，用电价格高于普通小区，后来申请为居民用电，但是社区办公楼、文化宫等场所依旧是以工业用电的标准来收费。

目前，L 社区剩余房间很少，只有集体宿舍未住满。居民入住有两种形式：一是企业租房，通常是企业租集体宿舍作为员工宿舍；二是个人租房，大多是以家庭为单位租住在套房。当前 L 社区个人租房的比例高于企业租房，约为 60%。但是个人租房必须满足一定的条件：入住必须有正当职业，并且提供有单位盖章的工作证明，入住和搬出都需要实名登记。这两种形式的住户的租房流程也有差异：如果是企业租房，企业需要有负责人与社区交涉对接租房事宜，社区需要查验企业证件是否齐全，企业在选定需要的房间后，必须签订租房合同，员工入住时需由企业负责人带领其前来社区物业部登记办理手续方可入住；如果是个人租房，则个人自行前来社区办理入住，带全证件和工作证明，入住时直接将信息录入物业管理系统，领取钥匙，缴纳一个月的押金，并签订租房合同，居住不足半年会扣除押金。

### （七）社区分工情况

L社区刚成立时，社区的工作人员多达几十人，尤其是物业部的保安和保洁人员比较多。但是近几年来，L集团的经济效益下降，L后勤服务有限公司也受到影响，经过裁员后，员工减少了将近一半。目前，社区专职工作人员只有两人，不仅需要负责公司业务，而且需负责社区日常事务。物业部的职员相对较多，有4名保安轮流负责社区安全管理，主要工作是看守社区大门、巡逻和收发信件等，工资为2000元/月；物业工作人员2人，主要负责入住登记、收费、计生等工作，工资为4000元/月；维修师傅2人，主要负责社区的日常维修，工资为4000元/月；清洁工4人，主要负责办公楼和公寓楼道及卫生间的日常清扫，工资为1800元/月；文化宫工作人员1人，主要负责看管和打扫文化宫，工资为4000元/月。

物业部成立于2002年，也就是说社区正式成立之前就有了物业部，原来的物业部是由L集团一家管理，从2017年11月开始，L集团合伙人解除合作关系，分出了L集团和H集团这两个公司。因此，目前L社区由两家公司分别管理，两家公司分别有一名员工负责物业工作，两个人分别负责管理一半的公寓楼，L公司负责1～4幢，H公司负责5～8幢，财务分开，配套服务和公共场所的维修费用由L公司负责，每家公司各自负责自己管理的楼幢的房租收取及维修。物业部工作任务繁重，既承担物业部的一般职责，又承担居委会的一些行政职能。物业部所负责的工作主要包括：房子的出租以及入住和退房的登记处理；房屋以及相关设施的维修；居住证的办理（从2017年3月开始帮公安局承担一些流动人口居住证办理的工作）；流动人口的信息登记以及上报；管理住户的计生工作（住户的婚育状况）；调解居民矛盾纠纷等。

### （八）社区收支情况

L社区从本质上说是一个以营利为目的的机构，尽管设立了居委会的牌子，但其实质为企业，企业运营的目的即是营利。L社区自成立以来，经济效益较低，甚至偶有亏损，收入主要依靠居民房租和商铺房子租金，每年将近500万元，但其支出大致与收入平衡，因为社区工作人员的工资全由L集团负责，每年共计100万元（2015年以前是130万元），再加上房屋折旧费、维修费以及房屋建设、旧房改造等费用，约150万元，还需要支付每年约400万元的银行贷款利息，社区收支基本相当，甚至有时会有亏损，社区运营主要依靠总公司的资助。但是，街道每年也会给予社区一定的运营资金用作活动经费，每年为8万元，市民政部门每年大约给予社区6万元，用于补贴社区活动，除此之外，社区取得荣誉奖项时，政府也会给予一定奖励，共计30万元左右。总的来说，社区目前是不盈利的，但也不亏损，虽然经济效益不是其主要盈利点，但其在社会效益方面获益颇多，一方面有利于L集团打造亮点品牌，提高企业声誉与名气；另一方面，促进社会各界的资源不断投入社区，同时也为L集团本身链接了各界资源，从而转化成一定的经济效益。因此，从企业经营的角度来看，L社区这一项目是会盈利的，其带来的社会效益不可估量。

### （九）社区基础设施及其使用情况

目前，L社区占地面积75亩，建筑面积35000平方米。其中，宿舍面积28000平方米，社区办公服务用房和活动场所3500平方米，商铺3500平方米。社区基础设施比较完善，主要包括一个办公大楼、两个文化宫、8幢宿舍楼、一个浴室、一个食堂（目前已弃用）、一个健身广场、一个篮球场、一个文化广场，再加上一条商业街（5家饭店和2家超市）。两个文化宫都建于2003年，分别为文化宫一和文化宫二，由一名员工专门负责看管，上班时间为13：30至21：00，周三闭馆休息。文化宫一主要包括阅览室、爱心室、亲子活动室、影院，目前使用率较低，除了小孩子偶尔去亲子活动室玩耍，很少有居民前来，尤其是阅览室基本上处于闲置状态。文化宫二是一个球厅，主要有乒乓球台和台球桌，球厅以前是免费使用，居民都积极参与打球，但是公共损耗太大。于是，2018年5月开始采取收费制，有偿使用球厅，使用物品需要交押金登记，台球押金100元，乒乓球押金50元，打球也需付费，打台球5元一次，打乒乓球2元一次。从此，居民的参与率和使用率大大降低，很少有居民使用文化宫二。社区浴室只在冬季开放，10元一次；社区篮球场使用率很高，周边居民也会使用；街道文化站在文化广场上两周放一次电影；商业街生意较好，一个店面租金一年 4 万元左右。

### （十）社会活动开展情况

L 社区作为社区居委会，必然要承担组织活动、开展活动的工作，而且 L 社区的管理是以社区活动为基本着力点，通过开展各项活动来促进社区和谐发展。目前，社区活动主要由社区党支部副书记负责。随着社会发展，活动的通知形式也有所不同，以前活动通知主要依靠张贴宣传单、居民口头相传等形式，如今活动通知以微信群、电子显示屏、黑板等媒介传达给居民。社区活动主要包括四类：一是大型活动，L 社区举办过多次大型文艺晚会、十佳居民评选以及集体婚礼等大型活动；二是文化培训活动，社区自成立以来，与街道合办了 6 期高中文化班，共 360 人获得高中文凭；三是劳动技能类活动，社区曾经开展电工、烹饪等培训班，以及电脑培训课、班组长培训班（共培养了 300 多人，持续开展 2～3 期）等各种活动；四是综合素质类活动，社区组织开展了化妆、礼仪等方面的讲座，为了增强居民的法律意识和法治观念，社区还广泛开展“法律进社区”、争创“民主法治社区”等系列活动，举办法治讲座，开展法律咨询、知识竞赛、图片展览、法治文艺演出等活动。

L 社区开展活动的原因主要有以下四点。第一，从社区管理的角度来看，是为了提高社区居民素质，有利于社区管理，这是因为外来务工人员大多文化水平较低，基本素质有待提升。正如社区党支部副书记所说：“只有社区居民的素质不断提高，社区工作管理才好做。”第二，政府的工作规定，社区需要完成市政府和街道下达的指标，党、团、妇联、工会等条线都有相应的活动要求，因此需要社区定期开展活动，如十九大报告解读、反家暴宣传等活动都是社区对政府工作的积极响应。第三，社会各界的关注与支持。L 社区的发展模式经广泛报道后，引起社会关注，各种社会资源涌入社区，比如一些企业、社会组织在 L 社区开展相关活动。第四，社区工作人员的个人因素。有的社区工作人员本身也是外来务工人员，对外来务工人员感同身受，希望借助活动帮助他们化解孤独，更好地融入社区、融入城市社会。

社区开展的活动的动员方式如下。首先，以社区居民需求为导向，活动因需求而定，社区刚成立时，居民以未婚青年为主，主要开展职业培训、文艺舞会等活动，居民的参与热情比较高。近年来，社区开展的活动更侧重于青少年活动，如少年警校、假日学校等。其次，互动式参与社区活动，尤其是社区培训类活动，一般是请老师前来授课，居民与老师之间相互交流，双方互动，而不是简单的教学培训，激发居民参与热情和兴趣。最后，以利益吸引居民参与，L社区居民工作时间较长，很少有时间休闲娱乐，因此参与活动的积极性比较低，社区会通过发放礼品等来吸引居民参与活动。

近年来，社区开展的活动不多。除了必须完成的社区活动，很少举办其他活动，如文艺活动、技能培训、讲座论坛等，但是针对青少年的活动不减反增，造成这一现象的原因也是多方面的。第一，社会大环境等发生变化，网络时代的发展，使居民越来越依赖手机和电脑等电子产品，不热衷于户外活动。第二，政府和社会对L社区的关注度减弱，各项活动资源逐渐转移到其他地方，不再侧重于L社区。第三，L集团的经济效益有所下降，对L社区的资金投入减少，导致开展各项活动的经费不足。第四，居民自身因素影响，一方面，社区居民成家立业后，更加关注孩子的成长，除了青少年活动，对其他活动的参与热情都比较低；另一方面，他们工作时间过长，挤压了休闲时间，无暇顾及社区活动。

## 二　L社区的发展模式

### （一）L社区发展历程

总体来说，L社区的发展呈现“N”形轨迹，L社区的管理模式最初是单纯的物业化管理，只是为外来务工人员提供后勤服务。后来，L社区逐渐形成了社区化管理的模式，社区治理与社区服务井然有序。但是，近几年，L社区又逐渐回归了物业化管理的模式。

具体来说，从2002年至2003年，L社区处于摸索阶段。2002年9月16日，第一批居民入住，主要是A公司和B公司的员工入住L社区，L后勤服务有限公司采用和员工所属企业签订协议的方式，由所属企业出面组织外来务工人员统一办理租住手续。L 后勤服务有限公司向入住该地的住户提供价廉食宿和后勤服务，并通过开发周边商铺等配套服务来实现盈亏平衡。但是这一时期，外来人口刚刚流入城市，而且以未婚青年居多，L 社区出现了许多问题，社区秩序混乱，打架斗殴时有发生，诸如拉帮结派、小偷小摸、随地大小便等问题频发，如何有效管理居民成为 L 后勤服务有限公司的一大难题。2003 年至 2006 年属于 L 社区的起步阶段。2003 年 12 月 16 日，经与当地政府协商，L 社区成立了居委会，开始了社会化管理的历程。外来务工人员以主人的身份参与基层群众自治，并由外来务工人员代表选举产生了第一届 L 社区居委会。这一时期的特点是组织引导管理，社区在团委的基础上成立了党组织、工会、妇联等各种组织，通过积极开展活动，提高居民素质；同时，建立了一系列配套的社区群众自治组织，如由外来务工人员推选产生的社区居民代表会议和根据居住结构和生活实际设立的楼长、层长，实行多层级的社区公共事务群众自治[①]，社区管理获得了初步成效，社区开始正常运行。2007 年至 2015 年为 L 社区的高速发展阶段。在这一时期，L 社区被社会广泛认可，中央领导、各级政府、学者、媒体等都前来社区考察，并给予高度认可。L 社区成为当地的特色品牌与亮点项目，同时也给 L 集团带来了社会效益。可见，在这一时期，社区自治的效果比较显著，居民与社区之间也形成了和谐稳定的关系。但是，从 2015 年以来，由于 L 集团效益亏损、社会关注度下降、政府重视程度下降等因素的影响，L 社区开始走向退化。在这一阶段，与一开始的物业管理类似，除了简单地履行社区日常工作事务，其他社区事务都是由物业部门来管理，更像是一种企业管理的模式。社区与居民的关系倾向于房东与租客的关系，主要依靠社区微信群联系，微信群基本涵盖每个住户家庭，日常事务（主要是维修）直接在微信群反映，居民很少直接参与社区其他事务。对于未来 L 社区能否恢复往日的活力，暂时尚不能确定。正如 L 社区党支部书记所说："L 集团在社区发展中的作用有限，更关

① 熊兢、卢福营：《"三民一体"：突破二元体制的社区建设样本——浙江宁波奉化市 L 社区调查》，《新视野》2017 年第 6 期。

键的是需要政府和社会加强对流动人口的关注与重视。”

## （二）L社区行之有效的管理方法

**1. 组织化引导**

社区在正式成立居委会前，先成立了党、团、妇联、工会等组织，将一盘散沙凝聚在一起，并且从中涌现了许多优秀人才，比如宁波市政协委员、宁波市劳动模范、全国共青团代表等。社区在实现治理过程中，充分发挥社区骨干的先锋模范作用，带动其他人进步和提高社区居民的综合素质。同时，社区成立了很多社区组织，如义务消防队和秩序维护队，将一些外来务工人员收编于这些组织中，增加外来务工人员的社会责任感，他们在参与社区治理的过程中发挥自身价值，服务社区居民，提高社区凝聚力，推进社区的和谐发展。

**2. 社区化管理**

为实现外来务工人员的自我管理，2003 年，L 社区通过选举产生了全国首个外来务工人员自治组织——L 社区居委会，在 7 名居委会成员中，有 4 名是外来务工人员。同时，L 社区居委会制定了《居民自治章程》，并在全体居民中选举 35 名居民代表，按季召开会议，讨论社区管理事宜。社区还在各公寓楼设置了居民意见箱，及时搜集、处理、反馈大家的意见和建议，努力实现自我管理、自我教育、自我服务和自我监督。社区建立了与企业协同管理网络，凡有职工居住在 L 社区的企业，都落实了 1 ~ 2 名联络人员，协助管理。此外，社区还建立了各种规章制度，包括昼夜值班、卫生督查、楼室综合评比等制度，对社区的环境卫生、安全防范、文化娱乐、住宿等都做了明确规定，对居委会成员、办事人员、部门负责人、保安、清洁工等人员分别制定了工作职责，做到职责明确、有章可循。L 社区还相继成立了党支部、工会、共青团、妇联、计生等组织，并根据工作需要相继开展活动。目前，L 社区有 5 个居委会委员、37 个居民代表和 18 个楼道小组长，居委会委员由居民代表选举产生，居民代表由三种途径产生：第一，居民推荐，以楼层为单元，每层推荐一名，以尊重居民意见；第二，企业推荐，100 个入住职工可推荐一名，以反映居民需求；第三，L 社区居委会推荐，因为与居民接触面广，对居民了解比较全面，可以发现最合适、最有活力的居民代表，让他们在社区治理中发挥积极作用。居委会委员选举产生之后，就进入常态运作，定期开展议事，解决了许多社区问题，比如，改变电价分配机制、扩大广场面积等。

居委会委员任期3年，目前已举行了6届居委会委员选举，但是居委会委员基本固定不变。2015年以前，非专职的居委会委员享受每月200元补贴，加上一年两次的旅游机会，这些福利吸引他们积极主动地参与到社区治理中。但是，近两年非专职委员的补贴经费和各种福利已取消，他们也很少再参与社区事务。总之，这种社区化的管理在一定程度上体现了有序的社区自治。社区化管理的方式不仅有效维持了社区秩序，也为流动人口社区的治理提供了经验支持。L社区实施的社区化管理既填补了现行流动人员管理体制的空白，又为城市社区吸纳农民工提供了制度性渠道，有序的自治管理有了存在和演进的基础①。

**3. 人性化服务**

自L社区成立之初，L后勤服务有限公司就针对外来务工人员的特点，提出“市民化对待、亲情化服务、人性化管理”的目标，服务居民，方便他们的生活和工作，帮助他们解决问题，这是L社区的基本定位。L社区成立后，当地政府各部门都在村里设立了工作联络室，为村民提供服务。目前，L社区建立了流动党员活动室、警务室、司法联络室、青年活动室、计划生育指导室、医疗室等。

L社区旨在成为外来务工人员的第二个家，使其安居乐业。因此，L社区的每个工作人员都有严格的语言规范要求，“关心人、尊重人、理解人、保护人”不仅是工作制度，而且具有明确的可操作标准。另外，L社区工作人员在日常工作中非常重视主动与村民沟通，他们采取走问式方法，及时与居民沟通，了解居民需求，并且在各宿舍楼设置了居民意见箱，及时搜集、处理、反馈居民的意见和建议，帮助居民解决困难。在居民就业方面，定期开展诸如班组长培训班、电脑培训班等培训活动，为待业居民介绍合适的就业岗位；在居民生活方面，设置应急借款基金，补贴困难用户，评选十佳居民，举办集体婚礼，与社区居民建立比较深厚的情

① 顾骏：《活力与秩序——浙江L村农民工社区的理论研究》，宁波出版社，2008，第78页。

感，虽然这些活动的费用成本较高，但效果也很显著。这也为社区的有序管理与运营带来一定作用，因为作为企业运作的L社区不具有公共权力机构的强制力，只有得到居民的认可和认同，才能产生实际的管理效果。总之，提供人性化服务是L社区服务居民，实现管理目标的重要手段。

**4. “校育式”培养**

L社区刚成立时，社区居民大多是初中毕业的未婚青年，由于家庭条件的限制，过早外出务工，没能获得足够的文化教育，文化水平较低。因此，L社区通过社区再教育来提高居民各方面的素质。第一，文化水平方面，社区与当地教育局合办高中文化班，现如今已举办过6期，共360人顺利毕业。另外，当地教育局还在社区建立了电大培训点，有128人于电大毕业，获得大学文凭。第二，劳动技能方面，通过举办电工、厨师、酒店服务、班组长等培训活动，进一步提升居民的技能水平，帮助其更好地就业。第三，综合素质方面，L社区也开展了一系列诸如女子礼仪、化妆和宁波方言等素质培训活动，以促进社区居民更好地融入本地社会。通过“校育式”培养的方法，社区培养了许多优秀的外来务工人员，有的成为社区骨干、社区志愿者，甚至社区工作者，从而为L社区的管理服务提供了人力支持。

## 三　社区治理：多元合作共治模式

### （一）多元合作共治模式

作为一个特殊的流动人口社区，L社区具有独特的治理环境。在过去的十多年治理实践中，在地方政府的指导和支持，以及社会各界的协同下，根据社区的特殊治理条件及其变动，与时俱进地探索和调整社区治理策略，创新社区治理机制，推动了社区的和谐与发展[1]。居委会是L社区自治的主要依托，接受X街道的指导与支持，X街道背后是区政府。L后

① 熊兢、卢福营：《“三民一体”：突破二元体制的社区建设样本——浙江宁波奉化市L社区调查》，《新视野》2017年第6期。

勤服务有限公司承担社区的物业管理和后勤服务，社区居委会负责社区范围内公共生活事务的管理，居民可以把需求和意见反映给居委会，居委会可以进一步把居民需求和意见向政府反映，形成企业、政府和社区居民三者的分工与合作，从而形成一种独特的多元合作共治模式。具体来说，这是一种企业、政府、社区居民等多元主体彼此互联互动，各司其职又相互合作的社区治理模式。

**1. 企业化运作**

在L社区治理实践中，企业是其主要治理主体，社区大小事务都经由L后勤服务有限公司解决。也就是说，L后勤服务有限公司为L社区工作的实际执行者，占据社区治理的主要地位。

首先，L后勤服务有限公司的性质是股份合作制，拥有独立法人资格。L后勤服务有限公司作为企业有较大的自主权来进行社区营运，在社区治理中承担重要功能。因此，L后勤服务有限公司在总公司的支持下独立投资建设L社区的基础设施，为入住的外来务工人员提供了相对舒适的生活环境。同时，L后勤服务有限公司成立了办公室、物业部等管理服务机构，组建了专门的管理服务队伍，还制定了一系列管理服务规章制度，在居住、休闲、文化娱乐、业余教育等方面，积极开展活动与服务，为入住的外来务工人员提供了较为优质的管理服务。

其次，L后勤服务有限公司高层领导兼任L社区居委会和社区组织的领导，在社区组织中处于主导地位。L社区居委会虽由民主选举产生，但L后勤服务有限公司的领导凭借其公司高层领导、专职社区工作者的角色，以及拥有丰富社会资源等特有的优势，兼任L社区居委会主任、副主任等职务，管理社区事务，成为社区治理的主要力量。

最后，L后勤服务有限公司承担了企业的社会责任，在工作中结合社区特点和企业自身的独特性进行调整与创新，不仅将社区管理服务工作做得有条不紊，而且把各项党政部门推行的社区创建活动开展得有声有色，得到了各级党政部门的广泛认同，并获得了众多荣誉和奖励。

**2. 政府的引导角色**

在L社区的治理模式中，政府所起的作用可以简单地表述为“政府掌舵，企业划桨”，政府在L社区治理中发挥着至关重要的作用。在L社区的治理结构中，政府管理是不可缺少的组成部分，政府发挥引导作用，但只是在必要的时候适当地进行干预。

第一，政府虽然授予企业较大的自主权，但也对其起着监督作用。政府（X 街道办事处）与 L 集团初次签订合同时保留了 10% 的股权以确保政府在重大事项和关键问题上具有否决权，其目的就是要在项目运行中拥有一定的指导权和调控力。直到 5 年后，政府才完全将股权转让给了 L 集团，但依然与 L 集团保持着密切联系，并以多种方式参与对社区建设和治理的指导。在 L 社区组织架构中可以看到，社区党支部（现已发展为党总支）、工会、妇联在社区治理中也发挥着重要作用，政府专门指派一位街道党委成员负责联系和指导 L 社区工作。总之，社区治理经由社区居委会实现，但政府并没有完全退出。L 社区党支部发挥监督和控制企业管理和服务的重要作用，政府不直接参与管理和监督，而是由各种组织来实现这些功能，这种监督是共享前提下权力有效运行的重要保障。

第二，政府以创建活动为载体，引领社区治理。在社会治理中，地方党政部门时常借助创建活动引领基层治理。L 社区自成立以来，各级党政部门、各个政府条线部门就先后发起和开展了诸如文明社区、和谐社区、学习型社区、民主法治社区等各种社区创建活动，充分发挥政府引领社区建设与治理的重要作用。正是在这些创建活动的引领下，L 社区才有机会结合自身实际卓有成效地推进社区治理的发展与完善。

第三，政府是 L 社区有序运行的保障。自 L 社区成立以来，当地政府就重点关注 L 社区对流动人口的管理，为社区提供了一定的政策资源，如各种奖励和补贴，为社区发展提供了一定的资金支持；同时，通过媒介宣传，引导社会资源流向 L 社区，如鼓励红十字会、学校以及其他民间组织参与到社区服务之中，从而促进了 L 社区的快速发展，使 L 社区成为当地的亮点品牌。

**3. 社区居民参与自治**

居民自治是社区治理的基础。在 L 社区，居民主要是农民工。在 L 社区治理中，入住社区的农民工获得了与当地居民相同的基层群众自治权，开展了多样性的自治活动。

第一，定期举行民主选举。自 2003 年 12 月由农民工代表进行民主选举产生第一届L社区居民委员会以来，按基层群众自治制度的规定，已先后进行了6次换届选举，但L社区居委会委员由社区居民代表在L后勤服务有限公司职工和居民中选举产生的原则始终没有改变。在社区居民自治的实践中，社区积极开展各种自治活动，得到了社区居民的普遍认可。在本次调研访谈中，居民大都很认可社区，对社区的工作人员比较满意，尽管近几年，由于各种因素的影响，社区居民参与自治的热情逐渐下降，很少有居民真正参与到社区自治之中，但是社区自治的程序还在，并依照规定开展民主选举等自治活动。

第二，建立了共青团、妇联、工会等组织。这些组织相对独立，各自联系着特定的农民工群体，在上级组织的部署和指导下积极开展各类自治活动，在一定程度上丰富了L社区的自治活动。在社区发展的前期，居民以年轻人居多，多数居民都愿意积极参与各种社区活动，尤其是各种文艺活动和志愿服务活动，他们不仅是参与者，而且是组织者，并积极投入社区治理实践中。

第三，积极培育和发展社会组织。在L社区治理实践中，社区的社会组织的培育与发展是其关注重点。十多年以来，L社区先后成立了书画俱乐部、知心姐姐志愿服务队、小陶工作室、义务消防队、秩序维护队、远足俱乐部等数十个社会组织。这些社会组织将居民与社区紧密联系在一起，开展了多样化的活动。尽管近几年，这些社会组织开展的活动很少，但在社区发展的进程中，其为社区带来了比较显著的自治成效，吸引居民参与社区活动，提高了居民的参与感，推动他们快速融入社区、融入城市社会。

综上所述，就其性质而言，L社区的治理模式属于多元合作共治。治理有别于管理的一个重要特点，就在于主体的多元性，即由国家和政府的单一主体转变为政府、社会、市场等多种主体。L社区治理的亮点之一，就在于L集团与政府、社区居民以及其他社会力量的多元合作共治，较好地体现了企业与政府、社会的良性互动和协同治理。特别是在治理中较早地践行了政府与企业的合作共赢理念，由X街道办事处主动策划与推动，L集团投资建设和营运，政企双方共同合作建设和管理外来务工人员聚居地的 L 社区，实现了企业、政府与农民工共建、共治、共赢的目标[①]。

## （二）L 社区的特殊性与治理困境

作为基层治理的一种实现形式，社区治理由谁负责？谁在治理中占主导地位？这些是有待探讨的问题。近年来，中国基层社会逐渐由管理向治理转型，政府的社区建设责任相应地由全面负责转向主导，并鼓励和倡导社会力量广泛参与和多方协同，也就是说，社区建设与社区治理正从单一主体转向多元主体。在 L 社区的治理模式中，政府不再直接介入社区建设过程，只是扮演指导者角色，承担一定的引导和服务责任。L 集团转而居于主导地位，承担建设和管理服务的主要责任。外来务工人员既是社区管理服务的对象，又参与社区建设和治理，构成社区建设的重要主体。

从严格意义上说，L 社区只是外来务工人员的集中居住地，是一个极具特殊性的流动人口社区。伴随工业化和城市化的迅速发展，大批农村人口流入发达地区，或进入城镇务工经商，尤其是在城郊地区形成了多种形式的外来务工人员聚居地。郊区社会是一个城乡关系紧密的人口流入型社会，大量外来人口流入且成为常住人口，引发一个社会再组织化的过程，例如“都市村社共同体”现象[②]。因此，区别于传统意义上的城乡社区，L 社区呈现一系列的特点。第一，L 社区是一个外来务工人员聚居地，农民工是社区成员构成最主要的主体。L 后勤服务有限公司则作为业主和农民工生活服务的提供者，成为社区的重要组成部分，形成了独特的社区结构。第二，入住 L 社区的外来务工人员虽然在当地工作，但户籍却在老家，并非 L 社区的户籍居民。在户籍地管理制度下，L 社区的居民权利受到了特殊的体制束缚。第三，外来务工人员居住在 L 社区，但只是租客，并非 L 社区的业主，因此社区也没有业主委员会，居民的权益得不到有效保障，且参与社区治理的范围有限。第四，L 后勤服务有限公司投资建设了社区公寓和物业等，实际上是 L 社区的业主。另外，公司负责人还兼任

① 卢福营、熊兢：《优势主导——多元共治模式下社区治理体制创新》，《河南社会科学》2017 年第 9 期。

② 熊万胜：《郊区社会的基本特征及其乡村振兴议题——以上海市为例》，《中国农业大学学报》（社会科学版）2018 年第 3 期。

L社区居委会主任、副主任等职务，成为事实上的社区主导者。由此可见，L社区并非一般意义上的社区，而是一个特殊的流动人口社区。

这些特殊性都给社区治理带来了诸多挑战，尽管这一模式无疑是成功的。但近年来，L社区的发展又趋向退化，社区治理面临诸多困境，突出表现为以下六点。第一，作为一种特殊的流动人口社区，其治理缺乏可供参考的标准，需要社区不断探索。第二，由于社区的特殊性，相关部门没有完全按照一般城镇社区的相关规定提供相应的人力、资金、公共物品等治理资源，社区的资源基本由L集团提供。虽然社区公共设施建设和公共服务有一定公共财政支持，但主要还是依靠企业的供给，缺乏公共财政和公共资源的保障。第三，有关部门在领导或指导社区治理与建设的过程中，往往按照统一的规定和要求，不自觉地将L社区纳入城镇社区范畴，下达各项创建任务和治理工作，未能从社区的实际情况出发进行有针对性的安排，导致L社区在治理实践中遇到诸多矛盾与冲突。第四，L社区"两个主体、一套班子"的组织架构，造成社区职能混乱，再加上缺乏专业社区工作者的指导，社区治理专业化程度较低。第五，社会居民都是外来务工人员，属于流动人口，流动率较高，新入住社区居民的培养以及社区骨干流失等问题给社区带来较大压力。第六，L集团在近年的发展中陷入低迷状态，企业效益亏损，进而降低了对L社区建设与治理的支持力度，对L社区的建设与治理形成了严峻挑战。

人口流入的发达地区是我国实现基层治理体系和治理能力现代化的先行先试地区。发达地区的经验说明，形成政府-社会-市场三方协同、良性互动的城乡基层治理格局，关键是政府要找准自身的角色定位[①]。因此，作为发达城市的郊区社会中的一个特殊性社区，L社区在治理中更需要政府的关注与有效引导，政府需要充分发挥作用，协调好各治理主体间的关系，促进各个治理主体共同发挥作用，链接社会各方资源，探索更加有效的流动人口社区治理模式。

---

① 叶敏、熊万胜：《人口流入型地区城乡基层治理的主要问题与地方创新经验》，《地方治理研究》2018年第2期。

## 四　社区居民：流动的农民工群体

L 社区的居民都是来自全国 20 多个省份的外来务工人员，L 社区刚成立时居住人口是以单身的年轻人为主，平均年龄 23 岁，但是如今社区的年龄层次发生很大的变化，社区共有住户 1256 人，居住人口以已婚家庭为主，大约占总人数的 80%，未婚青年较少，约占 20%。因此，本次调研在 L 社区共访谈了 32 位农民工，只有 2 个人是单身未婚青年，1 个人是已婚独居的，其他都是以家庭为单位居住在 L 社区的。

### （一）代际差异视角下，两代农民工的基本概况

本文主要使用学界对两代农民工的划分，将 1980 年以前出生的农民工称为“老一代农民工”，1980 年以后出生的农民工称为“新生代农民工”[①]。因此，本文简单地将 L 社区中居住的农民工按照 40 岁划分为两代农民工。在此次调研中，一共访谈了 32 名农民工。其中，有 40 岁以上的老一代农民工 11 人，40 岁以下的新生代农民工 21 人；女性农民工 18 人，男性农民工 14 人。

**1. 工资水平**

L 社区的居民主要为周边企业的员工，大多从事劳动密集型行业，以服装、机械、模具、水洗、汽车零件等行业为主，由于技术含量不同，劳动强度不同，农民工的工资也有较大的差异。访谈发现，L 社区的农民工的工资水平普遍较高，但也呈现明显的代际差异。访谈的 32 名农民工中，40 岁以下的有 21 人，其中有 18 个人月工资在 7000 元左右及以上；40 岁以上的有 11 人，月工资在 7000 元以上的仅有 2 人，工资基本都在 3000～4000 元。从这个比例中可以看出，新生代农民工的工资水平相对较高。

**2. 文化水平**

一般来说，农民工大多是由于家庭经济条件较差，文化水平有限，才

① 王春光：《新生代农村流动人口的社会认同与城乡融合的关系》，《社会学研究》2001 年第 3 期。

会流向城市打工。据社区工作人员介绍，L 社区刚成立时，社区居民以未婚青年为主，学历较低，多数是初中毕业，但是通过社区开展的高中文化班和电大的学习，这部分农民工获得再教育的机会，文化水平得以提升。目前，随着人口流动，社区居民也发生变化，访谈发现，L 社区的农民工的受教育年限延长，文化水平明显提高，但同样存在明显的代际差异。在 11 名老一代农民工中，7 人是初中文化水平，4 人是小学文化水平；而在 21 名新生代农民工中，5 人是高中文化水平，10 人是中专文化水平，6 人是初中文化水平。可以看出，新生代农民工的文化水平相对高于老一代农民工，这在很大程度上影响了两代农民工在城市的融入程度。

**3. 务农经历**

相较于老一代农民工，新生代农民工的务农经历很少。新生代农民工大多是初中或者高中毕业就外出务工经商，根本不具备务农的经验和技能，更不具备基本的农业常识，与农村和土地非常疏远。因此，他们与农村土地的心理距离和地理距离都在不断拉大。在访谈中了解到，40 岁以下的新生代农民工的务农经历仅是小时候下地帮家里干过活，结束学业出来打工后就基本上没做过农活，被问及家里有多少土地时，他们甚至都说不上来。40 岁以上的老一代农民工大多是结婚前后都在家务农，因家庭收入低，才选择外出务工，他们对土地很了解，明确知道家里有多少亩地，甚至也包括村里其他人家的地，并且很清楚地知道目前是谁在种植、种植什么农作物。也就是说，老一代农民工即使在外务工，也依旧牵挂家乡的土地。

**4. 社保缴纳情况**

随着国家社会保障制度的完善，农民工被纳入城市职工保障体系之中，参保率显著提高。调研发现，40 岁以下的新生代农民工大部分都买了社保，所属企业大都会主动给他们缴纳社保，而且他们在找工作的时候会特意找有“五险”待遇的企业，一是为了子女的教育，二是为了自我保障。40 ~ 50 岁的农民工买社保的较少，这个年龄层次的农民工是否缴纳社保与流动频率有关，流动次数少且出来打工很多年的人，就会缴社保，而且为了缴满 15 年社保，几乎不会换工作。在访谈中，有一位 45 岁的阿姨就为了社保而一直留在厂里工作，她说：“如果不是还差几年社保，早就回老家了。”而其他经常性流动的中老年农民工，一般不会在工作单位缴社保，大多已经在老家买了新农保和医保。另外，就访谈的这些人而言，50岁以上的农民工都没有在工作单位缴社保，一方面，所属企业不建议他们缴社保，因为年纪大了，缴社保不划算，企业每个月会额外给几百元作为补贴；另一方面，他们个人不愿意缴社保，认为自己不会长时间在外打工，可能一段时间后就回老家了，不需要在外地缴社保。

**5. 消费情况**

老一代农民工与新生代农民工在消费上有很大的差异，不仅仅表现为消费观念的不同，更表现为消费行为的不同。40岁以下的新生代农民工的开销比较大，每月开销在2000～3000元，钱主要花费在孩子身上，他们的孩子基本上在当地长大，并在当地上学，无论是吃饭，还是买衣服，都是以孩子为重。而且40岁以下的新生代农民工家庭基本上都买了汽车，每年花在汽车上的费用也比较多。但是他们暂时都不需要赡养父母，父母在经济上是自给自足的，偶尔还会补贴子女。因此，他们的消费目的和赚钱目的都是满足自我和子女的需要。40岁以上的老一代农民工通常比较节约，个人的生活费很少，一个月1000元左右，大多是为了攒钱给孩子读大学、买房子以及结婚用，即使孩子结婚了，他们也会努力赚钱帮孩子买房子，此外，他们还需要赡养老人，家庭负担很重。因此，他们的个人生活费很少，赚钱的目的不是满足自身需要，而是满足家庭需要。例如，当问及他们是否会出门游玩时，有一位50岁左右的阿姨回答道：“很少会出去玩，因为出去意味着要花钱，偶尔去外面走走也都是去附近不要钱的公园。”

**6. 外出务工动机**

老一代农民工在进城务工之前长期生活在农村并从事农业生产活动，其主要的社会关系也在老家农村，他们具有浓厚的乡土情感，因此他们进城务工的目的往往是谋求生计，其在城市社会中的心理和行为模式也大多围绕赚钱这一强烈动机，他们并不渴望融入城市社会，成为城市市民，更多的是一种生存逻辑。在访谈中，40岁以上的老一代农民工大都表示进城务工是出自经济压力，希望外出打工赚钱以养活家庭。而新生代农民工由于在外出务工前长期求学，脱离农业生产，对农村文化和生活方式较为陌生，因此新生代农民工往往更加向往城市生活，具有强烈的融入城市社会的愿望和动机，其外出务工的目的不单单是增加收入，而且是寻求身份的改变，他们渴望融入城市社会，成为城市居民，更多的是一种发展逻辑。在访谈中，一位32岁的农民工表示："出来打工，就想着能看看城市是什么样的，不想留在家干农活，没什么出息。人家都出来打工，混得很好，我也可以在城市发展，以后留在城市，买个房子。"

**7. 留城意愿**

在留城意愿上，两代农民工既有差异，也有共同之处。就本次访谈的这些人而言，几乎都没有明确表达自己想要在宁波买房的意愿，大部分人都说想回老家买房（访谈中的32人中，有5个人已经在老家县城买房），或者在老家盖新房，或者是看孩子在哪儿发展就帮助孩子在哪儿买房。尽管两代农民工都表达出自己的返乡意愿，但其原因是不同的。老一代农民工是基于个人真实想法，表达自己返乡养老的意愿，主要是由于乡土情结比较浓厚，认为老家才是自己的家，而且亲戚朋友和家人都在老家，这对他们来说是一种牵绊，对城市没有归属感。而新生代农民工虽然大多也表达出自己未来想要返乡养老的意愿，但主要是基于理性的考虑，由于打工的城市房价太高，没有足够的资金买房，被迫选择回乡买房或盖房，而且城市生活成本过大，不适合养老生活。正如一位34岁的农民工所言："想是想在这里生活，毕竟小孩子在这边读书也很好，但总是要回去的，在这里，哪买得起房子，还是准备在老家县城买。"

**8. 城市融入程度**

老一代农民工对农村有较高的认同，他们外出务工的目的是赚钱、养家糊口，对城市生活的认同度较低，融入程度较低。他们即使在城市生活了十几年，也从来不会将自己看作城市人。因为大多数老一代农民工的生活意义是指向农村的，随着个体生命历程的推进，身体机能逐渐老化，家庭任务也已完成，他们在尽到为人父母的责任之后，渴望叶落归根。在访谈中，笔者了解到，老一代农民工很少与当地人交流，社会交往圈子也主要是老乡。一位62岁的叔叔说道："我们又不是城里人，出来打工也就是为了赚钱，很少能认识朋友，平时都是在家里看看电视，还是老家舒服，以前都不着家，到处串门。"新生代农民工与老一代农民工存在不同的价值观念、行为模式、生活方式等，他们对城市有较高的认同，对农村的认同逐渐淡化。尽管新生代农民工渴望融入城市，但是他们很难跨越外在的社会结构性因素，难以真正融入城市。在访谈中，笔者了解到40岁以下的新一代农民工尽管比较适应城市生活，但是由于户籍、房子、职业等原因，他们认为自己与城市居民差距很大。

## （二）农民工的生活模式

总体来说，农民工在城市的生活越来越惬意，而不是仅仅把城市作为一个赚钱的场域。他们有自己的社会关系网络，不仅包括老乡关系、同事关系，还有一些其他方面的朋友关系，比如以孩子为中介，父母之间逐渐建立了联系，他们有一些共同的集体活动，比如聚餐、爬山、相互之间走人情。农民工对生活也有了一定的要求，而不是尽量压缩自己的生活成本。他们在城市有正常的消费生活、职业生活等。他们在城市生活是一种过日子的逻辑，而不是生存的逻辑。同时，由于各种结构性因素的限制，农民工在城市中的社会融入上处于困境，正是王春光所说的“半城市化”[①]。这种“半城市化”状态体现在很多方面，本文主要强调以下六点。

### 1. 农民工的工作时间

工作时间长、休息时间短是农民工工作的最主要特点。他们虽然职业不一样，但有一个共性，即都在工厂里工作，每天工作时间长达12小时。一个月最多休息两天，甚至有好几个人说他们是根本没有休息日的。过长的工作时间侵占了他们的日常生活时间，他们工作之余所剩的空闲时间较少。主要把空闲时间用于自我的休息，在一定程度上造成了他们相对封闭的生活状态，在访谈中，可以了解到他们主要的生活就是工厂和宿舍两点一线，如果需要接送孩子上下学，就是学校、工厂、宿舍三点一线，几乎没有休闲时间，空闲时间主要是待在宿舍，或者在社区附近散步，很少会出门玩或者旅游，也很少结交朋友。例如，一位45岁的阿姨说：“每天上班很累，又不休息，哪有时间出去玩。一下班，回家做做饭，看看电视，就准备睡觉了，很少会出门。”

---

① 王春光：《农村流动人口的“半城市化”问题研究》，《社会学研究》2006年第5期。

**2. 农民工职业流动**

农民工进城之后，跨省、跨区域的流动比较频繁，尤其是老一代农民工，大多数都已经换了好几个城市。在访谈中，有的农民工甚至去过广州、深圳、杭州等十几个城市，但是停留时间比较短，很不稳定，职业更换频繁。另外，农民工的职业流动并不仅仅是一种平移，同时还有向上移动的可能。调研发现，有 4 名农民工都表示自己目前在工厂里担任组长或者班长的职务，从他们的访谈中，可以提炼出几个共同点：一是在所属工厂里工作了 5 年左右，对工厂的生产和流水线比较熟悉；二是有技术，积极参与职业培训，踏实肯干；三是人际关系较好，受到老板的信任。这些共同点也是农民工在工作单位得以向上流动的前提，职业的向上流动也意味着职业地位的提升。

**3. 农民工家庭本位的务工生活**

本次调研的访谈对象多数是已婚已育的农民工，所以农民工家庭本位的特点比较明显，主要体现在五个方面。

第一，农民工以家庭为迁移单位。部分家庭可能是一次性举家流动，但更多的家庭选择渐进式流动模式。人口流动的家庭化过程大致有 4 个阶段：第一阶段——单个个人外出流动阶段，流动人口利用农闲季节外出务工，以短距离流动为主，大多数青壮年流动人口单身外出，农忙季节依然回家，没有脱离家庭生活；第二阶段——夫妻共同流动阶段，随着流动范围扩大，跨省、跨区域流动成为主体，流动人口基本脱离农业生产，夫妻双方均外出务工，子女留给家里的祖父母或其他亲属照顾；第三阶段——核心家庭化阶段，青壮年流动人口在外地站稳脚跟后，在经济条件许可的情况下，安排子女随迁，在流入地生活、就学；第四阶段——扩展家庭化阶段，核心家庭在流入地稳定下来之后，青壮年流动人口进一步将父母列入随迁的考虑范围①。L 社区的农民工大多也经历了这一过程。调研发现，目前社区内的农民工都是以家庭为单位流向城市，夫妻都在宁波务工，孩子也跟随父母生活。这与子女在宁波的入学条件也有很大关系，子女在宁

① 段成荣、吕利丹、邹湘江：《当前我国流动人口面临的主要问题和对策——基于 2010 年第六次全国人口普查数据的分析》，《人口研究》2013 年第 2 期。

波上学必须要求提供夫妻双方的社保证明，因此，夫妻双方都会出来打工。迁移不仅是以核心家庭为单位，也有很多以主干家庭为单位，老人会来到城市帮助子代家庭照顾小孩、料理家务。在访谈中，笔者了解到，农民工夫妻不愿意将孩子留在老家由父辈照顾，但是留在城市，又无暇照顾孩子，因此，通常都会让父辈前来照顾孩子。

第二，日常行动也以家庭为单位。结婚生子是农民工生命历程中的重要事件，结婚后，生活的各个方面都发生变化，突出表现为以家庭为单位进行日常行动。在访谈中了解到，这些农民工在结婚前都是比较爱玩爱逛的人，经常跟同事、朋友一起出去吃饭、唱歌；结婚后，基本上都是以家庭为单位出去玩，或者带孩子逛超市，很少会与朋友单独出去玩，这一点在女性身上体现得更加明显。在访谈中，有个独居的阿姨称不愿意跟别人出去玩，因为别人都是夫妻俩一起出来打工的，自己一个人也不好意思跟着出去玩。“一个人在外打工比较孤单，人家都是结伴的。”

第三，务工收入的核算以家庭为单位。农民工的经济收入都是以家庭为单位来核算的，将家庭收入看作一个整体的收入，而不是割裂为个体的收入。在访谈中，他们会不自觉地说出夫妻俩一个月的收入有多少钱，或者一家人年收入多少钱。在访谈中，有一位 50 岁的叔叔就说：“我和我儿子一个月一万多块，老婆和儿媳的工资少一点，五六千块，可以用于生活开销。全家如果好好赚钱，一年就可以把家里的债还清，然后再买辆车开。”

第四，务工的最终目的也是满足家庭再生产的需求。农民工离开家乡外出务工的目的不仅仅是赚钱买房买车，更重要的是给孩子更好的生活环境和教育环境。调研发现，农民工非常重视子女的教育，多数农民工都将孩子带在身边，留在城市上学，就算托关系、走后门都要让子女在当地的学校上学，给他们更好的教育条件。不仅如此，L 社区的孩子基本上都在上辅导班和兴趣班，例如游泳班、舞蹈班、绘画班等，这些都是农民工重视子女教育的体现，而重视子女的教育从根本上说，是为了家庭的绵延发展。正如一位农民工所说：“现在就这一个孩子，肯定不舍得让她留在老家。爷爷奶奶管不好，而且上学条件太差了，我怎么辛苦都要让孩子在这里上学。她想学什么，我也都尽量满足，也是为了她以后好，不像我们这代这么辛苦就行。”

第五，家庭是农民工最重要的认同单位。在农村社会，由于社会关系网都是基于血缘和地缘建立起来的，所以他们通常是以村为认同单位的，心理上认同自己是某个村的人，并且很少会发生变化；而在城市，他们通常是以家庭为认同单位的，认为自己不算是L社区的人，因为在L社区没有户籍，没有自己的房子，而且工作不稳定，流动性比较强。正如一位农民工所说：“我不算是L社区的居民，一没房子，二没户口的，我们就是暂住在这里，说不好哪天就搬家了。”

**4. 农民工的社会交往**

首先，农民工在城市建立了新的社会关系网络，不仅包括老乡关系、同事关系，还有一些其他方面的关系，尤其是以孩子为中介，家长之间逐渐建立了联系。通常来说，通过接送小孩或者参加班级活动认识之后，家长之间就会经常来往，这一点尤其体现在孩子母亲身上。而孩子父亲的社会交往圈子会略广于母亲，他们由于工作原因，会接触到更多的人，建立更加广泛的社会交往圈子。

其次，农民工的社会交往呈内倾性。中国农村社会的血缘结构和地缘结构十分深厚，农民工来到陌生的城市打工，亲戚和老乡成为他们可以寻求帮助的对象之一，同乡关系成为农民工社会资本的重要组成部分。农民工凭借以血缘和地缘为基础的初级关系网络获得信息和支持，同乡关系是其进入城市、融入城市、扎根城市的主要途径①。因此，调研发现，L社区的农民工主要交往的对象包括亲戚、老乡以及工友。他们大多数都有亲戚、老乡和同事的微信群，会经常通过微信聊天。比如，一位阿姨就主要通过老乡群唱山歌打发时间，她很少会与社区其他人交流，社会交往主要通过老乡群实现。因为亲戚与老乡对他们来说很重要，也是他们找工作和日常相互帮忙的主要对象。比如，以个人名义入住L社区的农民工大多是通过老乡的介绍，外出务工及工作也大多是通过亲戚和朋友的介绍。但是他们的社会交往形式也反映出家庭生活的私人化趋势。在L社区，串门现

① 丁彤：《生命历程视角下社会变迁对农民工社会关系网络变化的影响》，《前沿》2015年第7期。

象比较少，一般就是自己亲戚和要好的朋友会互相串门，“关起门来过日子”逐渐成为常态，他们的基本日常交往都倾向于退居门外进行，通常是下班后在社区广场上与其他人交流。

此外，L社区的农民工和本地人来往较少，因为居住和工作的限制，他们与本地人处于相对隔离的状态，再加上日常工作时间过长，他们没有时间和机会与本地人有过多的接触。同时，他们普遍认为本地人对外地人有歧视，他们不会主动和本地人来往，相比之下，他们更愿意与同住L社区的外地人来往。外地人与本地人之间的矛盾，也是影响农民工社会认同与社会融入的因素。在访谈中，一位56岁的女性农民工谈及本地人，她的肢体动作和语言都表达了强烈的不满情绪。她还举了一个生动的例子说明本地人的排外行为，她在银行排队办理业务时，银行工作人员优先为自己认识的本地人办理业务，而略过排在前面的她。

**5. 农民工的“买车热”**

调研发现，L社区内许多农民工都买了汽车。这也反映了农民工生活条件的改善，人们对生活的要求不断提高，消费水平升级。在访谈的32位农民工中，有26位是在宁波买的汽车。从表面上看，农民工买车是为了上班和回家便利，但进一步来看，买车也是他们展示务工成果的一种方式，是他们获得面子的一种手段，可以满足自己的心理需求。比如在访谈中，一对比较年轻的夫妻就说：“现在，大家也都买车了，过年回家，人家都是开车回家的。年轻人心气儿高，自己也就想买车，所以，我们商量后，今年买了辆车，回家也方便点儿。”

**6. 女性农民工的劳动力再生产问题**

最初农民工外出务工时，男性进入城市，女性留守村庄，种田及照顾未成年子女，从事家庭劳动。但是，现阶段许多农村女性也都选择外出务工。在L社区，大多数农民工都是夫妻双方一起外出务工，这些年轻的女性农民工的个人生命历程基本可概括为：结束学业之后，直接进入劳动力市场，与男性一样从事各种职业获得工资收入，怀孕生产时会暂时告别职场，待生完孩子以后，大多数女性会重新进入职场。她们的务工过程呈现阶段性。她们能重新进入劳动力市场，离不开父代的帮助。父代帮助新生代农民工照顾子女，实际上也是牺牲了个人的务工机会。

但是，隔代抚养把新生代女性农民工从子女养育的责任中解放出来，使她们获得了在劳动力市场的就业机会，实现了劳动力的再生产。相比老年妇女，年轻女性农民工更容易在劳动力市场找到工资相对较高的工作。基于经济积累的考虑，许多有了孙辈的女性会退出劳动力市场。在L社区内，有很多年纪稍大的女性专门在家里负责给已婚子女带孩子。但是，相对于男性来说，女性更加专注家庭，会把更多的时间用于家庭事务的处理。因此，她们很少能在职业上有相应的发展，大部分从事的都是技术含量较低的劳动密集型工作，比如服装、包装等。调研发现，有几位二胎妈妈经常在社区散步，她们都是边带孩子边上班，为了方便照顾小孩，工作以零工为主。而问及今后打算，她们都是想让公公婆婆前来照顾孩子，自己重新找份正式工作，以增加家庭收入。

### （三）农民工的社区参与

作为L社区的居民，农民工也是社区治理的主体之一，在社区的发展中发挥了重要的作用。L社区发展历程由活力期到如今的平淡期，社区居民也是重要的影响因素。

首先，L社区成立之初，入住的主要是A公司和B公司的员工，员工构成相对单一，大多是年轻人。从他们的生命历程上看，这些年轻人还未成立家庭，愿意以个人的身份积极参与社区活动，在满足个人休闲娱乐需求的同时，形成了一定的认同感与归属感。但是，随着他们的生命历程进入新的阶段，他们把更多精力放在了家庭生活之中。其次，社区内人口高流动性带来的冲击。随着社区内原有居民的流出与新居民的流入，社区内部难以形成稳定的活动秩序。一些社区骨干与社区积极分子的流失也影响了活动的开展。再次，社区居民需求与现实之间的张力。在L社区发展的前期，整个大社会环境是互联网与智能手机不发达，居民有需求也有意愿参与社区内的各种活动。然而，随着互联网与智能手机的普及，手机与网络已经可以满足他们的社会交往与休闲娱乐的需求，从而减少了他们对社区活动的需求。

目前，农民工是否参与社区治理？调研发现，居住在L社区的农民工是相对被动的主体，而不是积极的主体，缺乏治理主动性，社区主人翁意识缺失，居民在该社区只是为了满足自己的居住需求，而不会主动提其他需求。因此，从当前的实际情况来看，与其说L社区是居民参与的社区治理模式，不如说是企业运作下的以市场为逻辑的物业管理。农民工的社区主体性较低，社区活动参与率也比较低。一位农民工这样说道："平时很少接触社区工作人员，不认识社区工作人员，就只是按时去物业交房租、水电费，也没参加过活动，现在也没举办过什么活动，就听到有小孩子去社区上课。"当问及是否会主要要求开展活动时，他们都表示出无所谓的态度：如果有活动，可能会参与；如果没有活动，也不会有意见。总之，对于社区参与，他们大多持相对消极的态度，因此，在社区治理中，他们处于比较被动的地位。

但是，在访谈在该社区居住的农民工的过程中，可以发现他们对于L社区的认可度比较高。他们主要认可社区的四个方面：一是社区环境较好，设施比较完善，适合流动性强的农民工群体以家庭为单位居住；二是社区的住房条件较好，而且房租比较便宜，满足农民工的居住需求；三是社区治安好，各楼道和公共区域都安装了监控摄像头，加上保安全天值班，相对周边其他民租房来说，为居民尤其是有孩子的农民工家庭提供了一个安全宜居的环境；四是社区内社会关系比较和谐，都是外来务工人口，大家有共同的话语和情感，同质性较高，尤其是老乡比较集中，为社区营造了一个和谐氛围，满足了农民工的社交需求。然而，农民工的社区认同感较低，社区融入程度不足，缺乏主人翁意识，大多数人只是将L社区作为一个在城市过渡或落脚的地方，而没有"家"的意识。因此，就目前情况来看，这些外来务工人员很难在社区治理中发挥主体性作用。

图书在版编目（CIP）数据

城乡社会学评论. 第一辑 / 何雪松，熊万胜主编
. -- 北京：社会科学文献出版社，2020.6
ISBN 978-7-5201-6741-3

Ⅰ.①城… Ⅱ.①何… ②熊… Ⅲ.①城乡关系-中国-文集 Ⅳ.①C912.8-53

中国版本图书馆 CIP 数据核字（2020）第 091253 号

城乡社会学评论　第一辑

主　　编 / 何雪松　熊万胜
执行主编 / 刘炳辉

出 版 人 / 谢寿光
责任编辑 / 任晓霞
文稿编辑 / 马甜甜

出　　版 / 社会科学文献出版社·群学出版分社（010）59366453
地址：北京市北三环中路甲 29 号院华龙大厦　邮编：100029
网址：www.ssap.com.cn
发　　行 / 市场营销中心（010）59367081　59367083
印　　装 / 三河市龙林印务有限公司

规　　格 / 开 本：787mm × 1092mm　1/16
印 张：13.75　字 数：216 千字
版　　次 / 2020 年 6 月第 1 版　2020 年 6 月第 1 次印刷
书　　号 / ISBN 978-7-5201-6741-3
定　　价 / 89.00 元